厚德博學
經濟匡時

匡时 工商管理系列

|第4版|

分销渠道管理

吴宪和　主编

上海财经大学出版社

图书在版编目(CIP)数据

分销渠道管理/吴宪和主编. —4版. —上海:上海财经大学出版社,2021.8
(匡时·工商管理系列)
ISBN 978-7-5642-3753-0/F·3753

Ⅰ.①分… Ⅱ.①吴… Ⅲ.①分销-购销渠道-高等学校-教材 Ⅳ.①F713.1

中国版本图书馆CIP数据核字(2021)第145080号

特约编辑:徐贝贝
责任编辑:袁　敏
封面设计:张克瑶
版式设计:朱静怡

分销渠道管理(第4版)

著　作　者:吴宪和　主编
出版发行:上海财经大学出版社有限公司
地　　　址:上海市中山北一路369号(邮编 200083)
网　　　址:http://www.sufep.com
经　　　销:全国新华书店
印刷装订:上海华业装璜印刷有限公司
开　　　本:787mm×1092mm　1/16
印　　　张:16.5
字　　　数:322千字
版　　　次:2021年8月第4版
印　　　次:2024年8月第2次印刷
印　　　数:20 501—21 500
定　　　价:52.00元

第四版序言

《分销渠道管理》于2008年6月出版,2016年1月第三版出版,至今已过去五年。这五年中,随着互联网的普及应用,商品分销环境有了很大的变化,分销的理论和实践出现了引人注目的发展。同时,经济全球化遭遇逆风和回头浪、新冠肺炎疫情大流行、全球治理体系和经贸规则变动等因素,使我国经济受到严峻冲击。2020年12月11日,中共中央政治局召开会议,提出加快构建以国内大循环为主体,国内国际双循环相互促进的新发展格局。会议要求,要扭住供给侧结构改革,同时注重需求侧改革,打通堵点,补齐短板,贯通生产、分配、流通、消费各环节,形成需求牵引供给、供给创造需求的更高水平动态平衡,提升国民经济体系整体效能。面对这样的市场环境,分销渠道及管理越来越受到人们的广泛关注。《分销渠道管理》(第四版)尽可能地体现这些变化的内容和趋势。

本教材定位于"管理",因而用"管理"的视野来研究分销渠道问题,并据此构筑全书的框架结构。法约尔曾率先提出管理五大要素或五大职能,即计划、组织、指挥、协调和控制,奠定了这一理论体系的基础。当代管理职能学派继承了法约尔开创的思想,吸收了管理学发展的新成果,丰富和发展了管理要素(或职能),以计划、组织、人员配备、领导、控制来执行管理职能和过程,在管理领域也有比较广泛的影响。

考虑到目前国内比较通行的理论体系和分销渠道研究的实际,本教材以计划、决策、组织、协调、控制、激励和创新来反映分销渠道管理的过程和内容。

本书由吴宪和主编,并撰写了第一、第三、第四、第五、第七、第九章;任毅沁撰写了第六、第八章;林华撰写了第二章;吴耀华撰写了第十章;全书由吴宪和统稿。在撰写过程中,我们参阅了有关教材、论著和论文,并吸收了其中一些精华,在此特向原作者表示衷心的感谢!

本书体系科学、结构完整、内容充实、通俗易懂,既可作为高等院校管理类专业教学用书,也可作为工商企业培训和自学用书。

吴宪和
2021年1月

目 录

第四版前言 / 1

第一章 概述 / 1
第一节 分销渠道概念及界定 / 2
第二节 分销渠道职能 / 7
第三节 分销渠道管理的对象和内容 / 9
本章小结 / 13
重要术语 / 14
复习思考题 / 14
案例分析 / 14

第二章 分销渠道计划 / 16
第一节 分销渠道计划的原则和构架程序 / 17
第二节 构架分销渠道计划的需求分析 / 20
第三节 确定目标 / 22
第四节 确定分销渠道的备选方案 / 23
第五节 分销渠道的评估与选择 / 26
本章小结 / 28
重要术语 / 28
复习思考题 / 28
案例分析 / 29

第三章 分销渠道的长度和宽度决策 / 31
第一节 分销渠道长度和宽度的类型 / 32
第二节 影响分销渠道长度和宽度决策的因素 / 34
第三节 直接分销渠道 / 36
第四节 间接分销渠道 / 45

第五节　分销渠道宽度　/ 56

本章小结　/ 58

重要术语　/ 58

复习思考题　/ 59

案例分析　/ 59

第四章　分销渠道组织模式　/ 60

第一节　松散型分销渠道模式　/ 61

第二节　公司型分销渠道模式　/ 64

第三节　管理型分销渠道模式　/ 68

第四节　契约型分销渠道模式　/ 72

本章小结　/ 76

重要术语　/ 77

复习思考题　/ 77

案例分析　/ 77

第五章　分销渠道的组织成员　/ 83

第一节　生产商　/ 84

第二节　批发商　/ 88

第三节　零售商　/ 97

第四节　辅助商　/ 118

第五节　消费者　/ 122

本章小结　/ 126

重要术语　/ 126

复习思考题　/ 127

案例分析　/ 127

第六章　分销渠道冲突和协调　/ 130

第一节　分销渠道冲突　/ 131

第二节　分销渠道冲突的处理　/ 137

第三节　典型渠道冲突举要　/ 142

本章小结　/ 146

重要术语　/ 147

复习思考题 / 147
案例分析 / 147

第七章 分销渠道中的"五流"协调 / 149
第一节 分销渠道中的物流 / 152
第二节 分销渠道中的商流 / 168
第三节 分销渠道中的信息流 / 171
第四节 分销渠道中的促销流 / 178
第五节 分销渠道中的付款流 / 184
本章小结 / 186
重要术语 / 187
复习思考题 / 187
案例分析 / 187

第八章 分销渠道控制 / 191
第一节 分销渠道控制概述 / 195
第二节 分销渠道评估 / 201
第三节 分销渠道控制力的来源 / 210
本章小结 / 214
重要术语 / 215
复习思考题 / 215
案例分析 / 215

第九章 分销渠道激励 / 218
第一节 分销渠道激励策略 / 220
第二节 对中间商激励 / 225
本章小结 / 227
重要术语 / 228
复习思考题 / 228
案例分析 / 228

第十章 分销渠道创新 / 231
第一节 分销渠道创新概述 / 232

第二节　网络分销渠道　/ 237
第三节　分销渠道的创新趋势　/ 240
本章小结　/ 254
重要术语　/ 254
复习思考题　/ 254
案例分析　/ 254

参考文献　/ 256

第一章 概 述

学习目标和要点

- ◆ 理解分销渠道的定义
- ◆ 了解分销渠道与销售、营销渠道、供应链、流通的区别
- ◆ 掌握从经济学角度来认识分销渠道职能的方法
- ◆ 掌握分销渠道管理的对象和研究框架

【引例】

科学的分销渠道是企业的重要资产

进入21世纪,我国企业终于明白了一个极其重要的道理:分销渠道的建设是赢取市场的关键。

20世纪90年代,中国市场热闹非凡,大部分企业津津乐道于包装广告明星,对消费者大搞促销抽奖,并热衷于价格大战,健力宝公司就是其中的典型代表。为了获取竞争优势,健力宝不惜重金开展了一系列"体操王子"等大型公益活动和广告宣传。但它不久后发现,其主打产品健力宝的铺市率不足16%,消费者在大部分的零售终端根本看不到健力宝产品,广告轰炸的效果极其有限。

可口可乐、百事可乐等一大批外资企业却成立了两支庞大的WAT(批发协助员)和DSD(直销员)队伍,对百货商店、大型超市、货仓式平价商店、杂货店、卡拉OK娱乐场所,甚至机关、学校、部队等事业单位进行全方位的抢占。批发协助员开发和帮助经销商进行终端销售,直销员则直接帮助一些大卖场进行销售。他们每天骑着摩托车,至少拜访50家卖场,出货、理货、陈列,给终端送去POP广告和礼品,提供冷饮机、凉棚,并进行销售监控、货架布置、箱体回收、库存补货、POP摆放等,因而他们的产品的市场铺市率均超过90%。当国内一个个广告"标王"倒下时,可口可乐和百事可乐的产品却在市场上占据了最有利的位置。

资料来源：卢泰宏，《营销在中国》，广州出版社2001年版。

市场经济离不开商品交换。在商品交换过程中，生产者直接或通过中间商把产品供应给最终顾客。越来越多的营销实践表明，发达、通畅、科学的分销渠道是企业的重要资产，其地位越来越重要。

第一节 分销渠道概念及界定

"分销渠道"一词源自英文Channels of Distribution或Distribution Channels，也有人将其译为"分销通道""流通渠道""销售通路"等。

一、分销渠道的定义

由于分销渠道的形成和运作受到多方面的影响和制约，人们从不同视角来理解和认识分销渠道，因而对其具体的定义有着多种不同的看法。

（一）组织结构说

美国市场营销协会（AMA）1960年给分销渠道下的定义为："公司内部单位以及公司外部代理商和经销商（批发商和零售商）的组织结构，通过这些组织结构，商品（产品或劳务）才得以上市行销。"该定义着重强调了分销渠道的组织结构，但没有反映商品从生产者流向最终顾客的流通结构。

（二）分销过程说

美国营销学者爱德华·肯迪夫和理查德·斯蒂尔则认为，分销渠道是指"当产品从生产者向最终消费者和产业用户移动时，直接或间接转移所有权所经过的途径"。该定义着重强调了产品从生产者转移至最终顾客的分销过程，并以此为基础说明渠道的流通性，但对中间商等组织机构的强调不够。

（三）分销主体说

美国著名市场营销专家菲利普·科特勒认为，"分销通路是指某种产品或服务从生产者向消费者转移时，取得这种产品或服务的所有权或帮助转移其所有权的所有企业和个人"。这一定义着重强调了分销过程中涉及的各类主体，并突出了"分销渠道主要包括商业中间商（因为他们取得了所有权）和代理中间商（因为他们帮助转移了所有权）"。

综上所述，本书认为，分销渠道是指商品由生产者向最终顾客转移时所经过的途径和各类相关组织机构的集合。

二、分销渠道的界定

在理解"分销渠道"的概念时,必须界定"分销与销售""分销通路与营销渠道""分销渠道与供应链""分销与流通"等的概念。只有从正反两方面说明和界定分销渠道"是什么"和"不是什么",才能准确把握其正确的定义。

(一)分销与销售[①]

分销与销售,都是企业的重要职能,都与商品交易的过程有关。但是两者也存在着以下差别:

(1)执行的主体不同。商品销售是以一个销售者为特定主体所进行的商品交换。而商品分销则是以让消费者能够买到他们需要的特定商品为目标,由多个主体连续完成的商品交换。例如,生产商把自己生产的产品卖给批发商,就是完成了商品销售;但是,这些商品没有最终转移到需要它的消费者手上,因而没有完成分销过程。

(2)商品销售规模和顾客数量不同。商品销售通常是指一个销售者向任何一个购买者出售商品的行为。分销的服务对象则具有广泛性。例如,某家服装企业专门为那些特型身材的消费者定做西装,由于这种顾客比较少,并且双方往往是直接交易,所以这家工厂是在销售服装,而没有做分销工作。

(3)要解决的主要问题不同。商品销售侧重于与购买者签订和履行合同,实现商品所有权的转移,完成商品对货币的转变。分销则着重于在消费者需要的时间和地点向消费者转移他们所需要的商品,偏重于满足顾客需要的过程与功能。

(4)活动内容广度不同。销售通常只是指两个主体之间的商品买卖,而分销通常包括分销渠道各个成员之间多层次的商品销售。

总之,分销是一个多环节连续的、面向众多顾客进行的销售过程,它包括销售环节,但销售只是组成分销过程的一个"元素"。

(二)分销通路与营销渠道

分销通路与营销渠道两者的区别与联系如图1—1所示。科特勒曾区分过这两个概念。他认为,营销渠道与分销通路不同,"一条市场营销渠道是指那些配合起来生产、分销和消费某一生产者的某些货物或劳务的一整套所有企业和个人";而"一条分销通路是指某种货物或劳务从生产者向消费者移动时取得这种货物或劳务的所有权或帮助转移其所有权的所有企业和个人"。

(1)长度不同。分销通路是指产品从生产者手中转移至消费者手中所经过的渠道。营销渠道是指原料产品及服务从生产者手中转移至原材料产品及服务的消耗者

[①] 张传忠:《分销渠道管理》,广东高等教育出版社2004年版。

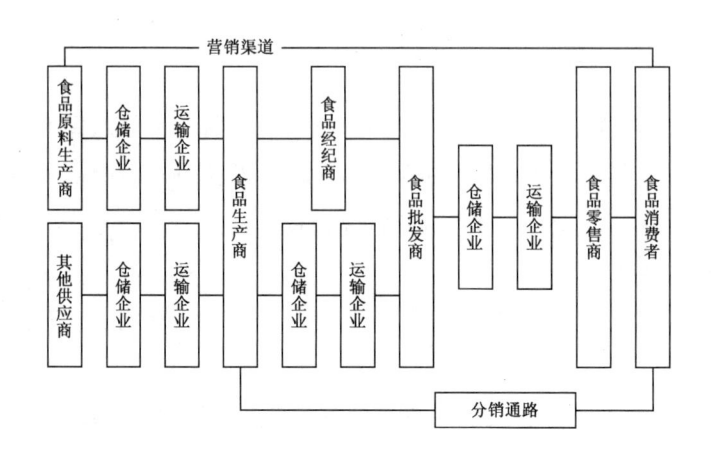

图 1—1 分销通路与营销渠道的关系

手中,形成产品后再转移至最终消费者时所经历的通道。

(2)功能不同。分销通路的基本功能是把最终产品转移至最终消费者手中。营销渠道除包含有上述功能外,还包括把原材料产品及服务从它的生产者手中转移至它的消费者手中。

(3)成员不同。营销渠道包括各类资源供应商、生产企业、经销商、代理商、辅助商及最终消费者,涉及供产销全过程。分销通路包括生产者及其自设销售机构、经销商、代理商、辅助商、消费者。两者的区别在于营销渠道比分销通路增加了供应商成员。

(三)分销渠道与供应链

所谓供应链,是指一个商品生产经营中的上下游供应者所构成的合作体系。比如,长虹电器公司为了生产电视机,需要从松下、日立、三星、彩虹、永新等众多厂家采购显像管和元器件,其产品则通过国美、苏宁及其他零售商销售给消费者。这里,以长虹电视机生产和销售为核心所形成的上下游企业一起构成了长虹电器公司的供应链。美国学者哈里森将供应链定义为一个"执行采购原材料,将它们转换为中间产品和成品,并将其成品销售到用户的功能网络"。另一位学者史蒂文斯则表述为:"通过增值过程和分销渠道控制从供应商到用户的流程就是供应链,它开始于供应的源头,结束于消费的终点。"

分销渠道是供应链的重要组成部分。如前所述,分销渠道是将一个生产商的商品转移到消费者或用户手上的通道。在长虹电器的例子中,对松下、日立、三星等供应商而言,他们直接将生产电视机用的显像管、元器件销售给长虹电器公司,这就构成了他们相应的分销渠道;而长虹电器公司通过国美、苏宁等零售商把电视机销售给消费者,则构成了长虹电器公司的分销渠道。从这里我们可以看出,在以长虹电器公司为核心的供应链上,存在着多条分销渠道。一般来说,供应链是由多条分销渠道组成的。

激烈的市场竞争推动了供应链联盟的发展。越来越多的企业认识到,单靠自身的力量参与市场竞争,是势单力薄并缺乏竞争力的,只有与供应链伙伴结盟,上下游供应商形成一股力量,共同应对市场竞争,才能产生强大的竞争力。供应链联盟伙伴之间出于供应与需求的关系而相互依赖,出于共同对外的目的而相互支持和配合,能够有力地控制交易费用,共享知识和信息,并协调资源的配置,创造整体上更为强大的竞争优势。供应链联盟必然推动分销渠道联盟的发展。

(四)分销与流通

分销与流通的区别主要在于:

(1)来源不同。"流通"一词来源于英文circulate,本义有循环、传播和流通的意思。"分销"一词来源于英文distribute,本义有分配、分发、散开、安排的意思。

(2)内涵不同。流通是指以货币为媒介的商品交换过程,它包括简单商品流通和发达商品交换两种形式。前者以货币为媒介(W—G—W);后者以商品为媒介(G—W—G′),流通是一个经济学的概念。分销则是指产品从生产商向最终顾客的转移过程和行为,其突出的是面向目标顾客的一连串售卖活动,分销是一个管理学的概念。

(3)主体不同。流通主体一般是指商业企业,其流通过程可用G—W—G′表示;分销主体一般是指生产商、中间商、辅助商、消费者等,其分销过程可用"生产商—中间商—消费者"表示。

三、分销渠道特征

通过对分销渠道概念的理解和界定,我们可以归纳出其若干特征。

(一)商业性

分销是以商品所有权转移行为为核心的。通过所有权转移,生产商让渡了商品所有权,顾客只有获得商品所有权后,才能安心地消费相关商品。一般来说,在直接分销的情况下,商品从生产商直达消费者手中,仅转移一次所有权;在非直销情况下,商品从生产商手中,经过中间商再到达消费者手中,需多次转移商品所有权。当然,生产商通过代理商销售商品,他与代理商之间、代理商与消费者之间不发生所有权转移,因为代理商对商品没有所有权,只是代买代卖,帮助他人转移商品所有权。

分销渠道商业性的特征表明,所有权转移和商品交换必须是互利的。企业把商品转让给顾客,顾客则付给企业货币,让企业获得销售收入和利润。

(二)社会性

分销渠道的主体至少有两方。作为直销分销渠道,至少包括生产商和消费者,前者为起点,后者为终点,没有中间环节。但是,受多种因素制约,大量的分销渠道需要有多种力量的参与,在多个环节进行交易。这些中间环节包括批发商、零售商等中间商,也包括其他中介机构(如配送中心、银行、广告商等)。因此,从这个意义上说,分销是商品从生产商转移到消费者手中的过程中所经历的全部商品交换的总和。

(三)综合性

商品在分销过程中,不仅发生了商品实体的流动,还发生了与之相关的其他多项流动,包括物流、商流(所有权流)、付款流、信息流和促销流。这"五流"的流程如图1—2所示。

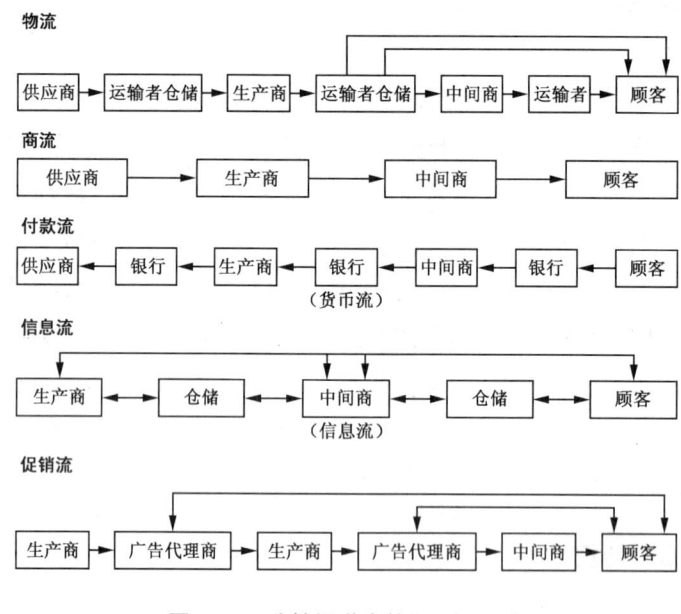

图1—2 分销渠道中的"五流"运动

其中,信息流包括市场信息流(从消费者经过中间商流向生产商)和促销流(从生产商经过中间商流向消费者)。促销流是帮助所有权转移的"催化剂"。付款流是商品所有权转移的象征,也是所有权转移的必然产物。对于许多商品来说,由于消费者享用的地点不是产品生产的地点,也不是商品销售的地点,所以商品实体空间移动即物流就不可缺少。而所有这些都是围绕着所有权流展开的。

(四)方向性

每一条分销渠道的起点都是生产商,终点都是最终顾客。分销就是根据消费者需要来发动、起用和组织一定的力量,保证在消费者需要的时间和地点,及时而准确地提供给他们所需要的产品。消费者需要是分销渠道的唯一方向和基本任务。

第二节 分销渠道职能

一、关于分销渠道的经济学分析

分销渠道运作在实践中表现为不同企业在分销时的不同行为,但在本质上,企业渠道策略的制定必须遵循一般的经济学原理,符合经济学对经济行为的一般规定;同时,这些经济学原理也从深层次上分析了分销渠道主要职能的内涵和实质。

由于经济学理论的不断发展和进步,其对分销渠道的分析和解释也有一个不断发展和进步的过程。概括来说,对分销渠道产生较大影响的经济学理论包括专业化分工理论、交易费用理论和协作竞争理论。

(一)专业化分工理论与分销渠道

劳动力的专业化分工理论是指在生产过程中,由于每个工作或工作岗位只集中执行某种特定的生产任务,随着时间的推移,劳动者的岗位技能和经验会不断积累,因而具有了执行这些生产任务的专门技术或技巧,所以劳动力的专业化分工可以提高工作效率。这条具有两百年历史的理论,同样也适用于分销渠道。

在中间商诞生之前,生产商包揽了生产和销售,后来由于经济条件的变化,在生产和销售之间出现了难以调和的矛盾。作为调和这种矛盾的一种方法,生产商将一部分商品的销售交给了能够更快更好地分销产品的中间商。中间商的出现,极大地提高了分销的效率,减少了商品交易的次数,较好地解决了供求之间的矛盾,降低了分销成本。

(二)交易费用理论与分销渠道

交易费用理论认为,厂商交易活动的有效进行,需要厂商将自己能以更低成本做的交易活动内部化,而把不能以更低成本做的交易活动交给那些能以更便宜的价格提供这种交易服务的中间商。交易费用理论揭示了生产商构筑分销渠道的内在动因和实质。

不过人们注意到,在当今社会,有越来越多的企业采用了级数较少的渠道,渠道发展存在着"回归"的趋势,即渠道发展由短渠道发展到长渠道,再发展到短渠道。

上述现象貌似有悖于专业化分工的理论,但实质上是,当生产商认为通过中间商来分销商品的交易费用过高时,他们会努力以分销渠道"内部化"来应对,这也是明智的选择。当然,当革新的中间商通过创新手段降低了分销成本、加快了商品流转速度、提供了优质服务、降低了交易费用时,生产商又会通过"外部化"来重组分销渠道,淘宝、京东和盒马鲜生的迅速发展就是实例。

(三)协作竞争理论与分销渠道

协作竞争理论强调的是生产商与渠道成员间的合作和相互支持关系。这一理论基于这样一个假定:在利润最大化的渠道利益关系中,单个渠道成员的利润函数是整个渠道组织功能实现程度的正相关函数。也就是说,整个渠道组织活动功能实现的程度越大,单个渠道实现的利润就越大。对于每个渠道成员来说,只有结成一个整体,采取协同行动,才能使自己获益;否则,不仅会使整个渠道受损,而且会使自己的利益受损。从渠道流程来看,一旦分销渠道建立起来,就有5种基本的营销流:物流、商流、付款流、信息流和促销流。这五流并不能自动地使其在一个协调的机制中同时发生,从而使生产商和最终顾客连接在一起;相反,如果不加以引导,这些营销流就不会协调。因此,只有分销渠道的全体成员共同努力,才能使渠道中每个成员的利益得以实现,进而使整条渠道的利益得到保证。

二、分销渠道的职能

在对分销渠道的本质进行分析后,我们可以知道,分销渠道不仅是介于生产商和最终顾客之间,以促进产品向目标市场流动的通道和各类相关企业机构的集合,更重要的是要高效率、低交易费用地完成分销过程。正是从这点出发,才有了分销模式的一次次演化和革命。

同时应该指出,对分销渠道职能的认识也是逐渐变化的。在过于重视产品和推销的时代,渠道被认为是生产商通向市场的媒介,更多的是承担一些产品的实体分配职能,如分类整理、组配、仓储、运输等。随着信息时代的来临,分销渠道又逐渐成为消费者了解市场的信息渠道,渠道所承担的弥合生产商和最终顾客之间信息缺口的这一职能越来越重要。

分销渠道的职能主要有以下几项:

(一)实体分配

为保证商品实体从生产商到最终顾客的顺利流动,对商品实体进行一定的整理和组配,以弥补商品生产和消费的地理矛盾、花色品种矛盾、时间矛盾等。合理组织商品实物的转移,不仅可以避免消费者权益的损失,还可以减少顾客等待的时间与成本,保证需求的数量和质量都得到满足。实体分配的职能包括以下几项:

(1)分类。将产品按一定的标准和特点分别归类,如鸡蛋按大小分类、牛肉按口味分类等。

(2)组合。把不同类商品按顾客需要抽取和集合在一起。

(3)仓储保管。对货物进行保护、贮藏和管理,协调需求与供应在时间上的差异和矛盾。

（4）运输。运输是实现商品从生产商向消费者空间位置变化的活动。

（二）所有权转移

所有权转移是分销渠道的核心职能，分销就是把商品销售给需要它的顾客。商品销售的本质就是所有权交换，让最终顾客能够及时获得商品，并有效地消费使用，从而创造所有权效用。

（三）信息网络

分销渠道作为信息网络的职能，在日益复杂的市场竞争中变得越来越重要。分销渠道的各个环节之间需要通过信息网络来协调关系，实现商品的合理供给和利润的合理分配；同时，信息网络作为最终顾客了解市场的媒介，还承担着弥合消费者与生产商之间信息不对称的职能。

（四）促进销售

分销渠道在运作过程中，提供商品展示的可见平台，提供商品促销的各种条件。这些职能可以大大减少顾客的调研成本，促进商品销售。同时，分销渠道的促销流程还能够创建互相激励的氛围和"奖勤罚懒"的机制，提升分销渠道运作的灵活性。

（五）保护权益

分销渠道执行的付款流职能，是实现企业权益的重要方面。生产商、批发商、零售商在销售商品的同时，还承担着收取货款的职能。只有实现了这一职能，商品价值才能最后得到实现，企业的权益才能得到保护。

第三节 分销渠道管理的对象和内容

本教材取名为"分销渠道管理"，因此，应该从"管理"的视角来研究分销渠道问题，确定全书的中心线索，构筑框架体系，明确研究对象和原理。

一、管理和管理职能

管理，是人类有目的的活动，广泛适用于社会的一切领域。本书以工商企业分销渠道问题为主要对象来研究管理问题。

管理活动自古有之，长期以来，人们在不断的实践中认识到管理的重要性。20世纪50年代，人类形成了较为完整的管理理论体系。关于对管理的理解，有人把其理解为"管辖和处理"，即对一定范围内的人员及事物进行安排和处理；有人认为，管理就是和人打交道，把事情办好。

从系统论的观点来看,任何社会组织都有一个从社会环境中输入其需要的基本资源和利用这些资源的问题。这些资源包括人力资源、金融资源、物质资源和信息资源等。管理者的工作就是组织和协调这些资源,以实现其组织目标。

管理者为了实现其组织目标,是如何组织和协调本身所能支配的资源的呢？他们是通过执行管理的职能来完成这一目标的。关于管理职能,法约尔率先提出了管理的五大要素,即计划、组织、指挥、协调、控制,奠定了这一理论体系的基础。当代管理职能学派继承了法约尔开创的思想,吸收了管理学发展的新成果,丰富和发展了管理职能,以计划、组织、人员配备、领导、控制来执行管理职能和过程,在管理领域也有比较广泛的影响。

考虑到目前国内比较通行的理论体系和分销渠道的实际,本教材以计划、决策、组织、协调、控制、激励、创新来反映分销渠道管理的过程和内容。

二、分销渠道管理的含义

根据管理的通用定义和分销渠道的具体特点,分销渠道管理是指企业通过计划、决策、组织、协调、控制、激励、创新等要素,充分整合资源,以实现企业分销渠道目标的职能和活动。

理解这一定义,应把握以下要点:

(一)分销渠道管理的目标

站在企业角度看问题,对分销渠道进行必要的管理,希望达到什么样的目标呢？这一目标可以归纳为"畅通、经济、高效和适应"。

(1)畅通。所谓"畅通",即分销渠道应在沟通生产和消费方面充分发挥作用,保证生产商的商品能够畅通无阻地到达最终顾客手中,保证商品能延展和分布到每一个需要商品的区域和市场。

(2)经济。所谓"经济",即分销渠道应在保证商品畅通运转的前提下,尽可能地节约资源和成本。这既可以促使企业经济效益的提高,同时也能够促使商品价格下降,增强市场竞争优势。

(3)高效。所谓"高效",即分销渠道的组织和运行应能尽量促使分销效率效益的提高,尽量花费较少的费用,产生较高的效率。

(4)适应。所谓"适应",即分销渠道的组织和运行应与企业整个营销活动相匹配。分销活动作为企业经营活动的一个方面,不可能脱离企业的整体经营活动而单独发展,其规模、结构、方式都应该符合生产和消费的实际需要。

(二)分销渠道管理可利用的资源

分销渠道管理必须依靠一定的资源,否则将一事无成。因此,任何一条分销渠道

都要输入、占用和支配一定的人力、物力、财力和信息资源,以达到预期的效果和目标。主要的资源有:

(1)分销渠道机构。在市场营销活动中,分销渠道职能具有相对的独立性,需要有一定的机构来履行分销职能。比如,企业建立的销售公司、销售业务部等销售机构,以及货运车队、仓库等,都属于分销机构的范畴。另外,分销机构还包括中间商、辅助商及其他机构。

(2)分销渠道人员。分销渠道人员包括各种分销机构中的人员,如销售人员、促销人员、物流人员、财会人员、统计人员、技检人员、客服人员等。

(3)分销渠道设施。为执行各种流程,分销渠道必须拥有一定的设施,比如,进行信息与数据的传送、信息处理、数据储存的设施,以及完成商品实体装卸、运输、储存的设施等。

(4)分销渠道费用。分销渠道费用主要指商品在分销过程中人力、物力的占用和耗费。分销渠道费用管理的基本要求是努力减少人力、物力的占用和耗费。

(5)分销渠道信息。在市场经济条件下,企业的一切经营活动都应以满足市场需求为中心。为此,分销活动离不开能灵敏反映市场需求并保证分销渠道各环节能及时响应的信息资源。这一资源既包括订单、市场预测数据、销售数据、竞争对手数据等,也包括现代信息技术和设施,以便改进信息沟通组织与程序,加快信息沟通的速度。

(三)分销渠道管理的职能

分销渠道管理行为是计划、决策、组织、协调、控制、激励和创新,这也是分销渠道管理的要素和职能。只要是管理,就不可避免地会产生这些行为内容。

(1)计划。计划是事先对未来应采取的行动所做的规划和安排。计划以正式的形式明确了分销渠道成员行动的方向和方式,为协调各方面的工作提供了有力的工具;同时,计划工作的开展迫使各级管理人员花时间和精力去仔细思考分销渠道未来可能发生的各种情况,有助于更好地回避经营风险。另外,计划工作使分销渠道日常管理活动更趋于合理,并且为渠道各类管理人员的考核和控制提供了科学的标准。因此,分销渠道计划工作是企业必不可少的一种管理行为和措施。

(2)决策。决策是针对所需要解决的问题,找出各种解决方案,并在其中挑选出最佳方案的过程。

分销渠道决策的含义实际上包含三方面内容:第一,分销渠道决策需要有问题和目标。目标有时是一个,有时是相互关联的几个形成的一组。不管是一个或一组,目标必须明确且尽可能量化。所需解决的问题也必须被确定,并且用简洁的语言加以描述。第二,分销渠道决策需要有可行性方案。决策必须在两个或两个以上的可行性方案中选择。这些方案是平行的,都能解决设想的问题或预定的目标,并且是可以加以定量或定性分析的。第三，分销渠道决策是方案的一个取舍过程。在决策面临的若干个可行性方案中，每个方案都有其独特的优点，也隐含着缺陷，有的方案还带有很大的风险，决策的过程就是对每个可行性方案进行分析、评判，从中挑选出较好的方案来实施。

由于分销渠道决策就是做出决定，所以决策贯穿于分销通道的整个过程和所有方面，决策是管理的主要内容，是管理的首要职能，这也体现了管理的本质。从某种角度上讲，管理就是决策。

(3)组织。组织是指分销渠道内部分工协作的基本形式或框架。这一定义包含了三层含义：第一，分销渠道组织必须具有共同的目标。目标是组织存在的前提，因为任何组织都是为了某种目标而存在的。第二，分销渠道组织必须有分工与合作。分销渠道每个环节和每个单位都从事专门的工作，同时又互相配合。第三，分销渠道组织必须有不同层次的权力与职责。这是由于有分工，就要赋予每个部门以至每个人相应的权力和职责，不然就无法保证组织目标的实现。

由此可见，分销渠道组织是分销渠道的结构设计，通过这种机构结构的框架，管理者为达到分销渠道目标把任务分配到不同的环节和企业成员，并使其彼此协调运转。从这个意义上讲，组织是确保分销渠道正常协调运作的结构保证。

(4)协调。协调是让分销渠道中各环节、各成员团结一致，使所有的活动和行为统一和谐。

分销渠道在运作过程中，各环节、各成员之间，甚至同一企业内部各部门之间产生矛盾是不可避免的。在分销渠道管理过程中，对这些矛盾要摸清原因，采取切实措施，保证分销渠道的活动与渠道目标相统一。

(5)控制。控制是在计划执行过程中出现偏差时予以调整和修正的过程。控制与管理的其他职能，如计划、组织等是密不可分的，是各个层次管理部门的主要职能，特别是每一位负责执行计划的主管的主要职责。

首先，由于分销渠道面临的是一个动态的环境，其外部环境每时每刻都在发生变化。其次，当企业经营达到一定规模时，企业主管不可能直接地、面对面地组织和指挥分销渠道的具体事务，而会委托其他管理者管理部分事务。再次，完善计划要求分销渠道每个成员严格按计划要求来协调。然而受自身能力及环境等影响，某些环节可能出现偏离计划的情况。为此，控制对于分销渠道的管理来说是十分必要的。

(6)激励。激励是分销渠道的管理者通过满足渠道成员的需要和动机来调动他们积极性的行为。

分销渠道激励在管理过程中作用很大。激励是保护和改变人的行为的方向、质量和强度的一种力量，其目标是使分销渠道成员发挥出他们潜在的能力。

（7）创新。创新是生产要素的重新组合，是能够给企业带来较大影响或较大变革的行为，其实质是新的资源配置方式对分销渠道的推动。

三、分销渠道管理对象和研究框架

鉴于分销渠道和分销渠道管理的含义，分销渠道管理对象和研究框架可用图1-4来表示。

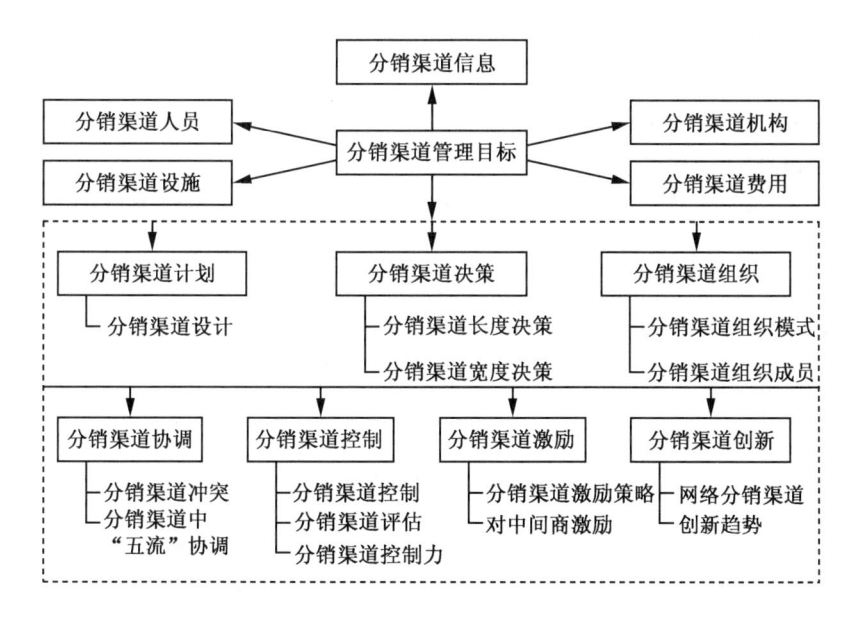

图1-4 分销渠道管理对象和研究框架

显然，分销渠道管理对象和研究框架实际上已经表明了本门学科的核心理论、核心概念和理论体系，并为读者指明了学习的线索和理论实质。

本章小结

关于分销渠道的定义，有组织结构说、分销过程说和分销主体说几种观点。理解分销渠道概念时，应界定分销与销售、分销通路与营销渠道、分销渠道与供应链以及分销与流通等的区别。分销渠道具有商业性、社会性、综合性和方向性的特征。

分销渠道由生产商、中间商、辅助商和最终顾客构成。对分销渠道进行经济学分析，分销渠道具有实体分配、所有权转移、信息网络、促进销售和保护权益等职能。

本教材是从"管理"的角度来研究分销渠道问题的，因而，其内容包括管理目标和要素。分销渠道管理的目标是"畅通、经济、高效和适应"；分销渠道管理的职能是"计划、决策、组织、协调、控制、激励和创新"。

重要术语

分销渠道　分销　销售　营销渠道　供应链　中间商　专业化分工理论
交易费用理论　协作竞争理论　计划　决策　组织　协调　控制　激励

复习思考题

1. 分销渠道的含义是什么？如何界定其含义？
2. 分销渠道有什么特征？它有哪些职能？
3. 对分销渠道产生较大影响的经济学理论有哪些？这些理论对分销渠道建设有何意义？
4. 分销渠道管理的目标、要素是什么？

案例分析

张裕集团的"织网工程"[①]

张裕集团是国内最大的红酒生产企业,有着100多年的历史。调查表明,张裕葡萄酒在品牌知名度、美誉度等方面均位于同行业前列,但是其在宜昌市的开拓却不理想。

一、市场分析

宜昌市是湖北省一个经济较发达的地区,居民生活水平相对较高,红酒市场发展潜力大,三峡工程开工后,其市场发展越来越好。在张裕进入宜昌市之前,王朝、长城、胜利、金伦、赛仙诺、野力等中外品牌的红酒都已进入宜昌市场。张裕在1998年通过代理商进入宜昌市场,但销售情况不太乐观,全年发出干红240箱,到年底库存163箱。

二、分销渠道分析

通过分析得知,张裕在宜昌市场销售业绩不佳的主要原因是太依赖代理商,造成终端开发工作迟缓。当时的两大代理商"各怀心事"——一家国有糖酒公司受体制束缚,代理品牌太多,无法顾及张裕产品的市场操作要求,只知伸手向厂家要各种优惠政策;另一代理商有销售洋酒的经验,市场开拓意识较强,但由于资金有限,业绩也不理想。所以,张裕要改变宜昌市场情况,必须寻求新的代理商,重新建立新的分销渠道。经过研究,张裕拟定出选择新代理商的标准:销售网络能够覆盖目标市场,认同张裕产品,有经销日用消费品的经验,有一定的经营实力,内部管理水平较高,有一定的信誉,在当地有良好的社会关系,等等。

三、疏通分销渠道

红酒的销售终端渠道主要有四种:小型单体零售店、大型商场、连锁超市和酒店(包括宾馆、饭

[①] 陈信康:《市场营销学案例集》,上海财经大学出版社2003年版。

店及各类餐饮店)。张裕营销人员认为,四类渠道中一般会存在一种领导渠道,要攻占宜昌市场,应选准领导渠道作为突破口。

经过详细调查和论证发现,在宜昌市场,小型单体零售店出售的红酒多为中低档红酒,并不是消费潮流的领导者;超市和商场虽然占据最大的销售份额,但购买者多数是家庭主妇,她们的购买行为易受家庭直接消费者偏好的影响,而往往会购买另一习惯品牌。酒店才是宜昌市场的领导渠道,因为宜昌居民对生日、婚嫁等喜事十分重视,每到这时候,亲朋好友必定到酒店聚会。另外,宜昌又是个旅游城市,住酒店的游客很多,消费能力也很强,在酒店点酒,客人之间、酒店之间也会相互影响,在拿下一些主要酒店终端后,进入其他渠道的工作就会变得十分顺利。

四、切入时机

在决定以酒店渠道作为首攻目标后,张裕的营销人员在策略的采用上也显得颇为理性。宜昌酒店行业有个惯例:农历正月十五前是厨师、餐饮店主管调整时期,许多新的主管人员将在此时上任。张裕便利用这种人事变动的时机开发酒店市场。因为新上任的主管往往容易被突破,而且新任主管一般都还没有产生品牌偏好。

在对待竞争对手方面,张裕的营销人员形成一致意见:某品牌由于进入市场早,在宜昌酒店行业的领先地位较为稳固,如果与其硬拼,困难很大。他们还发现,酒店内洋酒有一定的销量,但是洋酒品牌分散,难以形成合力,假冒伪劣现象严重,因此决定先挤占洋酒在酒店的份额,再猛攻某品牌。

张裕高级解百纳干红是对抗洋酒的主打产品,被业内誉为东方经典干红,其内在品质完全能与任何进口洋酒相媲美,而售价比洋酒低许多。同时,张裕做好各种促销工作,加上1999年7月法国出现了"疯牛病事件",国家有关部门宣布暂停进口红酒销售。这样,解百纳就成功取代了洋酒。

由于张裕产品成功地进入酒店这一领导渠道,所以进入商场、超市也变得容易多了。1999年,宜昌全市新开超市11家,全部成为张裕的终端客户,使张裕的销售量增长了8.47倍,成为宜昌市场的领先者。

思考与讨论

1. 张裕集团在代理商的选择方面制定了哪些标准?这些标准可否推广到一般企业?
2. 张裕集团在分销渠道决策方面重点考虑了哪些因素?

第二章　分销渠道计划

📅 学习目标和要点

- ◆ 理解分销渠道计划的含义
- ◆ 掌握分销渠道计划的原则与目标
- ◆ 掌握分销渠道的评估方法
- ◆ 掌握分销渠道计划的总体流程

【引例】

海尔集团受欢迎的"网上定制"服务

新华网 2011 年 9 月 27 日讯　海尔集团的决策人大概也不会想到,他们推出的"网上定制"冰箱业务竟然会一炮打响,仅 1 个月时间,他们就从网上接到了多达 100 多万台冰箱的要货订单。

"网上定制"的冰箱就是由消费者自己来设计,企业根据消费者提出的设计要求来定做的一种特制冰箱。例如,消费者可根据自己家具的颜色或自己的喜好来定制自己喜欢的外观颜色。

这种做法对生产厂家意味着什么？业内人士说,过去的"我生产你购买"变成了现在的"你设计我生产"。虽然这两种方式都是生产冰箱,但前者是典型的制造业,后者则有了服务业的概念。

这当然是一种创新,在这种创新意识下,透露出海尔集团从过去看重制造业转而重视制造业与服务业的结合。

在一些发达国家,个性化家电已逐步流行,从 20 世纪 80 年代末就开始逐步淘汰少品种、大批量的家电生产方式,在生产布局、技术工艺管理、组织流程上实行"柔性化",进行小批量生产,一条生产线可以同时生产几十种型号不同的产品,以满足不同消费者的个性化需求。

海尔集团的这种创新意识层次的背景则是,随着新经济时代的到来,这种个性化的需求愈加突出。海尔集团首席执行官张瑞敏认为,在新经济时代,企业面对的是千千万万的消费个体,或者说是"一对一"的消费者,他们会提出无数个性化的需求,企业要做的就是随时满足千千万万个不同的个性化需求,能够满足这种需求,你就会在新经济中掌握主动,否则,你将会被淘汰。

"定制冰箱"给海尔集团带来了很多麻烦,从设计系统、模具制造系统、生产系统、配送系统到支付系统、服务系统,都比生产普通冰箱的要求高得多。但海尔集团表示,他们愿意迎接这种创新。

海尔集团称,对于这种创新他们有着充分的准备,他们甚至在数年前就进行了观念和技术上的磨炼和储备。海尔集团在数年前就提出了市场细分的理念,从不同的个性化需求角度出发,超前设计储备了数量达几千种不同类型的冰箱产品。张瑞敏说,海尔集团的未来取决于现在的认识和行动。

与超前设计储备同步的是他们数年前在世界各地设立的十多个设计中心和分部,这些机构实现了整合世界范围内的设计资源和智力资源,使海尔集团成为中国同行业中唯一能够设计生产欧、亚、美、日等全球4种主流冰箱产品的企业。同时,海尔集团依靠遍布世界各地的15条先进的冰箱生产线,为海尔冰箱的个性化产品提供了生产制造资源。特别是海尔集团实施业务流程再造以来,在全国各地建立起了庞大的物流网络系统,设计上、科研上、生产上和配送服务上都具备了满足用户个性化定制冰箱需求的能力,从而使海尔集团实现了从量的积累到质的飞跃的转变。

海尔集团表示,只要用户提出定制冰箱的要求,在一周的时间内就可投入生产。这是一个了不起的承诺。

计划是事先对未来应采取的行动所做的规划和安排。分销渠道计划是以正式的形式明确分销目标,对各种备选的分销渠道方案进行评估和选择,从而设计出新的适合企业经营要求的分销渠道或对现有的分销渠道进行改进。

第一节 分销渠道计划的原则和构架程序

在进行分销渠道计划的构架过程中,首先,我们必须清晰地了解和掌握分销渠道计划的原则和构架程序。

一、分销渠道计划的原则

(一)顾客导向原则

在构架分销渠道计划时,首先要考虑的便是顾客的需要,并对其进行认真的分析,建立以顾客为导向的经营思想。通过缜密细致的市场调查研究,不仅要提供符合消费者需求的产品,同时还必须使分销渠道满足消费者在购买时间、购买地点以及售前、售中、售后服务上的需求,从而提高顾客的满意度,培养顾客对企业的忠诚度,促进企业产品的销售。

(二)利益最大化原则

渠道管理者在设计分销渠道计划时,应认识到不同的分销渠道结构针对同种产品的分销效率的差异。企业如果选择了较为合适的渠道模式,便能够提高产品的流通速度,不断降低流通过程中的费用,使分销网络的各个阶段、各个环节、各个流程的费用趋于合理化。总之,所设计出的分销渠道计划应该是能够降低产品的分销成本,使企业能够在获得竞争优势的同时获得最大化的利益。

(三)发挥优势原则

企业在选择分销渠道时,应注意先选择那些能够发挥自身优势的渠道模式,以维持自身在市场中的优势地位。如今,市场的竞争是整个规划的综合网络的整体竞争,而不再是过去单纯的渠道、价格、促销或产品上的竞争。企业依据自己的特长,选择合适的渠道网络模式,能够达到最佳的经济效益并取得良好的顾客反映。

(四)适度覆盖原则

随着市场环境的变化及整体市场的不断细分,原有渠道已不能达到生产商对市场份额及覆盖范围的要求,而且消费者购买偏好也在变化,他们要求购买能够更便捷、更物有所值。在这种情况下,生产商应深入考察目标市场的变化,及时把握原有渠道的覆盖能力,并审时度势地对渠道结构进行相应调整,勇于尝试新渠道,不断提高市场占有率。

(五)协调平衡原则

各渠道成员之间的密切协调与合作对渠道的顺利畅通、高效运行起着至关重要的作用。然而渠道成员间常常会产生一些利益或决策方面的分歧、冲突与摩擦,不可避免地存在着竞争,企业在构架分销渠道计划时,应充分考虑到这些不良因素,在鼓励渠道成员间进行有益竞争的同时,创造一个良好的合作氛围,以加深各成员之间的理解与沟通,从而确保各分销渠道的高效运行。分销渠道的协调与合作更多地会反映在合理分配利益上。无论是何种类型的渠道模式,都会存在各渠道成员间利益的分配或各个成员工作绩效的评估及资源在各个部门间的分配等问题。因此,企业应制定一套合理的利益分配制度,根据各渠道成员所担负的职能、投入的资源与精力以及取得的绩效,对渠道所取得的利益进行公平、合理的分配,从而避免因利益分配不均而引起渠道冲突。

(六)稳定可控原则

分销渠道对企业来说是一项战略性资源,它一经建立,就对企业的整体运作和长远利益产生重要影响。因此,应该从战略的眼光出发,考虑分销渠道的构建问题。渠道建立之后,不可轻易改变,尤其要注意渠道应具有一定的稳定性。此外,渠道还需具有可以进行小幅度调整以适应经营环境变化的弹性。调整时,应综合考虑各个因素的协调一致,使渠道始终在可控制的范围内基本保持稳定。

二、分销渠道计划的构架程序

分销渠道计划的构架程序通常包括分析消费者的需求、确定目标、设计备选渠道方案、评估与选择渠道方案四个环节。

(一)分析消费者的需求

企业在进行分销渠道计划构架时,必须要以所确定的营销目标为基础,而这个目标的确定必须以消费者的服务需求为前提。

分销渠道越来越受到消费者的左右。在买方市场的条件下,企业的一切营销活动必须以消费者需求为核心,否则,在激烈的市场竞争中会被淘汰。以消费者为核心,不仅要在营销活动前期进行消费者研究和目标市场选择,更重要的是在产品设计、价格确定、分销渠道选择和促销策划活动中满足消费者的需求。如果说产品是满足消费者的效用需求,价格是满足消费者的价值需求,促销是满足消费者的信息需求,那么分销渠道则是满足消费者购买时的便利需求即服务需求。这是建立分销渠道的永恒目标。

分销渠道的目标是满足目标客户的服务需求,因此研究服务需求的具体内容及其趋势就有着非常重要的意义。

(二)确定目标

不论是制定全新的分销目标,还是修改现有的分销目标,很重要的一点是对分销目标进行检验,看它是否与企业其他营销组合(产品、价格和促销)的战略目标相一致,以及是否与企业的策略和整体目标相一致。

(三)设计备选渠道方案

在确定分销目标之后,分销渠道计划的设计者在开发备选的渠道结构时,要考虑三个方面的因素:渠道级数、各等级的密度和各等级的渠道成员类型。分销渠道计划设计者可以通过这三个方面得到可供选择的渠道结构数量。

(四)评估与选择渠道方案

企业所选择的渠道通路,在长度、宽度、广度和系统各方面都要有利于分销目标的实现。最终选择一条或几条合适的渠道通路远比列出备选方案更复杂、更困难,因此要对备选渠道方案进行评估。

第二节 构架分销渠道计划的需求分析

分销渠道计划的需求分析是设计好一个分销渠道的关键所在,要从需求的识别入手,结合企业的发展战略,以消费者的需求为核心来构架企业分销渠道。

一、构架分销渠道计划的需求识别

分销渠道设计通常包括两种:一种是设计全新的渠道结构;另一种是对已有的渠道结构进行再设计。需要设计新的渠道结构的情况基本上有以下几种:刚刚建立一个新企业;合并或购并产生一个新企业;企业进军一个全新的市场,比如海尔集团开辟海外市场时必须考虑的渠道结构选择问题。

关于对现有渠道结构进行再设计的时机问题,大体分为两种情况:第一种情况是由于企业内部的因素需要调整,比如:企业的战略发生转变时;开发新的产品或产品生产线时,如果现有渠道对新产品不适合,那么就需要设计新的渠道或补充现有渠道结构;将已有产品投放到新定位的目标市场时,对营销组合中的战略调整,如因企业强调低价格战略,需要把产品转移到平价超市;根据企业渠道管理中的检查与评估结果,发现需要改进渠道设计。

第二种情况是由于企业外部的原因,大概包括以下几种情况:

(1)适应分销商的改变。如果分销商开始强调自己的品牌,那么生产商就可以寻找其他更能积极推介产品的新分销商。在这种情况下,注意区分渠道结构再设计和渠道成员再选择的差异。如果调整只涉及某些同类性质的渠道成员的更换,这仅仅是渠道成员的再选择;而一旦涉及渠道等级、渠道成员的类型的改变,就属于渠道设计问题。

(2)遇到渠道方面的冲突或面临渠道中其他问题的挑战。在某些情况下,矛盾冲突可能很激烈,以至于不改变渠道模式就不可能解决问题;如果生产商失去了中间商的支持,就需要设计一个全新的渠道;与中间商沟通困难可能使市场营销者考虑重新设计渠道。

(3)流通经营业态的发展。流通经营业态的发展迫使企业考虑选择更有效的分销商类型。例如,随着城市中大卖场的蓬勃发展,百货零售业态相对萎缩,使某些商品,像食品、日用消费品必须重新寻找中间商,这时,企业必须考虑调整渠道结构。

(4)面临大环境的改变做出渠道结构的调整。环境的改变可能是有关经济、社会文化、竞争格局、技术进步或法律规定等方面的改变。

二、分销渠道的消费者需求分析

分销渠道的目标是什么？对这个问题许多企业回答说："把产品卖出去。"实际上,企业在进行分销渠道设计时,必须要以确定的销售目标为基础,而这个目标的确定又必须以消费者的服务需求为基础。

渠道的设计始于顾客。市场分销渠道可以被认为是一个消费者价值的传递系统。在这个系统中,每一个渠道成员都要为顾客增加价值。一家企业的成功不仅依赖于它自己的行动,而且依赖于它的整个分销渠道与其他企业的分销渠道进行竞争的状况。例如,将福特汽车公司与顾客连接起来的送货系统中就包括几千家经销商。如果竞争者拥有更优越的经销商网络,即便福特汽车公司制造出了最好的汽车,它也有可能输给其他公司。同样,如果福特汽车公司供应劣质汽车的话,世界上最好的汽车中间商也可能破产。因此,一家公司应该设计出一种一体化的分销渠道系统,这一系统能把附加在产品上的高价值传递给顾客。

弄清目标市场上消费者购买什么、在哪里购买和怎样购买,是设计分销渠道的第一步。市场营销人员必须弄清目标消费者需要的服务水平。一般来说,分销渠道提供五种服务。

(一)批量

批量(lot size)是分销渠道在购买过程中提供给顾客的单位数量。比如,对于日常生活用品,小工商户喜欢到仓储商店批量购买,而普通百姓偏爱到大型超级市场购买。因此,购买批量的差异,要求厂家设计不同的分销渠道。分销渠道销售商品数量的起点越低,表明它所提供的服务水平越高。

(二)等待时间

等待时间(waiting time)是渠道的顾客等待收到货物的平均时间。顾客一般喜欢快速交货渠道,快速服务要求一个高的服务产出水平。例如,普通邮件比航空邮件慢,航空邮件又比特快专递慢。消费者往往喜欢反应迅速的渠道,因此企业必须提高服务水平。分销渠道交货越迅速,收入回报的水平越高。

(三)空间便利

空间便利(spatial convenience)是分销渠道为顾客购买产品所提供的方便程度。一般而言,顾客更愿意在附近完成购买行为。显然,顾客购物出行距离长短与渠道网点的密度相关。密度越大,顾客购物的出行距离就越短;反之,则越长。

(四) 产品齐全

产品品种(product variety)是分销渠道提供的商品花色品种的宽度。一般来说,顾客喜欢较宽的花色品种,因为这使得实际上满足顾客需要的机会更多。如果不是单一的品牌崇拜者,他们不愿意去专卖店购买服装,而愿意到集众多品牌的服装店或商场购买。分销渠道提供的商品花色品种越多,表明其服务水平越高。

(五) 服务支持

服务支持(service backup)是渠道提供的附加的服务(信贷、交货、安装、修理)。服务支持越强,表明渠道提供的服务工作越多。消费者对不同的商品有不同的售后服务支持的要求,分销渠道的不同也会产生不同的售后服务水平。

分销渠道设计者必须了解目标顾客需要的服务支持。提供更多更好的服务意味着渠道开支的增大和消费者所支付价格的上升。例如,日本的分销商,在零售技巧、商品陈列等方面花大力气,使商品的出厂价和零售价差距很大。折扣商店的流行表明,许多消费者更愿意接受较低水平的服务带来的低价格。然而,还是有不少企业坚持提供高水平服务。

第三节 确定目标

从生产商的角度出发,构架分销渠道计划的目标就是为了实现企业的分销目标。具体体现在市场覆盖率、渠道灵活性、渠道控制度等方面。

(一) 市场覆盖率

市场覆盖率和分销密集度是由生产商根据本企业市场定位来决定的。其中市场覆盖率有三种策略可供选择:选择性分销、密集分销和独家分销。

(二) 渠道灵活性

渠道灵活性是指渠道的结构易于变化的程度,这对新产品的市场尤为重要。在渠道灵活性的设计方面,美国个人电脑市场的经验就是极好的例证。在 20 世纪 70 年代后期和 80 年代初期,选择分销渠道有很大的不确定性。此时,生产商是利用自己的销售队伍,还是借助于大型商场或专业电脑商店,或由自己建立销售点？最恰当的细分市场究竟是企业还是家庭？这些不确定的问题使保持分销渠道的灵活性存有风险。今天,生存下来的企业一般都具有迅速调整渠道的能力,以适应市场的变化。

(三) 渠道控制度

渠道控制度是指企业需要保持对分销行为进行控制的程度。控制度是渠道设计目标之一。为了实现企业的经营目标,生产商经常需要控制中间商以促使其更努力地推销商品和提高服务质量。中间商则希望控制生产商以保证供货来源和产品质量的改善以及供货价格的降低。

渠道控制度和市场覆盖率往往是相互关联的。例如,采用独家分销策略的重要原因之一是希望全面控制渠道成员,因此独家分销成为控制销售行为的最理想的方法。

总而言之,分销渠道计划在构架时的目标就是确保形成的渠道结构能产生适合市场定位的市场覆盖率,并确保生产商对渠道的适度控制和具有一定的灵活性,便于生产商进行更换和调整,从而实现营销目标。

第四节 确定分销渠道的备选方案

企业确定了分销渠道目标后,就要考虑选择哪些渠道来实现这些目标。这方面的工作主要有以下内容。

一、选择分销渠道的长度

渠道的长短通常根据纵向渠道的分销商数量来划分(见表2—1)。

表2—1　　　　　　　　　长、短渠道的比较[1]

类　型	优点及适用范围	缺点及基本要求
长渠道	市场覆盖面广;生产商可以将渠道优势转化为自身优势;一般消费品销售较为适宜;可以减轻企业的费用压力	厂家对渠道的控制程度较低;增加了渠道服务水平的差异性和不确定性;加大了对中间商进行协调的工作量
短渠道	生产商对渠道的控制程度较高;专用品、时尚品较为适用	厂家要承担大部分或全部渠道功能,必须具备足够的资源方可使用;市场覆盖面较窄

不管选择长渠道还是短渠道,都要分析市场、产品和企业等各种因素,并根据市场情况予以调整。

二、确定分销渠道设计的宽度

通常以渠道同一层级的分销商数量、竞争程度及市场覆盖密度来划分分销渠道的宽度。宽渠道中,同一层级中的中间商数量较多,彼此之间的竞争较为激烈,市场覆盖

---

[1] 周莹玉:《营销渠道与客户关系策划》,中国经济出版社2003年版。

密度较大;窄渠道中,同一层级的中间商数量较少,彼此之间的竞争不太激烈,市场覆盖密度较低(甚至很低)。根据渠道宽度可以将分销策略分为三种:独家分销、密集性分销和选择性分销(见表2—2)。

表2—2　　　　　　　独家分销、密集性分销和选择性分销的比较[①]

分销类型	含义	优点	不足
独家分销	在既定市场区域内每一渠道层次只有一家中间商运作	市场竞争程度低;厂家与中间商的关系较为密切;适用于专用产品的分销	因缺乏竞争,顾客的满意度可能会受到影响;中间商对厂家的反控制能力较强
密集性分销	凡符合厂家要求的中间商均可参与分销	市场覆盖率高;比较适用于快速消费品的分销	中间商之间的竞争容易使市场陷入混乱(如"串货"),甚至破坏企业的分销意图;渠道管理的成本相对较高
选择性分销	从入围者中选择一部分作为分销商	优、缺点通常介于独家分销和密集分销两者之间	

三、界定渠道等级结构

分销渠道可能包括企业(厂家)、一级批发商、二级批发商、零售终端等多个中间环节,各渠道成员的地位也不尽相同,他们可能会分别扮演以下几种角色中的一种角色。

(一)渠道领袖

渠道领袖即渠道的主宰。微软、沃尔玛、通用等实力很强的企业往往扮演渠道领袖的角色。渠道领袖的职责通常包括:制定标准、寻找渠道成员、制定渠道运作规划、负责解释渠道运作规则、为渠道成员分配任务、监控渠道成员以及优化渠道。

(二)渠道追随者

渠道追随者是渠道的核心成员,具有以下特点:参与渠道决策,是渠道政策的主要实施者,渠道领袖的忠诚追随者和助手,渠道资源的主要受益者,现在渠道格局的坚决维护者。渠道追随者往往是一些与渠道领袖一同创业的"兄弟",对企业的发展、壮大可能立下了汗马功劳,但是,作为现在渠道游戏规则的主要受益者,他们往往不希望渠道格局发生剧烈变化。因此,他们往往又是渠道创新的最大障碍。

(三)力争上游者

力争上游者也是渠道的主要成员,但与渠道追随者相比,处于核心层之外。因此,立志成为核心渠道成员是他们追求的目标之一。在渠道运作中,力争上游者具有如下特点:能严格遵守渠道政策与规则;不易获得渠道的主要资源;与渠道领袖谈判能力较

[①] 周莹玉:《营销渠道与客户关系策划》,中国经济出版社2003年版。

弱。力争上游者往往希望通过自己的努力和为渠道多做贡献来获得渠道领袖的青睐，因此，渠道决策层应将渠道优惠政策尽可能向他们倾斜。力争上游者经常会为渠道提供合理化建议，是渠道创新者。

（四）拾遗补阙者

拾遗补阙者分布于主流渠道之外，主要特点如下：数量众多，无权参与渠道决策，缺乏参与热情，经销小批量商品，承担边缘市场分销任务，谈判能力最弱，能够遵守渠道规则。

（五）投机者

投机者非渠道固定成员，徘徊于渠道边缘，其特点如下：以获取短期利益为行动准则，有利则进，无利则退；缺乏渠道的忠诚度，是否遵守渠道规则视收益情况而定。对于此类成员，企业（厂家）须提高警惕，渠道顺畅之时问题不大，一旦有风吹草动，他们极有可能反戈一击，出卖渠道的利益。

（六）挑战者

挑战者是渠道的最大威胁者，他们往往试图通过发展全新的渠道运作理念来代替现有模式。在顾客眼里，挑战者是受欢迎的，但既得利益集团会企图阻止挑战者的创新行为。挑战者的"破坏"行为如果成功，往往会激发一场全新的革命，使整个渠道发生翻天覆地的变化。

四、分配渠道成员职责

（一）销售

包括铺货、促销、陈列、理货、补货、开发客户、市场推广等销售功能。

（二）广告

包括广告策划、广告预算、媒体选择、广告发布、广告效果评价等传播职能。

（三）实体分销

包括订货、订单处理、送货、提货、运输、库存等职能。

（四）财务

包括融资、信用额度、保证金、市场推广费、折扣、预付款、应收款等职能。

（五）渠道支持

包括经销商选择、职责分配、培训、技术指导、店面指导、售后服务、市场调研、信息交流、协调渠道冲突、经验研讨、产品创新、紧急救助等职能。

（六）客户沟通

包括需求调研、客户接触、产品推介、消费咨询、客户回访、意见处理、产品维修、处理退货、客户档案建立与管理等职能。

（七）渠道规则

包括合同管理、信誉保证、经销商利益保障、谈判、实施、监控、执法、渠道关系调整、品牌维护等职能。

（八）奖惩

包括制定标准、额度、等级提升、优惠政策倾斜、特权授权、处罚、申诉等职能。

第五节 分销渠道的评估与选择

一、分销渠道的评估标准

企业一般都会确定几种备选渠道方案，并从中选取一个最能达到企业长期目标的渠道方案。这就需要从经济性、可控性和适应性三个方面来评估。

（一）经济性评估

生产商生产经营的动机在于追求经济利益的最大化，因此，对不同的渠道方案进行评价时，首先应该是经济评价，即以渠道成本、销售量和利润来衡量渠道方案的价值。

第一步，考虑企业直接销售与利用代理商销售哪一个方案可以产生更多的销售量。有人说企业的销售队伍可以产生更多的销售量，也有人讲利用代理商可以增加销售量。而实际上，两种情况都是存在的，为什么呢？因为不同情况有着不同的条件与背景。

第二步，评估不同渠道结构在不同销售量下的分销成本。一般来说，当分销量较小时，利用企业队伍进行分销的成本高于利用中间商的成本。随着销售量的增加，企业的销售队伍成本的增加率要低于中间商成本的增加率，这样，当销售量增加到一定限度时，利用中间商的成本就会高于利用公司销售队伍的成本。

第三步，比较不同渠道结构下的成本与销售量。由上一步可知，直销渠道与间接渠道下不同的销售量存在不同的销售成本，而渠道的设计又不能经常进行变动，所以企业应该首先预测产品的销售潜力，然后根据销售潜力的大小确定直销渠道与间接渠道的成本。在预期销售量确定的情况下，选择成本最小的渠道结构。

（二）可控性评估

产品的流通过程是企业营销过程的延续，从生产商出发建立的分销渠道，如果生产商不能对其运行有一定的主导性和控制性，分销渠道中的物流、商流、促销流、信息流、付款流就不能顺畅有效地进行。因此，评估渠道方案，还要兼顾对渠道控制能力的评估。利用中间商会产生更多的控制问题。一家中间商是一个独立的商业企业,它只对如何使本企业的利润最大化感兴趣。中间商可能会把精力集中在那些从商品组合角度(而不是从对特定的生产商的产品角度)来说最重要的顾客身上。另外,中间商的销售人员可能没有掌握有关企业产品的技术细节,或者不能够有效地运用企业的促销材料。

对分销渠道的适度控制,是确立企业竞争优势的重要武器。在市场环境迅速变化和竞争日趋激烈的情况下,很多企业的生存发展情况在很大程度上取决于其分销渠道系统的协调与效率,以及能否最好地满足最终消费者的需求。可以说,如果企业不能对分销渠道进行有效的管理和控制,就无法有效地保护现有的市场和开拓新市场,也无法获得比竞争对手更低的成本,无法获得创造具有独特经营特色的竞争优势的条件。

(三)适应性评估

生产商是否具有适应环境变化的能力,与其建立的分销渠道是否具有弹性密切相关。但是,每个渠道方案都会因生产商某些固定期间的承诺而失去弹性。例如,当某一生产商决定利用中间商推销产品时可能要签订5年的合同,这段时间内即使采用其他销售方式更有效,但生产商也不得任意取消中间商。因此,生产者在选择和设计分销渠道时必须考虑分销渠道的环境适应性和可调整性问题。

企业与营销渠道成员常常有一个较为长期的合作关系,并通过一定的形式固定下来。这种长期经销时间的约定,会失去渠道调整与改变的灵活性。如何实现稳定性与灵活性的统一,就是渠道设计者要考虑的适应性标准。从趋势上看,由于产品市场变化迅速,渠道设计者需要寻求适应性更强的渠道结构,以适应不断变化的营销战略。

二、分销渠道的选择

在对分销渠道备选方案进行评估后,下一步,生产商就要根据企业自身的实际,选择"最适合"的分销渠道方案。选择最适合的分销渠道的方法有财务法和经验法。

(一)财务法

交易成本分析方法的经济基础是:成本最低的结构就是最适当的分销结构。此办法的关键就是找出渠道结构对交易成本的影响。因此,交易成本分析法的焦点在于公司要达到其分销任务而进行的必需的交易成本耗费。交易成本主要是指分销中活动的成本,如获取信息、进行谈判、监测经营以及其他有关的操作任务的成本。

为了达成交易,需要特定交易资产。这些资产是实现分销任务所必需的,包括有形资产与无形资产。无形资产是指为销售某个产品而需要的专门知识和销售技巧;而销售点的有形展示物品、设备则是有形的特定资产。

如果需要的特定资产很高,那么公司就应该倾向于选择一个垂直一体化的渠道结构。如果特定交易成本不高(或许这些资产有许多其他用途),生产商就不必担心将它们分配给独立的渠道成员。如果这些独立的渠道成员的索要变得太过分,那么可以非常容易地将这些资产转给那些索要条件比较低的渠道成员。

(二)经验法

经验法是指依靠管理上的判断和经验来选择渠道结构的方法。

在进行渠道选择的实践中,这种定性的方法是最粗糙但同时也是最常用的方法。使用这种方法时,管理人员根据他们认为比较重要的决策因素对结构选择的变量进行评估。这些因素包括短期与长期的成本以及利润、渠道控制问题、长期增长潜力以及许多其他的因素。有时这些决策因素并没有被明确界定,它们的相关重要性也没有被清楚界定。然而,从管理层的角度看,选出的方案是最适合决策因素的内、外在变量。

经验法也使得渠道设计者能将非财务标准与渠道选择相结合。非财务标准,对特定渠道的控制程度及渠道的信誉等可能是非常重要的因素。在直接量化决策方法中,这些因素都是很含蓄的;而在权重和因素分析中,控制程度及信誉可作为明确的决策因素并且通过高权重表示其相对重要性。即使在分销成本方法中,非财务因素,如控制程度和信誉只能通过经验做出判断。

本章小结

分销渠道计划是以正式的形式明确分销目标,对各种备选方案进行评估和选择,从而设计出适合企业经营要求的分销渠道的管理行为。

分销渠道计划的原则有顾客导向原则、利益最大化原则、发挥优势原则、适度覆盖原则、协调平衡原则和稳定可控原则。分销渠道计划的目标有市场覆盖率、渠道灵活性、渠道控制度等。

分销渠道的构架程序包括分析消费者需求、确定目标、设计备选渠道方案、评估与选择方案四个环节。

重要术语

选择性分销　　密集性分销　　独家分销　　需求核心　　渠道长度　　渠道宽度
渠道领袖　　渠道追随者

复习思考题

1. 分销渠道计划应遵循哪些原则?

2. 分销渠道计划的方向是什么?
3. "以顾客需求为导向"的分销渠道设计的一般程序是什么?
4. 如何分配分销渠道成员的职责?
5. 如何进行分销渠道的评估与选择?

案例分析[①]

Comp Air Co. 是英国一家主要生产空气压缩机的集团公司,曾从事过大量的国际贸易活动。该公司生产的主要产品包括:移动式空压机(主要用于建筑、道路工程)、风钻(筑路机械,由移动式空压机做动力)、大容量固定空压机(大型制造公司的中心动力源)、工业手动工具(主要用于装配线作业)。公司产品的主要用户行业:建筑、矿山、采石、道路修筑业(移压机和风钻)、汽车、化工、食品工业(固压机和手工具)。

出于开拓市场的需要,公司决定对全球市场重新进行评价:寻找新的市场机会,确定德国市场为其目标市场。随后,董事会授权营销部经理 Pauden 对德国市场开展了详细的市场调研。

一、市场调研的内容和具体要求

(1)调研范围。在德国全国范围内,针对上述四种产品及其用户行业进行全面的调研,希望得到如何满足供应、服务和维修的全德国市场需要的足够信息。

(2)采用抽样调查方式,了解主要用户市场上竞争对手及其市场地位。

(3)目前德国市场上有效的分销渠道的详细情况。

(4)价格。应当根据特定竞争产品的有关情况进行相应的定价。

(5)调查中间商所期望的保证金、折扣和信贷条件。

(6)目前在德国市场上,竞争者通常采用的促销方式和促销活动形式,能否找到更佳的广告媒体。

(7)要求总结出开拓德国市场所需的关键信息。用户尚不满足或有市场需求的地区;分销业务改革的可能性和新做法;找到中间商的可能性,要确保对分销渠道的控制。

二、调研设计

(1)案头研究(desk research)。资料来源主要是网络、政府公报和大学教授的研究报告。

(2)实地研究。分两个阶段进行:第一阶段,个人访问;第二阶段,电话访问及问卷调查。

(3)样本包括公司所有产品的最终用户、零配件供应商、竞争者、分销商。

(4)确定做 100 人次访问(最小限度);另外,做电话访问及问卷调查以补充信息。

三、调研结果

公司的全部产品均符合德国技术与法律规定,并为最终用户接受;公司价格具有广泛竞争力,但价格优势不明显。

1. 移动式空压机

(1)竞争情况(如下表所示)。

---

① 栖息谷, http://www.21manager.com。

竞争者	制造基地	市场占有率(%)
A	德国	23
B	德国	20
C	跨国公司	17
D	德国	15
合计		75

(2)分销。除B公司外(其有自己的销售网),均通过独立中间商分销。

(3)中间商大多经营两家以上的产品,希望通过大量采购来取得大幅折扣。

(4)价格是影响销售额的明显因素,但产品的可靠性极其重要。

(5)客户要求能够迅速为其提供零部件以及良好的售后服务,C公司已经因此而市场前景不妙。

(6)买主要求尽量标准化,并特别钟爱德国发动机。

(7)四类产品主要靠个人推销,在德国市场上极少采用广告来促销。

2. 风钻

除前述四家公司外,尚有两家专业生产厂家;该产品市场与移动式空压机密切相关。

3. 固定空压机

竞争:主要生产商为A、B、C公司。

分销:采用直销的方式。

采购要求:价格、可靠性和零配件迅速供应。

4. 工业手动工具

竞争:B、C公司和三家专业生产商家。

分销:中间商一般集中于一两家生产商,以求最大限度地取得高额折扣。

思考与讨论

1. 如果你是该公司的营销主管,你会如何考虑在德国市场上的分销渠道计划?

2. 你进行分销渠道设计的主要依据是什么?

第三章 分销渠道的长度和宽度决策

学习目标和要点

- ◆ 了解分销渠道长度和分销渠道宽度的类型
- ◆ 掌握影响分销渠道长度和宽度决策的因素
- ◆ 了解直接分销渠道的特点和类型
- ◆ 掌握国家对直销方式的法律规制
- ◆ 了解间接分销渠道的类型
- ◆ 掌握选择零售商的标准和方法
- ◆ 掌握多层分销渠道决策的程序
- ◆ 掌握密集性分销渠道、独家分销渠道、选择性分销渠道的联系和区别

【引例】

佩珀公司的分销苦旅

早在20世纪80年代初,佩珀公司就已经由30年前美国得克萨斯州一家制造浓缩液的小公司发展壮大为非可乐类饮料世界排名第一的大公司。就整个饮料行业来讲,它排名第三,仅仅位于百事可乐和可口可乐之后。1982年,该公司的营业收入超过25亿美元,并创下连续27年盈利的纪录。

不久,佩珀公司销量却日趋下降,市场排名也由第三位降至第四位。究其原因,一切源于其分销战略。

饮料营销中分销渠道最重要。人们往往认为饮料产业链中制造商和零售商最重要,但往往忽视了分装商的作用。佩珀公司生产出浓缩液后,把浓缩液卖给分装商,分装商将浓缩液稀释后装瓶,并辅以广告促销,批发给零售商,再由零售商卖给消费者。佩珀公司通过和美国500多家分装商的伙伴关系,建立起发达通畅的分销网络。佩珀公司的辉煌,离不开分装商的鼎力相助。

1982年,佩珀公司改变了依靠分装商分销的做法,转而实行全国统一的集中营销方案。公司改变了依靠分装商在当地做广告促销的做法,实行全国统一广告,削减了地方性销售人员,减少了对分装商的业务支持。结果,佩珀公司销量下降,到秋季时该公司亏损了4 000万美元。

有专家评价,"佩珀公司只有先抓住分装商,才能抓住消费者"。这一评价十分正确,佩珀公司意识到失误,并试图再回到依靠分装商的方案,但它能否"鸳梦重温"还是个问题。

资料来源:牛海鹏,《销售通路管理》,企业管理出版社1998年版。

决策是针对需要解决的问题,找出各种解决方案,并在其中选择出最佳方案的过程。分销渠道长度和宽度决策是分销渠道决策的重要内容,即在综合分析各种制约因素的基础上,设计分销渠道纵向和横向应该用多少个中间商,以保证分销的"畅通、经济、适应"。

第一节 分销渠道长度和宽度的类型

分销渠道按渠道内环节的多少,可分为长渠道和短渠道;按并列使用中间商的多少,可分为宽渠道和窄渠道。

一、长渠道

长渠道是指生产商在产品销售过程中利用两个或两个以上的中间商分销商品的分销渠道。其主要类型见图3—1。

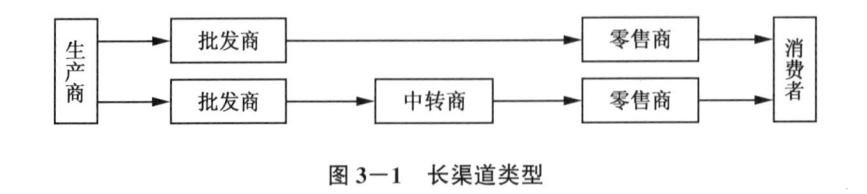

生产商 → 批发商 → 零售商 → 消费者
生产商 → 批发商 → 中转商 → 零售商 → 消费者

图3—1 长渠道类型

(一)长渠道的优点

(1)中间商具有庞大的销售网络,利用这样的网络能使生产商的产品具有最大的市场覆盖面。

(2)充分利用中间商的仓储、运输、保管作用,减少了生产商的资金占用和耗费,并可以利用中间商的销售经验,进一步扩大产品销售。

(3)对生产商来说减少了花费在销售上的精力、人力、物力、财力。

(4)由于分销任务分摊给多个市场主体,降低了生产商的分销风险。

(二)长渠道的缺点

(1)流通环节多,销售费用增多,也增加了流通时间。

(2)生产商获得市场信息不及时、不直接。

(3)中间商对消费者提供的售前售后服务,往往由于不掌握产品技术等原因而不能使消费者满意。

(4)生产商、中间商、消费者之间的关系复杂,难以协调。

二、短渠道

短渠道是指生产商仅利用一个中间商或自己销售产品。短渠道类型主要有两种,见图 3—2。

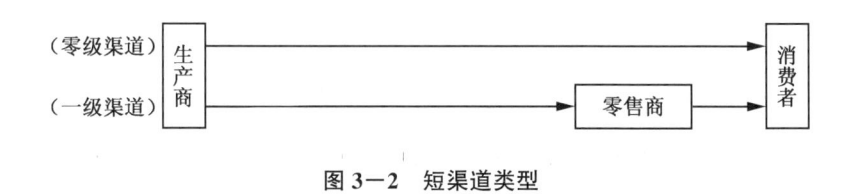

图 3—2 短渠道类型

(一)短渠道的优点

(1)了解市场。生产商能及时、具体、全面地了解消费者的需求和市场变化情况,从而能及时地调整生产经营决策。

(2)减少费用。分销环节少,商品可以很快地到达消费者手中,从而缩短商品流通时间,减少流通费用,提高经济效益。

(3)渠道短能减少分销环节,分销时间短,费用省,产品最终价格低,市场竞争力强。

(4)分销环节少,生产商和中间商较易建立直接而密切的合作关系。

(二)短渠道的缺点

(1)生产商增设销售机构、销售设施和销售人员,这就相应增加了销售费用,同时也分散了生产商的精力。

(2)由于生产商自有的销售机构总是有限的,致使产品市场覆盖面过窄,容易失去部分市场。

(3)分销渠道短,生产商承担的分销风险也大。

三、宽渠道和窄渠道

当企业将产品销向一个目标市场时,按使用中间商的多少,可将分销渠道划分为宽渠道和窄渠道。分销渠道的宽度是指分销渠道的每个环节或层次中,使用相同类型的中间商的数量。同一层次或环节使用的中间商越多,渠道就越宽;反之,渠道就越窄。一般来说,渠道越宽,市场覆盖面也越宽,但是,成本也越高,中间商积极性较低;反之,则相反。

第二节 影响分销渠道长度和宽度决策的因素

影响分销渠道长度和宽度决策的因素很多,其中主要因素有以下几种。

一、产品因素

产品的特性不同,对分销渠道长度和宽度的要求也不同。

(一)价值大小

一般而言,商品单价越小,分销渠道又宽又长,以追求规模效益;反之,单价越高,则路线越短、渠道越窄。

(二)体积与重量

体积庞大、重量较大的产品,如建材、大型机器设备等,要求采取运输路线最短、搬运过程中搬运次数最少的渠道,这样可以节省物流费用。

(三)变异性

易腐烂、保质期短的产品,如新鲜蔬菜、水果、肉类等,一般要求较直接的分销方式,因为时间拖延和重复搬运会造成程度不同的损失。同样,对款式变化快的时尚商品,也应采取短而宽的渠道,避免不必要的损失。

(四)标准化程度

产品的标准化程度越高,采用中间商的可能性就越大。例如,毛巾、洗衣粉等日用品,以及标准工具等,单价低、毛利低,往往通过批发商转手。而对于一些技术性较强或是一些定制产品,企业要根据顾客要求进行生产,一般由生产商自己派员直接销售。

(五)技术性

产品的技术含量越高,渠道就越短,常常是直接向工业用户销售。因为技术性产品,一般需要提供各种售前售后服务。在消费品市场上,技术性产品的分销是一个难题,因为生产商不可能直接面对众多的消费者,生产商通常直接向零售商推销,通过零售商提供各种技术服务。

二、市场因素

市场是分销渠道设计时最重要的影响因素之一。影响渠道的市场特征主要包括以下几方面：

（一）市场类型

不同类型的市场，要求不同的渠道与之相适应。例如，生产消费品的最终消费者购买行为与生产资料用户的购买行为不同，所以就需要有不同的分销渠道。

（二）市场规模

一个产品的潜在顾客比较少，企业可以自己派销售人员进行推销；如果市场面大，分销渠道就应该长些、宽些。

（三）顾客集中度

在顾客数量一定的条件下，如果顾客集中在某一地区，则可由企业派人直接销售；如果顾客比较分散，则必须通过中间商才能将产品转移到顾客手中。

（四）用户购买数量

如果用户每次购买数量大、购买频率低，可采用直接分销渠道；如果用户每次购买数量小、购买频率高时，则宜采用长而宽的渠道。一家食品生产企业会向一家大型超市直接销售，因为其订购数量庞大。但是，同样是这家企业会通过批发商向小型食品店供货，因为这些小商店的订购量太小，不宜采取过短的渠道。

（五）竞争者的分销渠道

在选择分销渠道时，应考虑竞争者的分销渠道。如果自己的产品比竞争者有优势，可选择同样的渠道；反之，则应尽量避开竞争者的分销渠道。

三、企业自身因素

企业自身因素是分销渠道选择和设计的根本立足点。

（一）企业的规模、实力和声誉

企业规模大、实力强，往往有能力担负起部分分销职能，如仓储、运输、设立销售机构等，有条件采取短渠道。而规模小、实力弱的企业无力销售自己的产品，只能采用长渠道。声誉好的企业，希望为之推销产品的中间商就多，生产商容易找到理想的中间商进行合作；反之，则不然。

（二）产品组合

企业产品组合的宽度越宽，越倾向于采用较短渠道；产品组合的深度越大，也宜采取短渠道。反之，如果生产商产品组合的宽度较窄、深度较小，生产商只能通过批发商、零售商来转卖商品,其渠道是"较长而宽"。产品组合的关联性越强,则越应使用性质相同或相似的渠道。

(三)企业的营销管理能力和经验

管理能力和经验较强的企业往往可以选择较短的渠道,甚至直销;而管理能力和经验较差的企业一般将产品的分销工作交给中间商去完成,自己则专心于产品的生产。

(四)对分销渠道的控制能力

生产商为了实现其战略目标,往往要求对分销渠道实行不同程度的控制。如果这种愿望强,就会采取短渠道;反之,渠道可适当长些。

四、环境因素

影响分销渠道设计的环境因素既多又复杂。如科学技术发展可能为某些产品开辟出新的分销渠道,食品保鲜技术的发展,使水果、蔬菜等的销售渠道有可能从短渠道变为长渠道。又如经济萧条时迫使企业缩短渠道等。

五、中间商因素

不同类型的中间商在执行分销任务时各自有其优势和劣势,分销渠道设计应充分考虑不同中间商的特征。一些技术性较强的产品,一般要选择具备相应技术能力或设备的中间商进行销售。有些产品需要一定的储备(如冷藏产品、季节性产品等),就需要寻找拥有相应储备能力的中间商进行经营。零售商的实力较强,经营规模较大,企业就可以直接通过零售商经销产品;零售商实力较弱,规模较小,企业只能通过批发商进行分销。

第三节 直接分销渠道

直接分销渠道,是指生产商不通过中间商,直接把产品销售给最终顾客的分销模式。近些年来,直接分销渠道有一定的发展,也越来越引起人们的关注。

一、直接分销渠道的特点

直接分销渠道也称直接分销,直接分销的特点主要有:

(一)适用范围不断扩大

一般认为,直接分销主要被用于产业市场,如生产机械零配件企业直接将其产品销售给机械总装厂;生产矿石的企业直接将产品销售给冶炼厂;飞机制造厂直接将产品销售给航空公司;等等。直接分销主要用于分销产业用品的原因是:一方面,许多产业用品要按照用户的特殊需要制造,有高度的技术性,生产商要派专家去指导用户安装、操作、维护设备;另一方面,用户数目少,某些行业的工厂往往集中在某一地区,这些产业用品的单价高,用户购买批量大。

同时,也有相当的消费品通过直接分销方式销售商品,例如雅芳、安利、戴尔等,其规模有扩大的趋势。这是因为:第一,随着技术的进步、媒体的发展、分化和整合传播技术的演变,使更复杂的技术方法(如顾客数据库)得以被用于寻找潜在顾客并与之沟通的市场营销活动中,直接推动了直接分销深度的增加,直接分销的适用性日益广泛。企业直接与顾客接触,并为顾客度身定制产品的做法变得越来越容易,网上购物、直复营销等方式方兴未艾,前景光明。第二,中间商,特别是大型零售企业利用自己的强势地位向生产商收取过高的通路费用,包括进场费、广告费、上架费等。近年来,这些费用的数额在不断提高,花样也在不断翻新,使得生产商利润受打压程度越来越严重。第三,现阶段,生产商众多,更新换代也很快,生产能力已经远远地超出了市场需求,这就造成产品积压。为了处理积压的产品,生产商往往采取降价促销的措施,造成了生产商整体利润下降的趋势。以家电制造业为例,国务院发展研究中心市场经济研究所的调查表明,我国家电生产厂家的平均利润为5%~10%,而家电连锁销售企业的平均利润是10%,家电连锁销售巨头的平均利润已经达到12%左右。根据等量资本带来等量利润的理论,在资本可以自由流动的情况下,资本投入流通领域能够比投入生产领域带来更多的利润,因此部分生产商加大了在流通领域的投入,掀起一轮轮自建直销渠道的热潮。

【小资料3—1】

1977年,北京市包装机械研究所首创SH-1型羊肉自动切片机,产品委托北京4家贸易商店销售。但是,多年来一台也未销售出去。该所派人去调查,发现机器虽制作精良,但与普通炊具放在一起,满是灰尘。

该所决定改变销售策略,选择北京"东来顺"饭店为销售点,借助饭店举行展销活动,邀请全市各饭店负责人参加。在展销会上,大家目睹了机器的表演,东来顺饭店的厨师又讲解了羊肉切片机的性能和特色,引起了各大饭店的强烈兴趣,当场便订购了12台。该所又将展销会情况录制成广告播放,当年销量达50台。

该所用这种方法推广至全国,取得巨大的成功。

资料来源:罗婉容,《市场经济百计百策》,山西经济出版社1993年版。

(二)历史悠久,生命力顽强

由生产商直接分销商品的做法,比起通过中间商销售商品的分销模式,历史更悠久。在人类社会还没有出现商人的时候,直接分销就已经出现。直到工业革命之前,直接分销一直是主要的商品分销模式。

工业革命带来了一系列变化:技术发展使大规模、标准化生产成为可能,交通和通信的发展使远距离、多层次的分销迅速发展。而作坊式直接分销方式显得成本高昂、效率低下,因而日渐式微。

但是最近半个世纪以来,直接分销的深度和广度都有一定程度的恢复和发展。有人认为,这是历史的倒退;也有人认为,这是一种"轮回演变"。其实,工业革命之前的直接分销(简称"直接分销Ⅰ")和最近半个世纪出现的直接分销(简称"直接分销Ⅱ"),存在着巨大的差异,具体见表3—1。

表3—1　　　　　　　　　直接分销Ⅰ和直接分销Ⅱ的区别

直接分销	产生条件	性质	规模	产销关系	形式
直接分销Ⅰ	小商品生产	销售自给有余的产品	自然经济的补充,规模小,形式少	以产定销	·上门推销 ·自设门店
直接分销Ⅱ	社会化大生产,现代传播技术发展	社会化大生产、大流通的有机构成或部分	市场经济和知识经济的要求,规模大,形式多	以销定产、产销结合,以销促产	·直复营销 ·网上销售

(三)无中间环节

直接分销的另一个基本特点是,产品从生产商到最终用户,没有中间环节,仅发生一次所有权转移便完成分销活动。由于商品在销售给最终用户之前,商品所有权在生产商手中,所以一旦成交,生产商便获得全部销售收入和利润。同时,商品的销售者也是生产商自身。

二、直接分销的类型

近年来,直接分销的类型表现出广泛的多样化,并且不断有新的形式出现。迄今为止,直接分销的类型见图3—3。

(一)直复分销

直复分销是企业通过非人员的媒体,即依靠邮件、电话、互联网及其他科技媒体完成商品转移的分销方式。直复分销类型具体可以包括以下几种:

(1)直接邮购。邮购是一种历史相当悠久的无店铺销售方式。首先,经由名单的搜集与整理,筛选出符合条件的消费群;然后利用产品目录、DM、传单等媒体,主动将

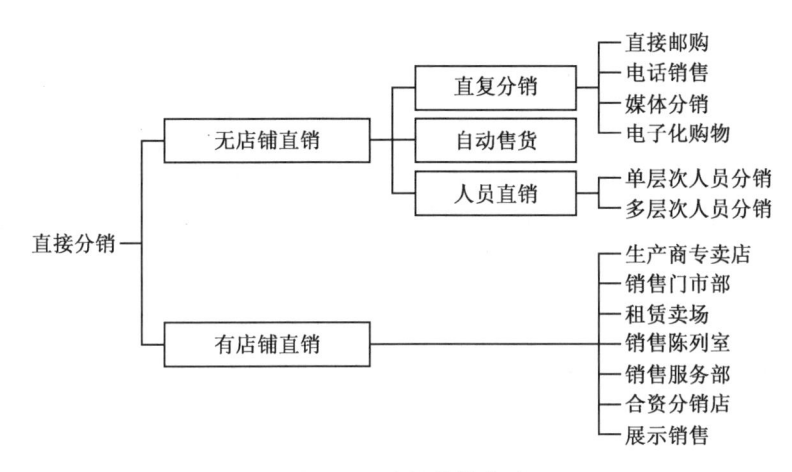

```
                              ┌─ 直接邮购
                    ┌─ 直复分销 ─┼─ 电话销售
                    │          ├─ 媒体分销
          ┌─ 无店铺直销 ─┼─ 自动售货  └─ 电子化购物
          │         │
          │         └─ 人员直销 ─┬─ 单层次人员分销
直接分销 ──┤                    └─ 多层次人员分销
          │                ┌─ 生产商专卖店
          │                ├─ 销售门市部
          │                ├─ 租赁卖场
          └─ 有店铺直销 ────┼─ 销售陈列室
                           ├─ 销售服务部
                           ├─ 合资分销店
                           └─ 展示销售
```

图 3—3　直接分销类型

信息传达给消费者,并经由视觉上与沟通信息上的刺激,激发起消费者的购买欲,进而产生购买行动,完成交易行为。由于邮购是以平面媒体为主要沟通管道,因此,商品必须能在印刷媒体上表现说服力与吸引力,使顾客一目了然,充分了解商品的特性,并感到放心。因此,商品目录的内容不但要讲求色彩、式样以及编排,最好还能在媒体上提供新的生活资讯,以刺激消费者的需求与购买欲。为了促使消费者采取购买行动,提供适当的诱因也是必不可少的,如提供赠品、特价或限量供应等,使消费者觉得现在不买会遗憾。

(2)电话销售。电话销售是利用电话来达到销售商品的一种销售方式。它是利用企业档案库内已登录的目标消费群,对特定对象进行促销活动、市场调查、顾客服务等业务,是一种重视对个别客户服务的双向沟通渠道。电话销售可分为两种类型:一为专门提供"接听"(inbound)服务,通过电话专线接受顾客的订货、咨询。沟通热线的电话费用由公司负担。经由这种专线服务,生产商不但可以与消费者建立起更亲密的关系,也可以产生某些销售效果,如美国 24 小时服务的 WTS(Widearea Telephone Service)、国内的部分电器企业等。另一种则是主动出击,以"外拨电话"(outbound)的方式与消费者接触,循序渐进地推销商品,而不是采取强迫式的高压手法推销商品。美国一些大型企业都设有专门的部门负责这项业务,如运通银行等。

(3)媒体分销。媒体分销指的是:通过电视、广播、报纸、杂志等大众媒体,将商品的销售信息传递出去,并诱使消费者利用上门或打电话等方式订购,以完成买卖双方的交易程序。虽然媒体营销在国内的实际应用已有相当长时间,但由于种种因素的交错影响,使它未能博得消费大众的普遍认同,也无法获得大型企业的青睐。长期以来,调幅(AM)和调频(FM)广播电台就被许多厂商包下时段,由主持人以现场推销的方式,鼓励听友来电订购。由于媒体营销依赖媒体传递销售信息,希望能借此抓住所设定的目标消费群,清楚地传递出厂商的信息。因此,对媒体的选择与过程的安排就显得格外重要。同时,如何在所选定的媒体上充分展现商品的特色与吸引力,以刺激消费者的购买意愿,也是相当重要的。在媒体营销中,媒体是介于厂商与消费者之间的销售桥梁,如果媒体展现的商品足以令人心动,则销售工作就可说是完成一大半。

(4)电子化购物。就是利用最新通信媒体,如互联网等,将商品信息传送给消费者,再由消费者以单向或双向的信息传递,完成订购程序。

● 通过电话线与电视画面等装置做双向通信的系统。

● 通信卫星购物。利用终端机经由通信卫星,将订单下给顾客,订购的顾客大约一至一个半月就可收到货品。

● 电子商店。经由这种系统,顾客可以在荧光幕上选购商品,而商品资料均已储存在磁碟里,顾客只要按下各种编号,决定所要购买的商品,即可完成订货。

● 录影带家庭购物计划。这是美国厂商想出来的新方式,它将18 000项商品录制在一个约26分钟的录影带里,分送给拥有录影机的家庭,同时在旗下各分店设置35台放映机,现场播放给来店的顾客看,效果相当好。

● 有线电视。有线电视的发展日益受到重视,被认为是一个有潜力的"大众"媒体。

● 网上营销。所谓网上营销,是指借助互联网、电脑通信和数字交互式媒体来实现营销目标。

(二)自动售货

自动售货是指利用自动销售机,投入特定的交易媒介(例如硬币或电脑记录卡等),而完成商品或劳务的销售,例如在西方国家通过自动销售机销售的有自助洗衣、电动游乐器、行李存放保险箱、自动计时停车器等。自动化销售源于美国,却盛行于日本。根据1987年的资料显示,日本通过自贩机销售的金额高达44 362亿日元,高居世界第一,所卖的商品以饮料、香烟、车票为主,其余还有面纸、杂志、食品等日常用品,甚至连电脑软件、T恤、汉堡、寿司、录音带、唱片、彩卷、《圣经》、活鱼饵、旅行保险、雨伞等商品也在销售之列,可说是包罗万象,几乎达到了无所不卖的程度。

(三)人员直销

人员直销就是通过人员以聚会或个别面对面的方式,将产品直接销售给消费者的方法。人员直销可分为单层直销与多层次直销。

单层直销是指直销人员(业务员)直属于公司,由公司招募、训练与控制,直销人员彼此之间并无连带关系(如上手与下手),营业额及佣金依据个人业绩。

多层次直销也称为多层次传销,是指每位想销售公司产品的人,必须通过另一位直销员的引荐(并成为其下手),方得与公司接触,直销员与公司之间无雇佣关系,且每月佣金除了来自个人所努力的业绩外,经由自己介绍进公司的下手直销员的业绩也并入计算。我国法律禁止传销活动。

(四)店铺直销

为了方便商品销售和方便顾客购买,制造商在某些城市租赁店铺或自建门店,从事商品展示、销售、服务以及技术支持等活动,尤其是对于那些顾客购买与寻求服务相对频繁、顾客愿意到门店购买的商品来说,通过店铺来开展直销,就能够达到更加理想的效果。按照门店的功能与性质,店铺直销可分为以下几种:

(1)生产商专卖店。由消费品生产商在各个销售区域设立专门店,经营自己的一条产品线或某个品牌的产品。产品线所含的花色品种较多,如佐丹奴在各地开设的服装专卖店,康柏在各大城市开设的电脑专卖店等。这些专卖店往往采用连锁经营的方式以提高效率,通常还为顾客提供完善的服务。

(2)销售门市部。在消费者市场上,一些生产商设立的门市部本身就是作为企业分支的销售机构,比如大学出版社开办的书店,面包房开设的面包店等。有的生产商为扩大销售业绩,甚至在消费相当密集的居民区或者街道设立门市部。

一些产业用品生产商则在目标市场设立销售办事处,为当地产业用户直接提供产品。销售办事处本身不具备独立的法人地位,它是生产商相对独立的销售组织。

实际上,在产业用品市场上那些专业性较强的产品(如生产设备、原材料、零部件等),由于用户相对集中于某些行业或地区,生产企业自组分销网具有明显的优势。如美国的金属及矿产品、电器、石油制品、汽车及零部件由制造商分支机构销售的比例均超过 50%。消费品市场上,一些生鲜食品因其要求尽可能短的周转时间及特殊的储运条件(如冷藏、冷冻设备),也采用这种模式。如美国最大的肉品公司阿穆尔公司,其产品都是通过其各地的近 300 个分支机构和拥有几万节冷藏车厢的列车储运线直接销售给用户,从而实现了销售的集约化,降低了销售成本。

(3)租赁卖场。有些生产商已经培养了一批针对最终顾客或消费者的销售人员。他们在那些规模较大的超市、百货店或者专业店,租赁一块地盘和货架,从事销售和服务工作。

(4)销售陈列室。对于一些价格毛利高的、著名品牌、周转快的消费品,如金银、珠宝、照相器材、玩具等,厂家通过开设销售陈列室,以低于零售商的价格吸引大量消费者。如周大福金银珠宝店、美能达摄影器材专卖店都属于这种形式。

(5)销售服务部。像汽车、电脑、照相(摄像)机、手机等一些技术性强且需要技术性服务的产品制造商通常在各地设立销售服务部,兼有销售和服务双重功能。

(6)合资分销店。生产商可以通过自建直销商店来实现商品直接销售(如上述的各种方式),也可以通过与专业的商业机构合资或购买商业机构的股份方式,利用商店进行直销。珠海格力空调有限公司就采用过这种合资经营方式，与国内部分省市的商业机构建立格力空调的销售公司，进行格力空调产品的直接销售。

（7）展示销售。展示销售就是在没有特定销售场所的情况下，临时租用饭店、百货公司、办公大楼或居民活动中心等场所的一角展示商品，并在现场进行销售活动。为了招徕顾客，也可运用DM、海报、传单、赠品等方式，吸引顾客到场参观，以增加卖场的热闹气氛与成交机会。目前在国内，家电、个人电脑以及化妆品、食品、保健品等采用这种方式销售，如我们常可以在百货公司看到保健品展销，碰到若干新产品发布会（如不粘锅），或其他商品的展销会。此外，在街头摆地摊、流动摊贩或临时搭架，销售一些家用品、摆饰品或其他杂项物品的景象，也时常看到。展示销售通常是被用来当作辅助销售工具，目的在于掌握机动性，随时主动出击，以便与消费者有更多、更广泛的接触。

三、直接分销的法律规制

（一）外国对直接分销的法律规制

各国为了规范直销市场的秩序和打击"老鼠会"等非法活动，均进行了立法。美国是直销的发源地，虽然没有专门的直销立法，但是联邦贸易委员会法规和各州直销法律对直销进行了规制。美国联邦贸易委员会法规要求全国直销公司都必须遵守相关规定，如《出示身份证明法规》规定直销商在进入消费者家门之前必须先出示身份证明，《冷静法》规定消费者对于25美元以上的直销交易在3天内享有退货并收回全额货款的权利。在州法方面，主要集中在《反金字塔法》和《冷静法》，美国50个州都有《反金字塔法》，大部分州都有《冷静法》。美国直销方面的法律在各国直销立法中具有典型性。

欧洲国家一般也都有直销立法，但是大多数是直销法律条文，散见于其他法律中。例如，奥地利的《消费者权益保护法》规定了直销问题，德国在《竞争法》中对直销进行了规制，英国则在《公平贸易法》中设有直销法条文。与美国相同，欧洲直销法也主要集中在冷静法规和反金字塔法规上。但是，欧洲冷静期规定比美国期限长，一般是7天，而反金字塔法规在欧洲也称为《禁止滚雪球销售法》。在亚洲，韩国、日本、马来西亚等国家对直销进行了专门立法。值得一提的是，韩国《直销法》可以说是目前世界上最系统的直销法，该法共设六章，包括总则、直销、通信销售、多层次传销、补充、处罚，总计50条。

此外，世界直销联盟（WFDSA）制定了《世界直销商德约法》来约束每个会员国。美国直销协会也制定有《美国直销协会商德约法》，以作为它的会员公司的自律规范。另外，欧洲直销联盟也正准备制定《欧洲直销商德约法》，用来规范欧洲内部会员国家的直销行为。

从各国直销立法来看,对直销的法律规制包括反金字塔(行为)法、冷静期法规和有关上门求售的法律。具体内容如下:

(1)反金字塔法。金字塔是各国对非法多层次传销的通称,反金字塔法是各国直销法中的一个重要内容。各国将金字塔公司的特征概括如下:第一,传销商加入时要投入很高的入会费;第二,公司不是根据销售额给予传销商奖励,而是根据发展下线给予奖励;第三,硬性规定传销商要买一个大数量的商品;第四,对传销商退货予以限制;第五,夸张收入,骗人入伙。

各国对金字塔行为的限制主要体现在:第一,禁止买卖金钱的金字塔行为。马来西亚《直销法》禁止直销的产品包括"股票、债券、货币"等有价证券商品,日本把这种"卖钱"金字塔活动称为"无限连锁链",并严厉惩罚该行为。韩国《直销法》也禁止从事金钱经营或打着经营产品和服务的幌子从事金钱经营的多层次传销,对于违者处以五年以下有期徒刑或1亿韩元以下罚款。第二,限制传销商的存货负担,即金字塔公司往往对传销商品强加一个较大的产品购买额,以此获取非法的快速资金积累。各国通过直接限制和间接限制来控制存货负担,前者禁止金字塔公司故意把不合理数量的产品卖给参与者,后者即允许传销商退货,如加拿大法律规定如果传销公司不给予传销商退货,"则由法院确定罚款额,或判五年以下有期徒刑,或两者并罚"。第三,禁止上线从发展下线获取佣金。如韩国《直销法》规定,对传销商发展下线支付奖金者"被判五年以下有期徒刑或1亿韩元以下罚款"。马来西亚《直销法》对于上线从发展下线获取佣金,通过禁止该公司成立或者重罚加以打击。该法第七条规定:"①下述申请人不批准直销执照:在该申请人的直销经营计划中,不是根据产品和服务的销售数量赚取利润,而是通过引诱下线加入来获取利润。②已获取直销执照者,若发现有①中所述行为,不论直接或间接实行,都将视为犯罪,并处以25万元马币以下罚款,再犯者处以50万元马币以下罚款。"第四,各国限制传销的入会费。美国联邦贸易委员会规定传销公司对新加入传销商的入会费,在加入后的6个月内,不能超过500美元。英国规定,新加入者支付的入会费,在7天之内超过75英镑即为非法。第五,禁止夸张宣传。一些金字塔公司为了拉拢传销商,夸大本公司传销商收入和产品质量,禁止夸张宣传就是保证传销商获得真实的经营信息。加拿大传销法规规定:传销公司或传销商在对外做宣传时,对其传销网中传销商的收入描述要公正、合理、适中,谈传销商的收益时,对于夸张传销收入的由法院确定罚款或判五年以下有期徒刑或并罚。

(2)冷静期法规。冷静期法规是第二个非常重要的直销法规,世界上存在直销的国家基本上都有冷静期法规。冷静期,也称"冷却期",就是在这段时间内,消费者可以撤销上门求售的消费品交易,消费者可以不讲任何理由地去退货。冷静期法规的直接目的是保护消费者利益,可以说它间接地防止了高压销售,即直销商强迫、哄骗、引诱、纠缠消费者购物。一般直销公司往往不做电视、报刊、广播等的广告,而通过广大直销商的游说兜售为自己的产品做宣传。直销商中的不良分子为了扩大销售业绩,常对商品做虚假宣传,引诱消费者购买,消费者容易受骗上当。所以,规定冷静期可以保障消费者退货的权利。各国对退货冷静期限的规定不同,美国是 3 天,欧洲国家一般是 7 天,马来西亚是 10 天。韩国《直销法》冷静期规定最为详细,它的冷静期分为两种情况。一是(单层次)直销退货,期限是 10 天:"①自合同签订之日起 30 天之内。②自送货日期之日起 10 天之内,如果送货日期晚于合同签订日期的话。"二是多层次传销退货,期限是 20 天:"①自合同签订之日起 20 天之内。②自送货日期之日起 20 天之内,如果送货日期晚于合同签订日期的话。"另外,韩国冷静期法规还规定,如果消费者手中的购物合同单上没有销售者的地址,或者销售者的地址变更了,找不到销售者了,那么要退货的消费者也不必着急。在这种情况下,冷静期规定为:自获得销售者地址之日起 10 天(20 天)之内,即什么时候销售者把地址通知给消费者,什么时候就开始计算冷静期。韩国对阻碍退货的处罚也很严格,法律规定:如果直销商或传销商妨碍消费者退货,根据韩国《直销法》第四十五条,他将"被判五年以下徒刑,或 1 亿韩元以下罚款"。

(3) 有关上门求售的法律。几乎所有的直销都采用上门求售的方式,即到消费者家敲门销售,到消费者办公室敲门销售,或在其他地方兜售。在美国直销总额中,有关上门求售的销售额占了 70% 左右。20 世纪 70 年代,访问直销方式在美国受到了挑战,美国许多地方官方制定法律,严禁直销商未经邀请就敲消费者家门推销商品,因为未经邀请就敲门使消费者讨厌。该法保护了消费者的利益。后来一些直销商通过给消费者发信、打电话、发推销单等方式加以代替。在这种情况下,一些地方官方把该法加以变通修改,产生了《邮政前提法》,规定在向消费者邮发征求信件后,未获邀请者,不能以推销为目的进入消费者家门。美国联邦贸易委员会制定了全国性的访问销售法规,规定直销商在进入消费者家门之前,必须出示直销商身份证明。它对美国直销公司都具有普遍效力。欧洲国家对访问销售往往是用退货方式加以限制。例如,英国相关法规规定:未经消费者邀请就到消费者家和办公室访问销售,其销售价格超过 35 英镑的,7 天之内消费者可以退货。韩国《直销法》对访问销售的限制主要是两点,一是递交身份通知,二是禁止高压销售。递交的身份通知上要包括公司名称、地址、电话,直销商姓名、身份证、地址、电话、产品的种类、付款的时间和方式、送货时间、产品价格等内容。如果是多层次传销商,还包括传销商在多层次传销组织中的层位等。如果不给消费者通知,或提供假通知,直销商则被判 1 000 万韩元以下罚款,多层次传销商则被判 3 年以下徒刑,或 5 000 万韩元以下罚款。

(二)我国对直销分销的法律规制

我国有关部门很早就对非法传销进行了管理。1994年,国家工商行政管理局发布了《关于制止多层次传销活动中违法行为的通知》,首次禁止非法传销;1997年,国家工商行政管理局颁发了《传销管理办法》,首次对传销进行了比较全面的规定;1998年,国务院发布了《关于全面禁止传销经营活动的通知》,一概禁止传销活动;1998年,国务院颁布了《关于外商投资传销企业转变销售方式有关问题的通知》,规定"外商投资传销企业必须转为店铺经营",促使部分传销企业转型经营;2002年,国家工商行政管理局发布《关于〈关于外商投资传销企业转变销售方式有关问题的通知〉执行中有关问题的规定》,对转型企业中雇佣推销人员的方式、报酬、合同订立等方面进行了明确的规定,再次强调店铺经营。

2005年8月23日,国务院颁布了《直销管理条例》,同时公布的还有《直销员业务培训管理办法》和《禁止传销条例》。制定并公布这些法律文件,一是为了履行"入世"的承诺,根据"入世"承诺,我国应当在2004年底取消对外资在无固定地点的批发或零售服务领域设立商业存在的限制。二是为了正确引导和规范我国直销发展。上述文件的内容可以归纳为以下几个方面:

(1)一如既往地严厉打击传销。条例规定,直销企业支付给直销员的报酬只能按照直销员本人直接向消费者销售产品的收入计算,并对提取报酬的比例做了严格的限制。这就从计酬制度上对直销和传销做了区分。

(2)直销企业及其分支机构设立的条件。投资者具有良好的商业信誉,在提出申请前连续5年没有重大违法经营记录,外国投资者还应有3年以上在中国境外从事直销活动的经验;实缴注册资本不低于人民币8 000万元;在指定银行足额缴纳了保证金;建立信息报备和披露制度。

(3)退货制度。直销员和消费者在购买直销产品后30天内,产品未开封的,有权凭直销企业开具的发票或凭证办理退货。

第四节 间接分销渠道

间接分销渠道是指通过中间环节将产品销售给消费者的分销渠道。根据中间环节的数目,间接分销渠道又可以分为一级分销渠道、二级分销渠道、三级分销渠道甚至更多环节分销渠道模式。

一、一级分销渠道

一级分销渠道是生产商把商品通过零售商出售给消费者的分销渠道模式。对于生产商来说,一级分销渠道决策的重要内容之一是选择零售商。

（一）零售商在分销渠道中的地位

通过零售商进行分销,是生产商普遍采取的方式。零售商在企业分销活动中,起着不可替代的作用。近些年来,有些生产商抛弃零售商自建直销渠道,由于种种原因遭到失败,又纷纷回到一级分销渠道上来。

【小资料3—2】

三株公司的地毯式人海推进分销模式

三株公司的发展在1997年达到了鼎盛时期,业绩为40多亿元人民币。其取得这样业绩主要是依靠该公司的分销渠道。

三株公司的分销渠道模式是"联络处＋分公司＋子公司＋工作站"。公司在各省中心城市设立省级联络处,联络处管辖200家地市级分公司,分公司管辖1 980家县级子公司,子公司管辖6 890个乡镇一级的工作站。20多万销售大军分布全国各个市场,尤其是深入农村的穷乡僻壤贴标语、散传单,占领各村镇市场。

这种分销渠道模式属于金字塔模式,其最大优点是不依靠中间商,自己控制分销渠道,市场覆盖面宽。加上免费的户外广告,实行军事化管理,形成密集的市场轰炸和地毯覆盖,快速占领了农村和低端市场。

但是,三株模式的弊病也是明显的:销售大军的内部管理与控制难度大,人员成本巨大,销售人员素质低,各种突发事件(某些子公司另立山头,有些工作人员携款逃跑等)层出不穷。

资料来源:卢泰宏,《营销在中国》,广州出版社2001年版。

零售商在分销渠道中的重要地位主要表现在:

(1)节约交易费用。在一般情况下,一级分销渠道比直接分销渠道能通过减少交易次数而减少费用。这一点可用图3—4来说明。

在图3—4(a)中,生产商没有利用零售商,三个生产商分别向三个消费者销售商品,每个生产商交易次数3次,交易总次数为3×3＝9(次)。图3—4(b)中,利用零售商来进行分销,全部生产商将商品销售给零售商,然后由零售商分别销售给每位消费者,其交易次数为3＋3＝6(次)。值得指出的是,生产商数目和消费者数目越多,通过零售商使交易次数单纯化的效应就越显著。而每减少一次交易次数,都能节约交易费用。

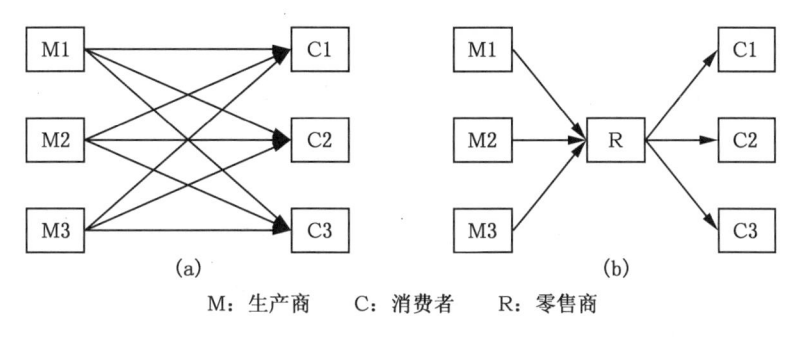

```
M1 ──→ C1         M1 ──→ C1
M2 ──→ C2         M2 ──→ R ──→ C2
M3 ──→ C3         M3 ──→ C3
   (a)                  (b)
```

M：生产商　　C：消费者　　R：零售商

图 3—4　零售商交易次数单纯化原理

(2)商品展示和促销的场所。有店铺的零售店由于能和消费者零距离接触，所以能借此场地进行形象、生动的商品展示，对有些商品还可以进行各种现场操作和演示，以激发消费者的购买欲望。

(3)信息沟通的场所。由于零售商直接面对消费者，零售的过程也是一个市场调查的过程。通过零售店，零售商可以直观地了解消费者对商品质量、价格、功能、服务等的意见和建议，并借助这一平台进行有效的沟通。

(4)抢占终端。中外企业在激烈的市场竞争中得出一条重要结论：要增加产品的销售量，必须控制住市场终端，让消费者好找、好选，买得轻松，买得愉快。为此，可口可乐、百事可乐、宝洁等一大批外资企业率先展开了抢占终端的竞争，从产品陈列、产品结构、产品库存、POP设置、柜台布置以及终端维护等方面下大力气。国内企业不久也明白了这一道理，科龙、华帝、健力宝、TCL等公司也全力跟进，演出一幕幕"终端戏"。

抢占终端有两条途径：自建或合作。前者是企业投资建立直接分销渠道，后者是构建间接分销渠道。对于大部分消费品生产企业和部分生产资料生产企业来讲，自建终端网络需要投入大量的人力、财力和物力，当生产商的人、财、物不足时，为了保证产品的市场覆盖面，建立一级分销渠道便成了唯一选择。

(二)选择零售商的标准

生产商为自己的产品选择零售商时，常处在两种极端情况之间：一个极端是生产商可以毫不费力地找到零售商并使之加入分销系统，例如一些畅销著名品牌很容易吸引零售商销售它的产品；另一个极端是生产商必须通过种种努力才能使零售商加入渠道系统中来。但不管是哪一种情况，选择零售商必须考虑以下条件：

(1)市场范围。市场范围是选择零售商最关键的因素。选择零售商首先要考虑零售商的经营范围与产品目标市场是否一致，这是最根本的条件。

(2)产品政策。零售商承销的产品种类及其组合情况是零售商产品政策的具体体现。选择时一要看零售商的产品线,二要看其各种经销产品的组合关系,是竞争产品还是促销产品。

(3)地理区位优势。区位优势即位置优势。选择零售商最理想的区位应该是顾客流量较大的地点,同时要考虑其所处位置是否有利于产品的储存与运输。

(4)产品知识。许多零售商被名牌产品的企业选中,往往是因为他们对销售某种产品有专门的经验和知识。选择对产品销售有专门经验的零售商,就能很快地打开销路。

(5)预期合作程度。零售商如与生产商合作得好会积极主动地推销企业的产品,这对生产商和零售商都很重要。有些零售商希望生产商能参与促销,生产商应根据具体情况确定与零售商合作的具体方式。

(6)财务状况及管理水平。零售商能否按时结算,这对生产商业务正常有序运转极为重要,而这一点取决于零售商的财务状况及企业管理的规范、高效程度。

(7)促销政策和技术。采用何种方式推销商品及运用什么样的促销技术,这将直接影响到生产商的销售规模和销售速度。在促销方面,有些产品使用广告促销较合适,有些产品则适合人员销售;有些产品需要一定的储存,有些则应快速运输。选择零售商时应该考虑零售商是否愿意承担一定的促销费用以及是否有必要的物质、技术基础和相应的人才。

(8)综合服务能力。现代商业经营服务项目甚多,选择零售商要看其综合服务能力如何,如售后服务、技术指导、财务援助、仓储等。合适的零售商所提供的服务项目与能力应与企业产品销售要求一致(见表3—2)。

表3—2　　　　　　　　　　　选择零售商条件一览表

销售和市场方面的因素	产品和服务的因素	风险和不稳定性因素
·市场专业知识 ·对客户的了解 ·和客户的关系 ·市场范围 ·地理位置	·产业知识 ·综合服务能力 ·市场信息反馈 ·经营产品类别	·对工作热情 ·财务实力及管理水平 ·预期合作程度 ·工作业绩

【小资料3—3】

九阳公司分销渠道策略调整

九阳公司是一家专业生产厨房小家电产品的民营企业。自1999年推出第一台豆浆机以来,多年来一直是豆浆机市场的龙头老大,每年创造近百万台的销售业绩。能取得这一业绩,除了该公司产品具有明显优势外,其分销渠道也做出了重要的贡献。

在建设分销渠道方面,九阳公司曾走过一段弯路。当产品推出后,很快在济南市场打开销路。第二年,产品分销工作向山东省其他城市展开,主要采取销售办事处和经销商并重的策略。销售办事处属于公司的派出机构,其业务具有直销性质,而经销商属于参与分销的中间商。两者并存,问题逐步暴露出来。九阳公司本是中小企业,在资金、人员和管理方面都不能满足独立发展直接分销渠道的条件,而是寄希望于经销商的努力。但是,经销商注意到销售办事处的存在后,没有了开发市场、扩展分销渠道的积极性。销售办事处和经销商彼此不协调,影响了九阳向全国市场的进一步扩大分销。

为此,九阳公司调整了分销渠道策略,采取地区总经销制形式,即以地级城市为单位,选择一家经销商作为该地区的总经销商。总经销商首先要直接零售九阳产品,建立九阳产品专卖店,采用九阳公司统一制作的店头标志,而且要建立本地区内的二级分销渠道网络,拓展产品销路。同时,九阳公司及时提供广告宣传的支持,负责启动市场,培训经销人员,建立售后服务系统,协助和推动总经销商的工作。

为了达到共同做市场、谋求长期发展的目标,公司提出了选择总经销商的四大原则,即(1)被选择作为总经销商的中间商应当对公司和公司产品具有认同感,具有负责的态度和敬业精神;(2)具有较强的经营和市场开发能力;(3)具有一定的实力;(4)总经销商现有经营范围与公司一致,有较好的经营场所。

根据这些原则,九阳公司对各地经销商进行了认真的挑选。对于不具备条件的中间商,哪怕历史长、规模大,也绝不选用。

资料来源:张传忠,《分销渠道管理》,广东高等教育出版社2004年版。

(三)选择零售商的方法

对零售商的合理选择是一个复杂的综合评估过程,其中可采用的方法越来越多,包括一些量化考核的方法。

(1)评分法。评分法是对拟选择作为合作伙伴的每个零售商,就一定评价因素用打分方法加以评价。由于各个零售商之间存在分销优势和劣势的差异,因而每个项目的得分会有所区别。注意到不同指标对分销渠道功能建立的重要性程度的差异,可以分别赋予一定的权数,然后计算每个零售商的总分,择优录用。

例如,一家生产企业决定在某一地区选择一个分销渠道的零售商,初步选出了3家"候选人"。每个候选人都有一定的优势,同时又有一定的劣势。因此,公司决定采用评分法进行打分评价,见表3—3。

表 3—3　　　　　　　　　　　　零售商选择评分法

评价指标	权 数	零售商 A 打分	零售商 A 加权分	零售商 B 打分	零售商 B 加权分	零售商 C 打分	零售商 C 加权分
地理位置	0.20	85	17	70	14	80	15
经营规模	0.15	70	10.5	80	12	85	12.75
顾客流量	0.15	90	13.5	85	12.75	90	13.5
市场声望	0.10	75	7.5	80	8	85	8.5
合作精神	0.15	80	12	90	13.5	75	11.25
信息沟通	0.05	80	4	60	3	75	3.75
货款结算	0.20	65	13	75	15	60	12
总分	1.00	545	77.5	540	78.25	550	76.75

从表 3—3 中可以看出，零售商 A、B、C 的优势与劣势是通过有关评价因素反映出来的，各评价因素的重要程度是通过权数反映出来的。通过计算加权总分，零售商 B 为最佳候选人，该公司可以考虑选择 B 作为当地的分销商。

【小资料 3—4】

某化学药品公司分销渠道选择

某化学药品公司开发了一种新的游泳池杀菌剂。该公司考虑可以利用五种不同类型分销渠道(见图 3—5)。

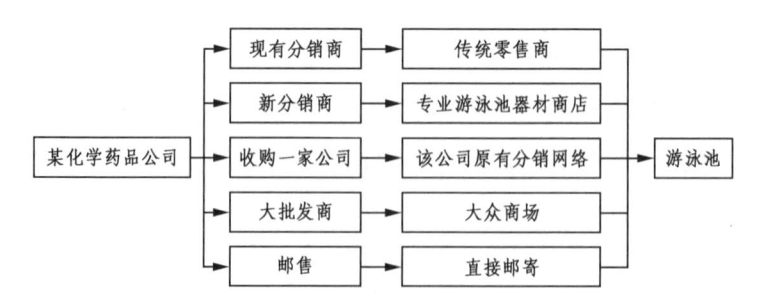

图 3—5　某化学药品公司分销网络

为了评估这五种分销渠道，该公司列出一组自认为最重要的衡量因素，每一因素确定一个重要性权数，每个权数从 0 到 1 不等，所有权数之和为 1.0。然后根据表中五个因素对每一个可供选择的渠道进行评分，分数从 0 到 1，高分表示该渠道在这方面效率较高(见表 3—4)。

表 3—4　　　　　　　　　　因素加权评估法

衡量指标	权数	现有分销商 未加权	现有分销商 加权后	新分销商 未加权	新分销商 加权后	收购公司 未加权	收购公司 加权后	大批发商 未加权	大批发商 加权后	邮售 未加权	邮售 加权后
接触游泳池业主的可能性	0.15	0.1	0.015	0.3	0.045	0.8	0.12	0.8	0.12	0.8	0.12
可能获取利润	0.25	0.5	0.125	0.5	0.125	0.9	0.225	0.2	0.05	0.9	0.225
获取经验	0.10	0.1	0.01	0.2	0.02	0.8	0.08	0.1	0.01	0.9	0.09
投资大小	0.30	0.8	0.24	0.8	0.24	0.1	0.03	0.8	0.24	0.3	0.09
制止损失的能力	0.20	0.7	0.14	0.7	0.14	0.1	0.02	0.7	0.14	0.3	0.06
合计	1.00		0.530		0.570		0.475		0.560		0.585

表 3—4 显示了五个可供选择的渠道结构中每一个的得分,根据因素加权法,对每一种渠道分别按五个因素进行评分,然后乘以权数,最后将五个加权分的分数加在一起就得到一个渠道的综合分。得分最高的就是公司所要选择的最佳渠道。在本例中,该化学药品公司选中的最佳渠道就是直接邮售。

资料来源:吴宪和,《市场营销》,上海财经大学出版社2002年版。

(2)销售量分析法。销售量分析法是通过实地考察有关零售商的顾客流量和销售情况,并分析他们近年来销售水平及其变化趋势,在此基础上,对有关零售商实际能够承担的分销能力(尤其是可能达到的销售量水平)进行估计和评价,然后选择最佳"候选人"的做法。由于涉及多个"候选人",因此需要对每个零售商的销售趋势进行分析,据此估算可能达到的总销售量。

(3)销售费用分析法。利用零售商进行商品分销,是有成本的。主要包括分担市场开拓费用、给零售商让利促销、由于货款延迟支付而带来的收益损失、合同谈判和监督履约的费用。这些费用被称为销售费用或流通费用,它实际上会减少生产商的净收益,降低间接分销渠道的价值。当然,销售费用的大小主要取决于被选择的合作伙伴的各方面条件和特征,可以把销售费用看作有关"候选人"被录用的优劣程度的一种指标。

(4)盈亏平衡分析法。通常情况下,分销渠道管理人员应当综合考虑每个零售商候选人的销售量、价格(销售额)和成本三大因素,这三大因素将决定企业的盈利能力。

销售量、价格和成本都对利润有影响。每个零售商在促进商品销售方面都具有一定的潜力,商品销售量可以看作一个自变量。随着销售量的变化,企业对零售商的销售价格、销售费用也可能有所变化(它们一般属于因变量)。于是,在不同的销售量水平下,各个候选人给企业带来的相对盈利能力就是变动的。

如图 3—6 所示,假设有两个候选人甲、乙,由于提出的进货价格要求以及要求企业分担的销售费用不同,致使利润曲线不同。对应销售量 B 点,是候选人甲的选择起点(称为盈亏平衡点),即只有当销售量超过 B 点之后,选择甲才是合理的。同理,候选人乙的选择起点是 A 点。实际上,在销售量超过 B 点之后,选择甲和乙都是有利可图的。不过,不同的选择获利大小不同。在销售量 C 点之前,选择乙的利润曲线高于选择甲的利润曲线,因而选择乙将可获得更大利润;在 C 点之后,选择甲的利润曲线则较高,因而选择甲可获得更大利润。这里,C 点是两个候选人的分界点。

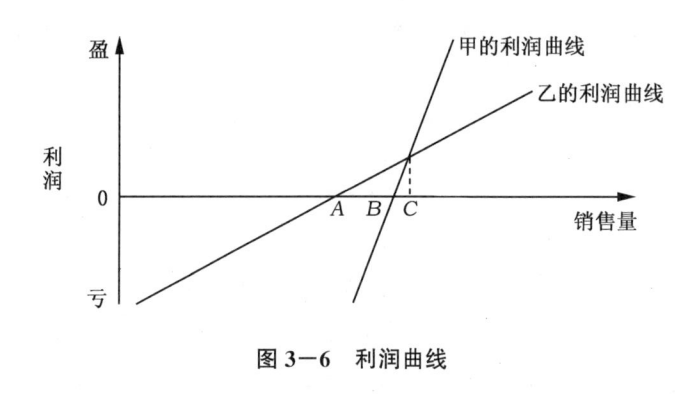

图 3—6 利润曲线

二、多层分销渠道

多层分销渠道是指通过批发商和零售商等多个环节将商品销售给消费者的分销渠道模式。对于生产商来说,多层分销渠道在选择零售商的同时,还要选择批发商。

(一)批发商在分销渠道中的作用

生产商一般总是希望把自己的产品直接卖给消费者,消费者也同样期望能从生产商那里直接买到自己需要的商品。但现实经济生活中,不少商品要通过中间商转手,才能最终到达消费者手中。原因是生产和消费之间客观上存在着两大差异:第一,生产与消费之间在商品数量上的差异,即在总量上生产商生产的商品数量和消费者消费的商品数量不总是相等。同时,在结构上,单个生产商生产的商品数量与单个消费者消费的商品数量也不是一一对应的关系。第二,生产与消费之间在商品花色品种和级别上的差异,这一差异同样表现在总体与结构两个方面。所有这些差异必须由中间商加以调节。

在由中间商组成的分销渠道中,批发商一头连接着供应商——生产商,另一头连接着顾客——零售商等,所以批发商在商品流通中可能发挥的作用可以从两个方面来考察。

(1)对零售商的作用。批发商的存在,对零售商来说,能带来以下利益:重组货物——尽可能以最低的费用为零售商提供他们所需的商品数量和种类;预测需求——预测零售商的需求以便有针对性地加以采购;存货——保有一定的库存,这样零售商就不必进行大量的库存;送货——以较低成本为零售商提供快捷的送货服务;提供信用——为零售商提供信用,也可以说是为他们提供营运资本;提供信息和建议——为零售商提供相关商品的价格和技术方面的信息以及关于怎样陈列和出售商品的建议;提供部分的采购功能——为潜在的零售商供货以便他们不必到处寻找货源;获得和转移商品的所有权——在没有其他中间商参与的情况下去完成一项销售活动,这有助于加速整个买进和卖出的过程。

(2)对生产商的作用。提供部分的销售功能——批发商主动去寻找货源,而不是坐等生产商的销售代表上门兜售;存货——减少生产商大量库存的必要,从而降低生产商的仓储费用;供给资本——批发商通过购买生产商的产品,并且直到它们卖出之前一直将它们置于存货状态,从而降低了生产商对营运资本的需求;降低信用风险——批发商向他们熟知的顾客销售商品,并且承担由于顾客拒绝支付货款而引起的损失;提供市场信息——作为一个比生产商更靠近市场的购买者和销售者,批发商有更广阔的信息面,通过市场信息的及时提供,能减少生产商开展市场调查的必要。

(二)批发商的功能

(1)批购与批销。批发商所要做的就是要让零售商在适当的时间和地点购买到他们所需的适当品种和数量的商品。批购与批销也就是批发商根据零售商的需要,从生产商等生产者那里大批量采购商品,然后以小批量转卖给零售商(不过,农产品批发商在业务的程序上可能有些差异。这种独立的批发商一方面向分散的、为数众多的小农户小批量收购农产品,另一方面再大批量转卖出去,但由此体现的这种批发商的功能仍然是批购与批销),批发商发挥批购与批销功能主要是从商品数量上消除生产商与零售商之间存在的差异。大批量与小批量的转换以及化整为零、化零为整的操作都体现了批发商批购批销功能的要求。

(2)分销装配。批发商从生产商那里采购到的是各种在花色、品种、规格、品牌等方面相异的商品,而零售商所需要的也是货色各异的商品。批发商发挥了分销装配的功能,在生产商与零售商之间搭起了沟通的桥梁,协调了生产商与零售商之间在商品种类和等级上的差别,使生产商不同种类和等级的商品随着不同的市场需求分流到不同的流通渠道,零售商在商品种类和等级上的不同需求也能得到相应的满足。批发商从生产商那里大批量采购各种花色、品种、规格、品牌的商品以后,要对它们加以分类、分等、包装,有时还要贴上新的商标,然后以小批量把各种商品转卖给零售商,以满足不同零售商在商品种类和等级上的不同需求,从而实现分销装配功能。

(3)储运服务。虽然批购与批销、分销装配功能都受到时间与空间的影响,但是批发商能消除生产商与零售商在时间和空间上的差异。这种为顾客提供适当的时间与地点的功能集中体现在批发商的储运服务上。储运服务即批发商储备商品,并把商品从产地运往销售地,以调节各个季节(或不同时间)、各个地区的供求关系。

(4)信息咨询。市场主体要想获得理性表现,就必须掌握充分的信息,因为不对称的信息往往会导致不对称的市场行为,最终会形成不协调的市场关系。批发商作为生产商与零售商之间的桥梁,能向桥的两端发挥信息咨询的功能。一方面向生产商提供关于最终消费者或其他用户需要哪些产品的市场信息,向生产商建议应生产哪些新产品、生产多少产品以及如何改进产品包装等;另一方面,批发商还向中小零售商提供关于新产品、竞争者价格、消费者偏好变化等市场信息。

(5)财务融通。批发商发挥财务融通的功能就是批发商向生产商、零售商直接或间接提供财务支援或帮助的功能。

在商品流通比较发达的西方国家,零售商从批发商手中进货时,通常不必立即付款,只开出一定时期(如2个月、3个月等)的期票,批发商通常采用赊购这种商业信用方式,向中小零售商直接提供财务援助。同时,这也许是许多中小零售商宁可从批发商那里进货,也不直接从生产商那里进货的重要原因。批发商的存货控制减少了零售商大量存货的必要,减少了零售商的存货费用,这是批发商为零售商提供财务融通的间接方式。

批发商除了采用预购这种商业信用方式直接给某些生产商以财务援助外,还可以通过以下途径间接地给生产商以财务援助。其一,由于批发商向中小零售商赊购,给中小零售商以商业信用,生产商就不必再向中小零售商赊购,因而生产商就可以节省用于这方面的费用。其二,由于批发商向生产商大批量采购货物,生产商就可以迅速得到货币资金,这些资金又可以直接参加周转。只有货币资金的周转加快,才能使生产企业的资金流量在原始投入一定的情况下有增大的可能。其三,由于批发商储备商品,生产商就可以减少待销商品的库存,因而可以减少所需要的流动资本,降低仓储费用。其四,由于批发商的桥梁作用,生产商通过批发商推销产品,可以节省人力、物力、财力,减少推销费用,增加盈利。

(6)承担风险。批发商由于拥有商品所有权而承担了若干风险,同时还要承担由偷窃、损坏和过时被弃等造成的损失。批发商部分地分担了这种因时空的局限而造成的市场风险,缓解了渠道其他成员的压力,从而保证了渠道的安全与畅通。另外,一些市场营销意识较强、发展比较完善的批发商还主动提供推销队伍,筹划促销活动,帮助生产商以较小的成本开支吸引更多的顾客;帮助零售商改进其经营活动,如培训他们的推销员,帮助商店进行内部布置和商品陈列以及帮助建立会计制度和存货控制系统。批发商通过这些功能的充分发挥,逐渐建立起自己的战略关系网,提高了自己在渠道中的地位,进而强化了自身的竞争力。

（三）多层分销渠道的评价和选择

对多层分销渠道进行评价和选择时，一般要经过以下程序（见图3－7）。

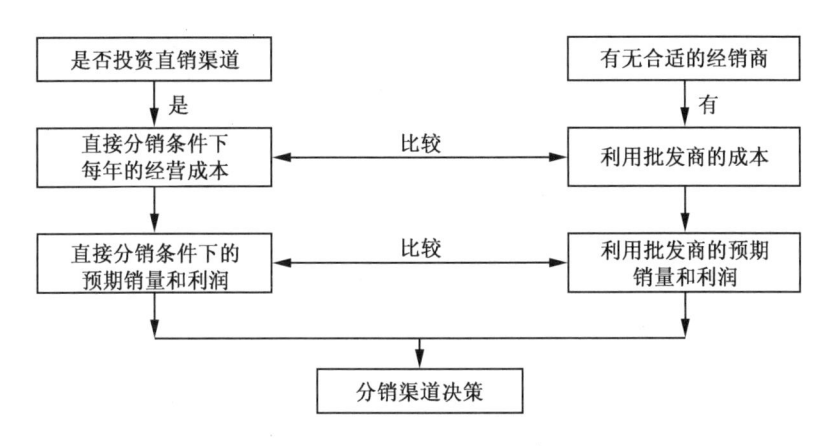

```
┌─────────────────┐                      ┌─────────────────┐
│ 是否投资直销渠道 │                      │ 有无合适的经销商 │
└────────┬────────┘                      └────────┬────────┘
         │是                                       │有
┌────────┴────────┐                      ┌────────┴────────┐
│ 直接分销条件下   │ ←──── 比较 ────→    │ 利用批发商的成本 │
│ 每年的经营成本   │                      │                  │
└────────┬────────┘                      └────────┬────────┘
         │                                         │
┌────────┴────────┐                      ┌────────┴────────┐
│ 直接分销条件下的 │ ←──── 比较 ────→    │ 利用批发商的预期 │
│ 预期销量和利润   │                      │   销量和利润    │
└────────┬────────┘                      └────────┬────────┘
         │                                         │
         └──────────────┬──────────────────────────┘
                ┌───────┴────────┐
                │  分销渠道决策  │
                └────────────────┘
```

图3－7　多层分销渠道决策

(1)是否利用批发商的分析决策。图3－7表明，是否利用批发商的分析决策，主要是将自建直接分销渠道和利用批发商的收益与成本进行对比，然后再结合企业战略与战术方法进行决策。

(2)寻找批发商。如果生产商确定采取多层分销渠道模式，接下来就要决定用什么样的批发商。为此，首先要收集批发商名单。寻找批发商一般采取广告征集和名录征集两种方式。前者能将有兴趣的中间商迅速吸引过来，但费用较高；后者较为节省，但针对性不够强。

(3)对筛选的批发商进行评估。英国分销专家劳伦斯·G.弗里德曼、蒂莫西·R.弗瑞在所著的《创建分销渠道优势》一书中，提出了分销合作伙伴的评估表（见表3－5）。

表3－5　　　　　　　　　　　分销合作伙伴评估

项目	内　容	优	良	中	差
一般管理	整体的管理质量/稳定性				
	业务展开的时间				
	作为商业伙伴的成功/失败				
	与竞争对手的关系程度				
	市场中的声誉				

续表

项目	内 容	优	良	中	差
财务实力	销售收入的增长				
	盈利能力				
	财务的稳定				
	净资产				
	款项支付/信用历史				
能力资源	规模、销售队伍的大小				
	服务、支付的能力和体系				
	广告和营销预算				
	存货				
市场运作	客户留存比例/稳定性				
	主要业务的开发				
	市场份额/渗透				
	运作经验				
	客户满意度				
	价格稳定性				

第五节 分销渠道宽度

分销渠道的宽度是指同一渠道层次使用的中间商数量。按照分销渠道的宽度,有三种分销方式可供生产商选择。

一、密集性分销渠道

密集性分销渠道是指尽可能通过较多的中间商来分销商品,以扩大市场覆盖面或快速进入一个新市场,使更多的消费者能够最便利地购买到企业的产品(见图3—8)。

图3—8 密集性分销渠道

密集性分销渠道的优势是：生产商产品的市场覆盖面大，产品扩展市场迅速；消费者接触产品率高，能有效地提升销售业绩；可有效地使用中间商的各类资源。

密集性分销渠道的缺点是：生产商分销成本高；生产商对分销渠道的控制程度低；各中间商之间竞争激烈，横向冲突不可避免，生产商的管理难度大。

二、独家分销渠道

独家分销渠道是生产商在目标市场上只选择一家中间商，别无分店，由一个销售点向所有目标顾客销售产品，提供服务（见图3—9）。

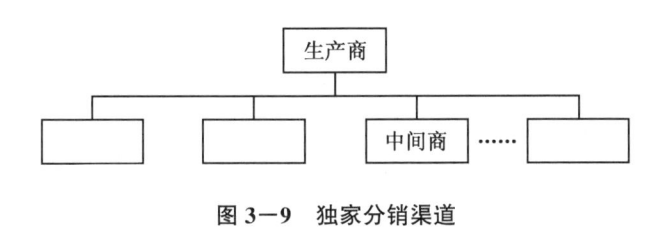

图3—9 独家分销渠道

独家分销渠道的优势是：保证交易安全，让顾客购买到货真价实的产品；能避免渠道终端成员之间的竞争和摩擦；能有效地节省分销费用；由于独此一家，生产商的市场策略能受到中间商的全力支持，如广告价格控制、信息反馈等。

独家分销渠道的缺点是：市场覆盖面小，顾客购买很不方便；由于过于依赖中间商，会加大中间商的议价能力。

三、选择性分销渠道

选择性分销渠道是在一个目标市场上，依据一定的标准选择少数中间商分销商品。选择性分销渠道关注的是顾客的选择机会。顾客愿意花费时间和精力来反复挑选商品，他们对商品的如意性的重视超过便利性考虑。为此，在选择性分销渠道终端，其功能重点在展示商品和传递信息，而不是销售（见图3—10）。

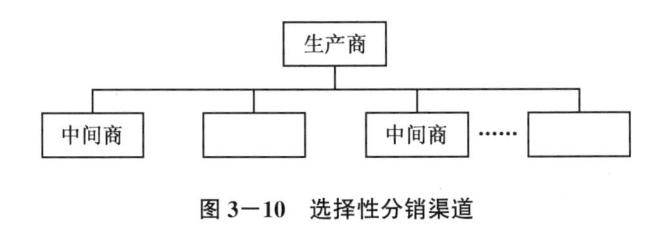

图3—10 选择性分销渠道

选择性分销渠道的优点是：生产商较易控制分销渠道，市场覆盖面较大，顾客接触率较高。

选择性分销渠道的缺点是：合格的中间商选择比较困难，由于选择性分销渠道的终端具备展示功能，所以，必须进行差异化的装潢布置，且拥有相当的面积，否则很难达到预期的效果。

分销渠道宽度三种类型的比较见表3—6。

表3—6　　　　　　　　　分销渠道宽度三种类型的比较

项　目	密集性分销渠道	独家分销渠道	选择性分销渠道
渠道的长度、宽度	长而宽	短而窄	较短而窄
中间商数量	尽可能多的中间商	一个地区一个中间商	有限的中间商
广告承担者	生产者	生产者、中间商	生产者、中间商
产品	日用商品、便利商品、标准商品	价值高的商品、特殊商品	价值高的商品、选购商品、方便商品
优势	市场覆盖面大；顾客接触率高；充分利用中间商的资源	控制渠道较易；分销费用低；生产商与经销商关系较好	控制渠道较易；市场覆盖面较大
劣势	生产商分销成本高；对渠道控制程度低；分销商之间冲突大	市场覆盖面小；过于依赖中间商	选择中间商较难

本章小结

分销渠道按渠道内环节的多少，可分为长渠道和短渠道；按并列使用中间商的多少，可分为宽渠道和窄渠道。影响分销渠道长度和宽度的决策因素主要有产品因素、市场因素、企业自身因素、环境因素、中间商因素等。

直接分销渠道类型很多，主要有直复分销、自动售货、人员直销、店铺直销。各国政府对直接分销都有一定的法律规定，我国政府在打击传销，直销企业设立条件、退货等方面都有明确的规定。

间接分销渠道可分为一级分销渠道、二级分销渠道、三级分销渠道甚至更多环节分销渠道。零售商在分销渠道中的地位十分重要，选择零售商的标准是市场范围、产品政策、地理区位优势、产品知识、预期合作程度、财务状况及管理水平、促销政策和技术及综合服务能力等。选择零售商的方法有评分法、销售量分析法、销售费用分析法、盈亏平衡分析法。

批发商能在批购与批销、装配、储运服务、信息咨询、财务融通、承担风险等方面为渠道成员提供功能。

分销渠道扁平化表面上看是减少分销渠道的层次，实质是对于分销渠道结构的整合。

重要术语

长渠道　　短渠道　　宽渠道　　窄渠道　　直复分销　　密集性分销　　独家分销

选择性分销

复习思考题

1. 影响分销渠道长度和宽度决策的因素有哪些?
2. 直接分销渠道有哪些类型?
3. 直销和传销的区别有哪些?
4. 选择零售商的标准和方法有哪些?

案例分析

这样的公司是在进行直销吗?[①]

从 20 世纪 90 年代初开始,国内就出现了一些直销机构。许多直销机构本身不是制造性公司,而是专业的销售公司。公司通过"入会"方式发展直销人员。这些直销人员首先要缴纳一笔会员费,获得"会员"或直销人员资格,然后可以两种方式获得公司的报酬:一是自己掏钱购买公司的产品,推销给其他消费者,由此获得销售佣金;二是介绍别的消费者入会(即发展下线队伍),一旦下线队伍建立起来,他们就"自然"上升为"经理",可从公司获得"经理"佣金。公司通常要求直销人员填表登记,但事实上与他们不存在聘用或代理关系,比如公司并不为这些直销人员上缴社会保险基金,也不给予其他内部员工所能获得的各种福利待遇。这些直销公司的收入来源也分为两个部分:一部分是商品销售收入;另一部分则是发展会员的会员费。

思考与讨论

上述公司从事的是直销还是传销?

---

① 张传忠:《分销渠道管理》,广东高等教育出版社 2004 年版。

第四章　分销渠道组织模式

学习目标和要点

- ◆ 了解松散型分销模式特征
- ◆ 掌握公司型分销模式特征和类型
- ◆ 掌握管理型分销模式特征
- ◆ 掌握契约型分销模式特征和类型
- ◆ 掌握特许的种类、纽带和优势

【引例】

神州数码代理长城电脑：一场有关"脸面"的交易

根据长城电脑公布的年报，2002年度公司完成主营业务收入、主营业务利润和净利润较上年同期分别下降了25.23%、46.03%和17.67%。至此，长城电脑主业已经连续4年亏损，其PC市场占有率在IDC(互联网数据中心)报告中早已在10名开外。由于销量太少，国内几大PC厂商在确定竞争对手名单时，也早已将长城电脑剔除在外。

表面上看，长城电脑的问题出在供应链的后半段。如果说长城公司在产品的规划、研发、品牌和制造等环节多少还有些自信的话，那么在PC供应链的销售、市场、服务和维修等后半段，长城却总是吃败仗。虽然每年促销与新品不断，但销售业绩总是原地踏步，甚至出现下滑情况。

2002年长城电脑把原来的全国总代理变成区域代理制，在很多人看来无非是做了一把"渠道扁平化"的秀。但是，长城电脑的销售业绩并没有出现根本性转机。在经历多次换帅之后，长城想到了让神州数码接盘。从某种意义上说，这将是长城PC的"最后一搏"。

"神州数码可以借此逐渐熟悉PC市场，并借助长城的资金平台，利用其长期周转资金减少财务风险。"一位业内人士如此分析。

而对长城而言,当务之急是扭转长城 PC 渐行渐远的二线品牌地位。PC 作为长城这张"脸",经过多年的折腾,现在只能靠引入外部力量的方式才能自保平安了。

某咨询公司分析师认为,长城、七喜、实达、海信和 TCL 等二线 PC 品牌,目前正处于洗牌的最危险时刻,大家的位置都比较微妙,这些品牌必须做到 40 万台左右才能达到盈亏平衡点,否则还不如一些地方品牌活得滋润。

长城电脑的优势在于在商用市场的影响力。在国家级的招标项目中,长城电脑属于一类品牌,而做好 PC,必须家用与商用兼顾。以往长城在家用市场上较弱,而神州数码的家用渠道正好是它这些年分销渠道的发展重点,神州数码与长城有较多互补之处。

资料来源:郭开森,《神州数码代理长城电脑》,《IT 经理世界》2003 年第 13 期。

分销渠道组织是分销渠道内各成员合作的形式和框架。企业分销渠道的建立,通常要受到社会、政治、文化和法律等多种因素的影响,因此,具体的分销渠道组织的形态可能是多种多样的。但是,在多种多样分销渠道形态的背后,仍然可以抽象出不同的基本组织类型和基本特征,即形成几种基本模式。这些模式各具特性,但是它们最基本的区别在于渠道成员的相关关系和协作的密切程度,以及为达到这种协作程度的组织方式。

第一节 松散型分销渠道模式

松散型模式是一种传统的市场营销模式,它在市场经济不甚发达,生产商尚未形成规模时极为盛行。在当今较为发达的市场经济国家,这样的模式仍然存在,但规模已趋减少。

一、松散型分销模式特征

(一)成员是由在产权和管理上都独立的企业构成

松散型分销模式中,成员由一个个独立的生产商、批发商和零售商组成,每一位成员都作为一个独立的企业实体来追求自己利益的最大化。

(二)网络之间缺乏信任感,且有不稳定性

在这种模式中,每个成员都是以自我为中心进行决策,决策中也只考虑自身的成本、规模、投资效率等。整个渠道缺乏统一目标,决策权分散在每一个成员或每一级渠道上,各成员之间并没有形成确切的分工结构。

(三)成员间靠谈判和讨价还价建立联系

在这种模式中,每一个成员关心的是商品能否进入下一个分销环节,很少考虑渠道的整体利益。为此,各成员之间的联系是通过谈判和讨价还价建立的。由于成员之间缺乏信任感,渠道进出十分随意,成员之间除了交易关系外不存在其他相互联系和约束,所以网络成员之间的关系是松散的。

二、评价

松散型分销模式具有一定的优点和局限性。

优点是,企业必须时刻保持对市场的关注,不断改进产品、改善管理以降低价格,保持产品的竞争力和对中间商、消费者的吸引力,这种压力会督促生产商持续努力。另外,由于中间商的独立地位,他们往往更能代表顾客的利益和要求,他们对产品的挑剔和选择会在市场规律的作用下淘汰许多不合格企业,从而扩大了行业优秀企业的市场份额。

不利之处是,由于中间商注重短期效应,生产商无法贯彻和执行长期市场战略,因而可能损失长远利益。由于网络成员缺乏合作,生产商无法从中间商那里得到各种反馈意见。由于网络的不稳定性,造成销售的不稳定,生产商在建立和保障大规模专业化生产体系的正常运作方面要冒很大的市场风险。

三、适应性

(一)中小企业

松散型分销渠道模式的主要适应于"两小"。一是小型企业。小型企业资金实力有限,产品类型与标准处于不稳定状态,不适合采用固定的分销系统形式。例如,一家小型服装生产企业,今年生产儿童服装,明年就有可能生产成人服装,必然要求分销渠道不断调整。二是小规模生产。小规模生产的产品数量太少,不可能形成一个稳定的分销渠道系统。

【小资料 4—1】

志高空调分销渠道模式

广东志高空调有限公司前身是一家空调维修商,从 1998 年开始生产空调,虽然不过几年时间,但销售量增长迅速,2001 年,其销售量达到 30 万台,远远超过行业平均发展水平。志高空调模式主要体现在其分销渠道上,是不少中小生产商效仿的主要对象。

一、分销渠道的组织结构

志高模式的特点在于对经销商的倚重。志高公司在建立全国分销网络时,一般在各省寻找一家或几家经销商作为总代理商,把销售工作全部转交给总代理商。志高公司在其中没有权益,双方只是客户关系。总代理可以视情况发展多家批发商或直接向零售商供货(见图4—1)。

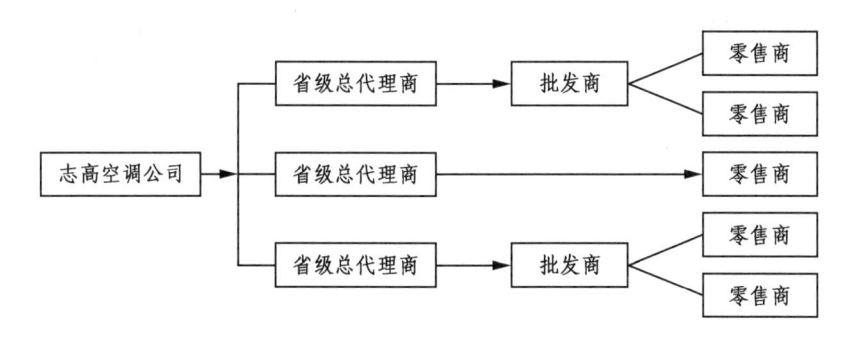

```
                      ┌─→ 省级总代理商 ─→ 批发商 ─┬─→ 零售商
                      │                            └─→ 零售商
志高空调公司 ─────────┼─→ 省级总代理商 ──────────→ 零售商
                      │                         ┌─→ 零售商
                      └─→ 省级总代理商 ─→ 批发商 ┴─→ 零售商
```

图4—1 志高公司分销渠道模式

二、分销渠道政策

(1)总代理的销售政策比较简单,生产商和总代理就该区域内的销售目标达成一致后,双方确定结算价格,然后就由代理商管理区域内的产品销售,至于代理商是再发展其他批发商还是自己直接向零售商供货,生产商不再过问。

(2)渠道利益分配。由于代理商可以完全自由地制定区域内的分销政策,所以代理商毛利水平一般可以有10%～15%。虽然代理商可以决定分销价格,但零售商对于不太知名、销售量又不大的小品牌所追求的毛利率一般都比较高,没有10%以上是很难接受的。由于市场零售价格要很有竞争力,而批发商、零售商又要求获得较高利益,生产商只能让出自己的利益,因而生产商盈利水平较低。

资料来源:张广玲等,《分销渠道管理》,武汉大学出版社2005年版。

(二)农产品流通

农产品由于其生产的分散性和季节性,需要通过各种销售组织使农产品进入市场。加上受自然条件影响大,农产品的生产、分销等均呈现出不稳定的特征。所以,农产品的分销往往采用较为松散型的方式。

(三)其他特定行业

在生产较为分散的日常用品、小商品领域,也普遍存在着传统的松散型分销模式。

第二节　公司型分销渠道模式

公司型分销渠道模式是指一家公司拥有和控制若干生产机构、批发机构、零售机构等,控制着分销的若干渠道乃至全部渠道,综合经营和统一管理商品的生产、批发和零售业务。

一、公司型分销模式的特征

(一)产权、管理一体化

分销渠道成员的联系是建立在产权统一基础上的相互分工协作关系,通过企业组织内部的管理组织及其管理制度和方法,各部门或机构间保持有长期而稳定的层级结构,紧密连接着从生产到消费的各个环节。它们统一按照公司的计划目标和管理要求进行着内部的商品交换和转移,完成整个公司系统的生产和商品分销过程。

(二)建立途径是投资和兼并

公司型的分销模式形成途径主要有两种:一种通过企业投资设立新的分支机构来形成,如生产企业建立销售公司;另一种是通过企业间兼并、合并等形式将其他机构并入本公司系统而形成,如大型零售企业购买生产商股权,生产商兼并各种批发、零售机构等。

(三)商品分销分别由生产商、中间商控制

公司型的商品分销模式有两种基本类型:第一种是由生产企业拥有和管理,采用生产商一体化经营方式;第二种是由中间商拥有和管理,如美国西尔斯·罗巴克公司在全球拥有3 000多家零售商店,其30%的商品是由该公司拥有一定股权的生产性企业制造的。

二、公司型分销模式的优势

(一)有利于企业统一形象和品牌的树立

由于从生产到最终消费过程中的各个环节均置于单一企业的控制之下,因而企业可以始终按照统一目标、计划和规范来提供服务,使顾客能够在任何时间、地点都可获得相同质量、相同价格的产品和服务,从而使企业能在市场上树立统一形象,迅速提高和保持品牌的知名度、美誉度,获得竞争优势。

(二)最大限度地接近最终消费者

松散型分销模式的每个成员都只关心自身利益,只负责将产品推向下一环节而不关心市场变化。公司型分销模式改变了这一状况,由于生产机构和销售机构产权统一,荣辱与共,因此公司能够通过与顾客直接接触,全面了解市场信息。

(三)渠道效率较高,结构稳定,降低分销成本

由于渠道成员关系紧密,统一指挥,因此能够提高分工协作的程度,减少交易环节,简化分销程序,使商品能够更迅速地进入消费领域。另外,分销渠道结构稳定,减少了成员变动的成本和风险,也使交易成本大大减少。

(四)摆脱中间商的控制

生产商的商品由于种种原因在商场上不能得到全面展示,中间商还往往会依仗其对流通渠道的控制要挟生产商,有的中间商甚至以"入场费""赞助费""广告费""上货架费"等名义索取"苛捐杂税"。而公司型分销模式则可以避开上述问题。

(五)保证长期战略实施

短期行为常常损害公司的长远利益,公司型分销模式可以避免短期行为和不负责任的现象发生,确保长期战略的坚决贯彻。

三、公司型分销渠道的缺陷

(一)投资成本高

不论是控股、兼并、合并、收购,还是投资建立统一产权控制下的公司型分销渠道,都需要占用公司较多的资金,先期投资成本高,给日常经济活动带来较大的财务压力。

(二)管理成本大

当生产、经营和销售统一在一个企业内部,就需要企业拥有健全的管理机制、高素质的管理人员、完善的管理程序和制度,用以管理、组织、协调和监督企业各项工作的完成。因此,管理成本十分高昂。

(三)灵活性差

公司型分销模式一经形成,其分销形式相对固定。当市场环境和企业经营目标发生变化时,这一形式很难立即相应发生变化。

四、公司型分销渠道的类型

(一)生产商主导型

这是由大生产商建立并管理若干生产单位和销售机构,采用生产销售一体化的经营方式,并控制批发和零售环节的分销渠道体系。

生产商主导型分销渠道的形成主要有两种途径：一是大生产商建立并拥有销售机构；二是通过兼并、控股，将其他中间商纳入本公司体系内。

（二）批发商主导型

这是由实力雄厚的批发商在与生产商竞争抗衡的过程中，逐渐向供货厂家投资入股，控制其部分股权，以达到控制其产品分销渠道的目的而形成的分销渠道体系。

（三）零售商主导型

零售商主导型即由大型零售公司拥有若干零售企业和批发企业，并掌握和控制相关生产商的网络组织。

这三种网络结构的主要区别是所有权的归属及纵向结合的方向。厂商型的所有权在制造领域，实行前向一体化（采购）或后向一体化（销售）；而批发商型和零售商型的所有权在流通领域，实行后向一体化，控制生产领域。它们的共同点是对某种或某类商品从生产到销售过程的全面一体化和控制。在流通的各个环节之间依靠产权建立起了永固性的交易关系。

五、适应性

公司型分销渠道是建立在产权一体化基础上的网络，其各种主体类型又有许多不同的具体形式，这就需要根据主体生产经营的产品性质、资本实力等因素来决定其网络内部各环节的多寡及具体的联系形式。

就厂商主导型而言，耐用消费品的生产商通常采用建立自己的批发零售网络来直接推销产品；而某些生产资料的生产商如化工产品、钢材、商用设备等则通过建立批发公司来销售产品；工业设备的生产商则倾向于在各地建立销售公司，以利于同顾客保持联系，反馈各种市场需求信息；资本雄厚的各类生产商往往采取最完备的系列化，既介入批发领域，又介入零售环节。

就批发商主导型而言，批发商的前向一体化所结合的往往是中小型生产商，且批发商在市场销售方面早有建树，具有较强的市场营销能力。

就零售业而言，大型零售企业如百货商店、连锁商店等当其经营规模不断扩大时，对批发乃至生产领域的渗透也就成为必然。例如，美国的西尔斯·罗巴克公司在发展的鼎盛时期，通过股权控制等方式，控制了许多向其供货的制造企业。

【小资料 4—2】

格力分销渠道模式

一、渠道的组织结构

格力渠道模式最大的特点就是格力公司在每个省与当地经销商合资建立了销售公司,与经销商化敌为友,"以控价为主线,坚持区域自治原则,确保各级经销商合理利润"。各地市级的经销商也成立了合资销售分公司,由这些合资企业负责格力空调的销售工作。厂家以统一价格对各区域销售公司发货,当地所有一级经销商必须从销售公司进货,严禁跨省市串货。格力总部给产品价格划定一条标准线,各销售公司在批发给下一级经销商时,结合当地实际情况"有节制地上下浮动"。格力公司的分销渠道模式见图 4—2。

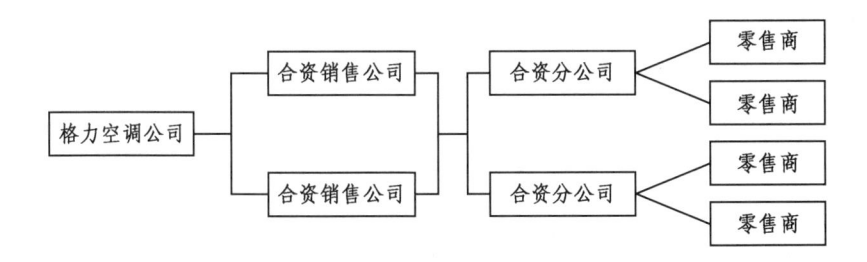

```
                    ┌──合资销售公司──┬──合资分公司──┬──零售商
格力空调公司────────┤                │              └──零售商
                    └──合资销售公司──┴──合资分公司──┬──零售商
                                                    └──零售商
```

图 4—2 格力公司的分销渠道模式

二、渠道政策

(一)组织结构调整

格力公司与经销商共同组织建立一个地区性的、以格力为大股东的合资销售公司,由这个公司作为格力空调的分公司来管理当地市场。各区域销售公司董事长由格力方出任,总经理按参股经销商的出资数目共同推举产生,各股东年终按股本结构分红,入股经销商形成一个利益联盟。对入股经销商的基本要求是,须为当地空调销售大户,并且格力占其经营业绩的 70% 以上。在这种模式下有几层组织结构:

(1)省级合资销售公司。即格力的区域销售公司,由省内最大的几个批发商同格力合资组成,向格力空调总部承担一定数量的销售计划,并同总部结算价格。区域销售公司相当于格力的一个二级管理机构,也是一个独立的经济核算实体。销售公司负责对当地市场进行监控,规范价格体系和进货渠道,以统一的价格将产品批发给下一级经销商。区域销售公司除了总部有货源关系,听从总部"宏观调控"外,价格、服务、促销实行"区域自治"。

(2)区级合资分公司。各地市级批发商也组成相应的合资分公司,负责所在区域内的格力空调销售,但格力在其中没有股份。合资分公司向省级合资公司承担销售任务,两者之间结算价格。

(3)零售商。合资销售分公司负责向所在区域内的零售商供货,零售商在此模式下显得没什么发言权,他们的毛利率较低。

(二)分配方式的改变

在格力模式的分销网络中,原来互为竞争对手的大批发商都作为股东加入合资公司,各自的销售网络也合并在一起执行统一的价格政策,批发商的利润来源不再是批零差价,而是合资公司开发中心税后利润分红。省级合资公司的毛利水平最高可达到10%以上,入股的经销商会全力推广,促使销售量迅速上升。

(三)垂直分销系统概念的应用

格力认为这种分销模式从根本上解决了批发商的渠道问题,称为"福特汽车式的营销系统",经销商入股成立代理销售公司由此备受行业关注。

三、渠道成员分工

格力模式中生产商由于不再建立独立的销售分支机构,很多工作转移给了合资销售公司。

第一,促销。格力公司负责实施全国范围内的广告和促销活动,而像当地广告和促销活动以及店面装修之类的工作则由合资销售公司负责完成,格力只对品牌建设提出建议。有关费用可以折算成价格在货款中扣除,或上报格力总部核定后予以报销。

第二,分销。分销工作全部由合资公司负责,它们制定批发价格和零售价格,并要求下级经销商严格遵守,物流和往来结算无须格力过问。

第三,售后服务。由合资公司承担并管理,它们与各服务公司签约,监督其执行。安装或维修工作完成后,费用单据上报合资公司结算,格力总部只对其中一部分进行抽查和回访。

资料来源:张广玲等,《分销渠道管理》,武汉大学出版社2005年版。

第三节 管理型分销渠道模式

管理型分销渠道模式是介于松散型模式和公司型模式之间。一方面,它是由相互独立的经营实体构成;另一方面,渠道成员之间存在着紧密的联系。

一、管理型分销模式的特征和优势

与松散型、公司型分销模式相比,管理型分销模式有其自身的特点和竞争优势。

(一)渠道成员的地位相差悬殊

在管理型分销模式中,通常存在一个或少数几个核心企业,这些企业由于其自身拥有强大的资产实力、生产规模、良好信誉及品牌声望,其在渠道体系中具有优越的地位,构成对其网络成员的巨大影响力。正因为如此,一批中间商愿意接受核心企业的指导,成为渠道成员,围绕核心企业及其产品展开分销活动。

(二)渠道成员具有相对的独立性

分销渠道各成员在产权上是相互独立的实体,他们都有自己独立的物质利益。为此,核心企业可以避免公司型分销模式构建渠道的巨大投资以及灵活性差的问题。

(三)渠道成员间的相互关系相对稳定

管理型模式成员的相互关系是建立在由核心企业统一管理和协调分工协作基础上的,为此,这种模式能够建立较高程度的合作关系、统一的分销目标和共享的信息资源,使渠道具有相对稳定性。

(四)分销目标趋向协调

由于核心企业的影响以及各成员相互关系的稳定,成员间的利益目标将由分散、相互矛盾的个体利益最大化,转向分销渠道的长期利益最大化,各成员的利益目标服从于整体利益最大化的目标。

二、核心企业的作用

核心企业是管理型分销渠道的中心和灵魂。作为渠道的"管理者",核心企业是渠道形成的开创者,是网络计划的制定者,是网络运行的领导者和监督员。核心企业在分销渠道中的作用主要表现在:

(1)制定统一的经营目标。经营目标包括销售量、加价水平、利润率、销售中各种可能减价因素与幅度。

(2)库存计划。包括各成员的库存周转率、商品分类指导、必备商品目录及库存水平。

(3)商品展示计划与指导。指导店面陈设和店内商品布局,提供必要的陈设器材、产品介绍材料、样品和价签。

(4)人员销售计划。向成员企业推荐标准化的销售用语和销售展示规程,培训销售人员,设立鼓励销售人员的奖励措施。

(5)广告计划和推销活动计划。统一安排广告宣传活动和制定财务预算,选择适当的媒体,确定各种宣传和推销的主题。

(6)制定相关的职责并负责监督检查。如生产厂商的职责和任务、各分销商的职责与任务等。

三、各成员的利益

管理型分销渠道之所以能够形成,并成为具有较高效率的分销组织形式,各种分销机构之所以能够参与其中,管理或接受管理,其根本原因在于各成员能从中获得利益。

对于核心企业和其他生产商而言,其所获得的好处主要有:能极大地提高产品的销售量和盈利能力;避免或降低了相互间的竞争;生产和分销规模扩大,规模经济效益显著,并可持续、稳定、有计划地进行促销活动;便于控制和掌握各种分销机构的销售活动,极大地方便了生产调度和库存管理。

对于各种分销商而言,所获得的好处有:能及时、充分地获得商品的供给;能更好地安排经营资源;减少库存商品及资金占用;可获得生产厂商的质量保证和各种服务;能学到核心企业的管理经验。

【小资料 4—3】

宝洁公司的分销渠道

为帮助分销商迎接新的挑战,全面推进分销商的生意,宝洁公司在 1999 年 7 月推出了"宝洁分销商 2005 计划"。该计划详细地介绍了宝洁公司帮助分销商向新的生意定位和发展方向过渡的措施。

一、分销商的定位和发展方向

1. 现代化的分销储运中心

分销商是向其零售和批发客户提供宝洁产品与服务的首要供应商,由于提供一定价值的产品和服务(产品储运、信用等),分销商将从其客户处赚取合理的利润。未来分销商将具备完善的基础设施、充足的资金、标准化的运作、高效的管理,能够向客户提供更新、更稳定、更及时的产品。

2. 向厂商提供开拓市场服务的潜在供应商

分销商负责招聘、培训、管理开拓市场队伍,向厂商提供开拓市场服务,根据开拓市场服务水平,相应地获得厂商提供的费用。

3. 向中小客户提供管理服务的潜在供应商

分销商通过向中小客户提供电子商务管理、店铺宣传、品类管理、促销管理等服务,收取相应的管理服务费。

二、分销商的特点

(1)规模。在分销和覆盖生意领域,规模的竞争是显而易见的。

(2)效率。效率是利润的来源。技术的应用和生意方式的变革是效率提高的主要途径;降低成本,提高劳动生产率是分销商每日的功课。

(3)专业服务。建立专业形象,提供专业服务。让宝洁和顾客满意是分销商的工作目标。

(4)规范。规范是长期、健康发展的保证。

三、分销商网络结构优化

(1)宝洁公司的策略是建设由战略性客户组成的分销商网络。宝洁的分销商除具备规模、效率、专业服务和规范的特点之外,还需具有很强的融资能力。宝洁分销商必须将宝洁生意置于优化发展的地位。战略性一致是分销商与宝洁共同发展的关键。

(2)根据以上原则,在1999年上半年,宝洁公司将分销商数目削减了40%,推出14天付款优惠条款,推出600箱订单优惠条款,之后又推出核心生意发展基金,改善分销商的生存环境,使宝洁的战略性客户获得极大的信心。

(3)减少分销商的措施为现有分销商的生意拓展提供了空间。自1999年7月到2000年6月,在全国范围内,宝洁分销商一共建立了70家分公司。

(4)宝洁分销商权利公开招标,此举受到分销商的广泛欢迎。通过竞标,使分销商更加关注自己的竞争力,促进分销商进行改革。同时,分销商也认识到宝洁分销权利是极大的无形资产,是必须通过竞争才能获得的。

四、使分销商管理和覆盖方式实现初级现代化

宝洁投资1亿元人民币,用于分销商电脑系统建设和车辆购置,资助分销商购买依维柯约400辆,在全国的分销商总部及其分公司基本完成电脑系统的安装。构筑起分销商对二级客户的标准化、机械化、简单化的覆盖体系。分销商运作实现初级现代化,分销商与宝洁、分销商与客户实现初级电子商务。

五、宝洁向分销商提供全方位、专业化的指导

宝洁公司已建立多部门工作组,开始向分销商提供有关财务、人事、法律、信息技术、储运等方面的专业化指导,提高分销商的管理水平和运作效率,从而提高分销商的竞争力。

资料来源:《宝洁分销商2005计划》,《商界》2000年10月。

第四节　契约型分销渠道模式

契约型分销渠道模式,是指渠道管理者与渠道成员之间通过法律契约来确定他们之间的分销权利与义务关系,形成一个独立的分销系统。它与公司型分销系统的最大的区别是成员之间不形成产权关系,与管理型分销系统的最大的区别是用契约来规范各方的行为,而不是用权力和实力。越来越多的厂商和分销商采取了契约型垂直通路系统,并显示出良好的发展前景。

一、契约型分销渠道的背景和特征

契约型分销渠道网络可以说是产权维系型网络的伴生物。随着发达的商品经济中以产权为基础的流通网络规模的扩大、市场势力的日益提高,中小型企业特别是流通企业的生存环境日益严峻,他们面临着不断失去与生产厂商、供应商进行交易的有利地位和不断失去消费者的两难境地。因此,需要获得一种与产权维系的网络所具有的许多好处的网络形式,以形成有利的竞争态势。

在契约型分销渠道网络中,各分销主体之间依然保持着各自独立的地位,根据契约或协议的要求,在某些方面形成分工合作的相互关系。一般而言,在某一契约关系网络内,存在着一个相对市场势力较强的主体,如资本实力雄厚、有品牌优势的生产商、批发企业或经营管理十分出色的零售企业等,围绕这一主体形成契约网络。契约网络运行的客体一般以消费品为主,特别是那些消费量大、产品市场范围大的消费品。

二、契约型分销渠道优势

(一)分销渠道建立成本较低

对于许多生产商来说,自己投资组建分销系统并非是一件容易的事情,同时,涉及产权关系的兼并、收购也相对复杂。契约型垂直分销系统是在不改变各方产权关系的基础上,实行的一种合作,并用契约这种胶合剂使其稳定化,是分销系统建立的一种快速而有效的方法,组建成本较低。

(二)分销渠道资源配置较佳

契约型垂直分销系统可以实现较佳的资源配置,使有钱的人出钱,有经验的人出经验,有场地的人出场地。这不是通过新增加生产资料来增加社会财富,更多的是对现有社会资源进行一种新的排列组合,通过这种排列组合实现最佳的效益以及"1+1>2"的效果,最终由社会和系统各成员分享。

（三）分销渠道具有灵活性

渠道管理者都希望一个系统建立后相对稳定，但是随着生产、消费和分销本身的变化，必然引起企业自身分销系统的调整。由于契约型分销系统不涉及产权关系，调整起来相对容易，变更起来也具有一定的灵活性，可以及时修改和补充契约的有关条款，以适应不断变化的市场和分销要求。

三、契约型分销渠道的劣势

（一）与公司型相比，更难以控制

对于契约型分销系统来说，没有产权制约使其更加灵活，但同时也带来了难以控制的问题。由于利益目标的不一致，有时分销成员不遵守契约条款，自行其是，甚至自动脱离该系统，这样会导致整体分销系统效益的下降。

（二）与管理型相比，灵活性稍差

契约使各分销成员结合成一个系统，各自必须遵守一定规则，并保持一定时间的稳定性。但是，分销成员水平参差不齐，管理能力也会有很大差异，有些成员在遵守系统规则的条件下，也不能为整个分销系统做出应有的贡献，甚至完不成基本的成员义务，这样需要对其进行调整或取缔。但是，契约没到期或其他条件会限制这种调整。而管理型分销系统没有这些限制，可以随时、及时地进行调整。

四、契约型分销渠道的形式

（一）批发商主导型契约网络

这是一种批发商联合独立零售商与大型连锁机构竞争而形成的组织。在这种联合的协议下，由批发商拟定使独立零售商销售业务标准化和取得进货经济性的计划，帮助零售商展开经营，并提供相应的管理支持、财务资助及联合广告宣传。这种类型广泛存在于食品、杂货、五金工具、汽车零配件、家用器具等领域。

（二）零售商主导型契约网络

这是一种由若干独立的中小零售商相互联合的组织，目的在于同大型零售企业相抗衡。他们通过集资入股建立一个新商业实体，从事批发、统一宣传、培训、流通加工等工作，取得各独立零售商难以实现的规模经济。

五、特许分销渠道模式

特许经营是指特许商按照合同要求和约束条件给予加盟商一定的权利，允许加盟商使用特许商的品牌、商标、专利产品、技术以及经营模式的商业活动和经营方式。

(一)特许经营的种类

特许经营的种类按不同的划分方法,可以归纳为以下几点:

(1)按所需资金投入划分。按所需资金投入可分为工作型特许经营、业务型特许经营和投资型特许经营。工作型特许经营只要加盟者投入很少资金,有时甚至不需要营业场所。业务型特许经营一般需要购置商品、设备和营业场所,如冲印照片、洗衣、快餐外卖等,所以需要较大的投资。投资型特许经营需要更多的资金投资,如饭店等。

(2)按交易形式划分。按交易形式划分,可分为四种:生产商对批发商的特许经营,如可口可乐授权有关瓶装商(批发商)购买浓缩液,然后充碳酸气装瓶再分销给零售商;生产商对零售商的特许经营,如石油公司对加油站的特许;批发商对零售商的特许经营,如医药公司特许医药零售店;零售商之间的特许经营,如连锁集团利用这一形式招募特许店,扩大经营规模。

(3)按加盟者性质划分。按加盟者性质划分,可分为区域特许经营、单一特许经营和复合特许经营。区域特许经营是指加盟者获得一定区域的独占特许权,在该区域内可以独自经营,也可以再次授权加盟商。单一特许经营是指加盟商全身心地投入特许业务,不再从事其他业务。复合特许经营是指特许经营权被拥有多家加盟店的公司所购买,但该公司本身并不卷入加盟店的日常经营。

(4)按加盟业务划分。按加盟业务划分,可分为转换型特许经营和分支型特许经营。前者是加盟者将现有的业务转换成特许经营业务,特许商往往利用这种方式进入黄金地带。后者则是加盟商通过传统投资重建形式来增加分支店,当然需要花费更多的资金。

【小资料 4—4】

麦当劳创先特许经营

早期的特许经营是商品商标型特许经营。在这一阶段,特许商向加盟商提供的仅仅是商品和商标的使用权;作为回报,加盟商需定期向特许商支付费用。通用汽车公司、福特公司、埃克森石油公司、壳牌公司、可口可乐公司、麦当劳公司等都是采取这种方式从事经营的,这也被称为"第一代特许经营"。

但是,"第一代特许经营"在实践中遇到一系列问题,麦当劳公司也一样。麦当劳兄弟 1937 年创办汽车餐厅起家,通过改进厨房设备与生产程序,使汉堡生产制作速度大大提高,吸引了大量顾客。20 世纪 20 年代初,麦当劳利用特许经营形式建立了自己的经营体系。一开始,他们采取的是"第一代特许经营"方式,即只在开业之初指导店铺外观和外送服务的细节,以后就两不相干了。这种"大撒把"式的

> 方式造成了危机,许多加盟商按照自己的理解改变了汉堡口味,有的甚至增加了许多复杂的品种,这是对麦当劳经营方式的"腐蚀"。
>
> 麦当劳看到这一点。1955年麦当劳在芝加哥东北部开设了第一家"样板店",并建立了一套严格的运营制度——QSCV运营系统,即优质服务、质佳味美、清洁卫生、提供价值。麦当劳借助这样的经营模式推行了第二代特许经营,全世界所有麦当劳使用的调味品、肉和蔬菜的品质均由公司统一规定标准,制作工艺也完全一样,每推出一个新品种,都有一套规定。麦当劳正是依靠这样的经营使其获得迅速发展。
>
> 资料来源:张广玲等,《分销渠道管理》,武汉大学出版社2005年版。

(二) 特许经营纽带

特许经营以什么作为纽带来联系特许商和加盟店?这些纽带分别是:

(1) 商标。产品商标、商店字号和服务字号,是一种可以明确描述的自然人或法人产品或服务的标志。无论是何种类型的特许经营,商标都是构成特许经营的基本因素,是其体系的基石。特许经营协议签字之后,特许商便把商标提供给加盟商使用,且负有严格维护该商标形象和声誉的义务。

(2) 特殊技能。特殊技能是现代特许经营的重要组成部分。欧共体曾给特殊技能下过定义,即必须是秘密的、实质的和可鉴别的。所谓秘密,即特殊技能具有独创性,如果不与特许商联系就不能获得。实质性是指特殊技能对加盟商必须是有用的,能帮助其带来利益。可鉴别性是指特殊技能可以用一种确切的方式描述下来,以证明它能满足保密和实质性的条件。

(3) 经营模式。特许商不仅提供加盟商商标、特殊技能,而且还提供一整套管理的系统,包括培训、店址选择、行为规范、财务制度等。

(三) 特许经营优势

特许经营已有100多年的发展历史,它所取得的成功已为世人瞩目。近几年,特许经营在我国也有巨大发展。这一分销方式之所以长盛不衰,有其经营优势。

(1) 特许商利用特许经营实行大规模的低成本扩张。对于特许商来说,借助特许经营的形式,可以获得如下优势:

● 特许商能够在实行集中控制的同时保持较小的规模,既可赚取合理利润,又不涉及高资本风险,更不必兼顾加盟商的日常琐事。

● 由于加盟店对所属地区有较深入的了解,往往更容易发掘出企业尚没有涉及的业务范围。

● 由于特许商不需要参与加盟者的员工管理工作,因而本身所必须处理的员工问题相对较少。

● 特许商不拥有加盟商的资产,保障资产安全的责任完全落在资产所有人的身上,特许商不必承担相关责任。

● 从事制造业或批发业的特许商可以借助特许经营建立分销网络,确保产品的市场开拓。有人讲,有人的地方就有可口可乐。为什么可口可乐能够无处不在？原因就在于它利用了特许经营方式进行了大规模的低成本扩张。

(2)加盟商借助特许经营"扩印底版"。有人形象地把加盟特许经营比喻成"扩印底版",即借助特许商的商标、特殊技能、经营模式来反复利用,并借此扩大规模。

● 可以享受现在的商誉和品牌。加盟商由于承袭了特许商的商誉,在开业、创业阶段就拥有了良好的形象,使许多工作得以顺利开展；否则,要借助于强大广告攻势来树立形象需要一大笔开支。

● 避免市场风险。对于缺乏市场经营的投资者来说,面对激烈的市场竞争环境,往往处于劣势。投资一家业绩良好且有实力的特许商,借助其品牌形象、管理模式以及其他支持系统,其风险大大降低。

● 分享规模效益。这些规模效益包括:采购规模效益、广告规模效益、经营规模效益、技术开发规模效益等。

● 获取多方面支持。加盟商可从特许商处获得多方面的支持,如培训、选择地址、资金融通、市场分析、统一广告、技术转让等。

(3)特许经营因其管理优势而受到消费者欢迎。特许经营成功发展的另一个原因就是准确定位。由于能准确定位,使企业目标市场选择准确,能围绕目标市场进行营销策略组合,并能及时了解目标市场的变化,使企业的产品和服务走在时代前列。

本章小结

分销渠道组织是指渠道内部分工协作的基本形式和框架。最基本的分销渠道组织模式有四种:

(1)松散型分销渠道模式具有分散性、不稳定性、随意性等特征。这种模式在农产品分销、日常用品和小商品分销领域仍存在并发挥作用。

(2)公司型分销渠道模式的最大特征是分销渠道中所有组织成员产权、管理一体化。公司型分销渠道模式具有形象佳、接近消费者、效率高、成本低等优势。其类型主要有生产商主导型、批发商主导型、零售商主导型。

(3)管理型分销渠道模式具有渠道成员地位悬殊、相对独立、相互关系稳定、分销目标趋向协调等特征。在管理型分销渠道中,核心企业和各成员均能互惠互利。

(4)契约型分销渠道模式是指渠道成员通过法律契约来确定各自关系,成员间不形成产权关系,而用契约来规范各自行为。其优势是系统建立容易,资源配置较佳,具有灵活性等。

特许分销渠道模式是极具发展前景的模式,特许分销渠道模式利用商标、特殊技能、经营模式等纽带,形成低成本高效率分销的形式。

重要术语

公司型分销渠道模式　　管理型分销渠道模式
契约型分销渠道模式　　特许分销渠道模式

复习思考题

1. 试比较四种分销渠道模式。
2. 特许经营的种类和纽带是什么？

案例分析

五种空调分销渠道模式的比较[①]

[案例1]　美的模式——批发商带动零售商

一、分销渠道的组织结构

美的公司几乎在国内每行行政省都设立了自己的分公司,在地市级城市建立了办事处。在一个区域市场内,美的的分公司和办事处一般通过当地的几个批发商来管理为数众多的零售商。批发商可以自由地向区域内的零售商供货。其分销渠道的模式见图4—3。

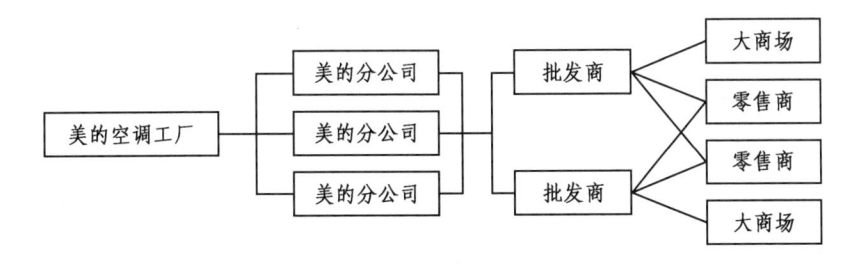

图4—3　美的公司分销渠道模式

---

① 张广玲等:《分销渠道管理》,武汉大学出版社2005年版。

美的这种渠道模式的形成,与其较早介入空调行业及市场环境有关,利用这种模式从渠道融资,吸收经销商的淡季预付款,缓解资金压力。

二、渠道政策

(一)销售政策

经销商向生产商支付预付款,付款较多的大经销商自然要求得到更多的优惠。这样,采用这种模式的厂家出台了一种基于资金数量的年度销售政策。例如某美的分公司年度销售政策如下:

(1)经销商必须在淡季投入一定数量的资金给生产商才可以获得旺季的进货权,以淡季付款额的1.5倍作为旺季供货额度。

(2)经销商淡季累计付款返利对照情况(见表4—1)。

表4—1　　　　　　　　　经销商淡季累计付款返利表

投入额(万元)	数量折扣(%)
50	1
100	1.25
200	1.5
500	1.75
1 000	2

(3)经销商旺季累计付款返利对照情况(见表4—2)。

表4—2　　　　　　　　　经销商旺季累计付款返利表

投入额(万元)	数量折扣(%)
50	1
100	2
300	3
1 000	4
3 000	6

(二)经销商利差

根据以上政策计算可知,由于大经销商销售额较大,可获得相应的数量折扣,进货价格就较低。那么,在次年的竞争中自然就占据了优势,批发价格甚至比生产商出货的价格还要优惠。这样的话,相比直接从生产商进货而言,一个年销售额不大的小型零售商向批发商进货,他不仅无须在淡季投入那么多资金,而且在旺季也可以得到更多的价格优惠。因此,大经销商便可获得很多零售商的订单,销售额显著增加,进而第二年又可以付更多的预付款,以此享受更多的优惠政策。

(三)批发商的角色

这个时期的批发商不一定有稳定的销售网络,往往是利用大量资金向生产商争取优惠政策,然后再利用这种优惠政策招揽一批中小零售商组成其分销网络。因此这一阶段的销售模式是采取鼓励大批发商的做法,大批发商成为分销渠道中举足轻重的主导力量。

三、渠道成员分工

第一,批发商负责分销。一个地区内往往有几个批发商,公司直接向其供货,再由他们向零售商供货。零售指导价由生产商制定,同时生产商还负责协调批发价格,不过并不一定能强制批发商遵守。

第二,生产商负责促销。美的空调各地分公司或办事处虽不直接向零售商供货,但会要求批发商上报其零售商名单。这样可以和零售商建立联系,一方面了解实际零售情况,另外还可以依此向零售商提供包括店面或展台装修、派驻促销员和提供相关的促销活动。

第三,共同承担售后服务。在这种模式中,安装和维修等售后服务工作一般由经销商负责实施,但费用由生产商承担。经销商凭借安装卡和维修卡向生产商提出申请,生产商确认后予以结算。

由此可见,美的模式中生产商保留了价格、促销、服务管理等工作,因为这些内容都与品牌建设有关,而像分销、产品库存等工作就交给市场中的其他企业去完成。

[案例2] 海尔模式——零售商为主导的渠道系统

一、渠道的组织结构

海尔分销渠道模式最大的特点就在于海尔几乎在全国每个省都建立了自己的销售分公司——海尔工贸公司。海尔工贸公司直接向零售商供货并提供相应支持,并且将很多零售商改造成了海尔专卖店。当然,海尔公司也有一些批发商,但海尔分销网络的重点并不是批发商,而是更希望与零售商直接做生意,构建一个属于自己的零售分销体系(见图4—4)。

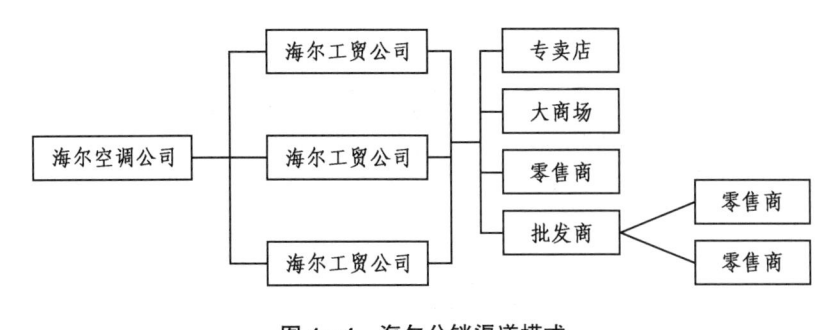

图4—4 海尔分销渠道模式

二、渠道政策

第一,在海尔模式中,百货店和零售店是主要的分销力量,海尔工贸公司就相当于总代理商,所以批发商的作用很小。

第二,海尔的销售政策倾向于零售商,不但向他们提供更多的服务和支持,而且保证零售商可以获得更高的毛利率。

第三,海尔模式中的批发商不掌握分销权力,留给他们的利润空间十分有限,批发毛利率一般为3%～4%,在海尔公司设有分支机构的地方,批发商活动余地更小。不过海尔空调销量大、价格稳定,批发商最终利润仍可得到保证。

三、渠道成员分工

(一)生产商

在海尔模式中,生产商承担了大部分工作职责,而零售商基本依从于生产商。以一个典型的海尔模式的商业流程为例说明:(1)海尔工贸公司提供店内海尔专柜的装修甚至店面的装修,提供全套店面展示促销品以及部分甚至全套样机。(2)公司必须库存相当数量的货物,还必须把较小的订货量快速送到各零售店。(3)公司提供专柜促销员,负责人员的招聘、培训和管理。(4)公司市场部门制订市场推广计划,从广告促销宣传的选材到活动的计划和实施等工作,海尔公司都有一整套人马为之运转,零售店一般只需配合工作。(5)海尔建立的售后服务网络承担安装和售后服务工作。(6)对没有账期的大零售店,公司业务人员要办理各种财务手续。此外,海尔公司规定了市场价格,对于违反规定价格的行为加以制止。

(二)零售商

由于海尔公司承担了绝大部分的工作,零售商只需要提供位置较好的场地作为专柜。

[案例3] **苏宁模式——前店后厂**

一、苏宁模式的渠道结构

南京苏宁电器集团原本是南京的一家空调经销商,自1990年到2001年,苏宁公司以超常规的速度迅速发展。从2000年开始,苏宁集团开始走连锁经营道路,在国内各地建立家电连锁销售企业,并在2001年参股上游企业,出资控股合肥飞歌空调有限公司,开始在其分销网络内销售由合肥飞歌为其定牌生产的苏宁牌空调(见图4—5)。

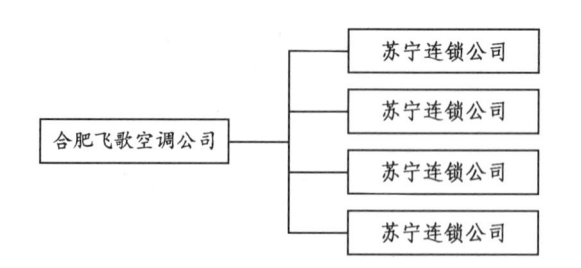

```
                    ┌── 苏宁连锁公司
                    ├── 苏宁连锁公司
合肥飞歌空调公司 ───┤
                    ├── 苏宁连锁公司
                    └── 苏宁连锁公司
```

图4—5 苏宁分销渠道模式

二、渠道政策

这么庞大但并非完全紧密的分销网络,苏宁集团是怎样组建并管理的呢?

第一,苏宁集团巨大的销售实力起了决定性作用。2000年度苏宁集团销售额达到50亿元,其中空调的销售额就有30亿元之多。苏宁凭此往往能够取得生产商最优惠的政策,各地的空调经销商一旦和苏宁合作,就有可能以低价击败同一地区的竞争者。

第二,苏宁集团期望用输出管理制度的办法将各企业整合起来,他们聘请了一家新加坡管理顾问企业开发了一套销售管理系统。由于使用电脑联网管理物流系统和资金流,苏宁可以较准确地了解网络内部的运营情况,这对许多虽然销售不错但对自身管理水平不满意的公司也是一个有吸引力的地方。

三、渠道成员分工

苏宁模式和海尔模式相比,生产商和经销商分工几乎完全反过来了:

第一,经销商承担了完全的市场责任,包括产品和价格、分销和物流、促销和宣传、对消费者的售后服务。

第二,生产商只是单纯的制造行为。生产商由于放弃了自己的品牌,唯一需要考虑的就是产品质量导致的责任,不过这只是对售前出现的质量问题负责,而不是传统意义上对顾客的售后服务。

(志高空调分销模式和格力空调分销模式见本章内容。)

思考与讨论

1. 分析各种空调分销模式的优点和弊端。

2. 分析和比较五种模式在产品、促销、零售价格、售后服务、批发价格的市场责任和利益水平(见表4—3和表4—4)。

表4—3　　　各种分销模式下制造商和经销商市场责任的转换

项目	海尔模式	美的模式	格力模式	志高模式	苏宁模式
产品	制造商决定				
促销	制造商完全决定		工厂负责全国促销,协助经销商进行地方促销		
零售价格	制造商决定并加以管理		经销商决定,制造商协助		
售后服务	制造商负责		制造商委托经销商负责监管		
批发价格	制造商决定并加以管理		经销商决定,制造商协调		

表4—4　　　　　　　　企业"责任、利益"关系表

五种模式	制造商 市场责任	制造商 毛利水平	批发商 市场责任	批发商 毛利水平	零售商 市场责任	零售商 毛利水平
海尔模式	最大	很高	很少	很低	很少	较高
美的模式						
格力模式	中等	较高	较多	较高	少	最低
志高模式						
苏宁模式						

3. 对各模式进行综合比较(见表4—5)。

表 4—5　　　　　　　　　　各种模式的综合比较

五种模式	渠道融资能力	管理难度	盈利水平	品牌价值	长期发展能力
海尔模式	低	很大	高	高	强
美的模式					
格力模式	较高	较小	一般	较高	存在问题
志高模式					
苏宁模式					

第五章 分销渠道的组织成员

📅 学习目标和要点

◆ 了解生产商在分销渠道中的作用
◆ 了解批发商的特征、类型和发展趋势
◆ 了解零售商的特征和零售业经营形式演变的理论假说
◆ 掌握零售商各主要类型的特征
◆ 了解广告商、运输商、咨询商、会计师事务所、律师事务所、银行等辅助商在分销渠道中的作用
◆ 掌握一般消费者的购买行为类型
◆ 掌握产业购买者行为类型

【引例】

利丰集团:团结合作伙伴开展供应链管理

利丰集团是香港一家跨国商贸集团,它通过供应链管理使自己从一个传统进出口贸易公司提升为现代商贸业的巨擘。利丰集团的做法是:

第一,以顾客为中心,以市场需求为原动力。以需求拉动供应链的生产和流通模式,不仅能快速响应市场的变化,迅速满足消费需求,而且可以减少因产品过时而降价促销的风险,有利于减少库存,促进企业资金流转,并增加企业的盈利。

第二,专注于核心业务,建立核心竞争力。利丰集团在供应链上明确定位,专注于利润这一环节,而将非核心业务外包。这样,企业才能更有效地集中利用资源,强化主业,并通过企业间的合作增强业务的弹性。

第三,对商流、物流、信息流、促销流和资金流进行设计、修正和不断改进。以顾客为中心,使各个流程有机配合,提升供应链的整体效率。

第四,利用信息系统优化供应链的运作。利丰集团利用先进的信息系统,使各环

节更快速地获取信息和处理信息,及时就最新的市场变化做出适当的反应。

第五,通过企业合作和流程整合,减少采购、库存、运输等环节的成本。

而上述模式的基础是供应链中各企业紧密合作,使各相关企业从对立走向共生,将商品分销过程看成更高的满足客户需求而存在的连贯的过程,改变原来分散的管理方式和以某环节利益最大化为主导的方式。这种新方式要求分销渠道上所有企业的关系由"零和博弈"(上下游企业之间通过竞争分享既定的利润)转向"正和博弈"(上下游企业之间通过合作共同做大市场,减少成本)。由于各环节企业之间要求做到紧密合作、利益共享、风险共担,因此必须做到相互信任,并公平分配增加的利益。

资料来源:利丰研究中心,《供应链管理:香港利丰集团的实践》,中国人民大学出版社2003年版。

第一节 生产商

作为分销渠道所销售商品的来源,生产商在分销渠道中占据着不可替代的基础地位。生产商在分销渠道中的作用主要可以归纳为以下几个方面:

一、制定分销渠道发展规划

制定分销渠道发展规划,就是根据市场环境的变动趋势和有关可利用的商业资源的信息,从实现分销渠道目标的要求出发,提出扩大分销渠道网点数量、提升分销效能的方案,并从中选择最佳的方案。分销渠道发展规划是分销渠道建设与管理的纲领。

制定分销渠道发展规划的过程是一个科学求证的过程。实现分销渠道目标的条件是分销渠道网络具有必要的功能,而有关功能来源于该分销渠道网络中商业资源的多少及其使用方式。比如在零售网点所服务的顾客群(或商圈)相对独立的情况下,增加零售网点数量就能增加市场覆盖面。一般来说,在分销渠道中投入的商业资源越多,所可能产生的分销效能就越大。究竟需要启用哪些商业资源?或者说,分销渠道网络究竟扩展到什么程度?可能形成的市场覆盖面和分销网点分布密度会有多大?必须运用充分的信息和科学知识,进行科学的分析和求证,才能做出合理的回答。

二、选择和发展分销渠道成员

为建设一个合乎需要的分销渠道,企业必须进行分销渠道网点的建设,包括直接投资建立销售网点和吸收外部中间商网点。企业直接投资建立销售网点有助于减少分销环节,减少分销渠道内部冲突,减少交易费用,但是需要较大投资,还会增加渠道管理费用。

相当多的生产商通过招募合格的中间商来建设和扩大分销渠道网络。生产商选择和发展网络成员的标准主要有企业规模、销售能力、声誉状况、销售业绩等。企业在选择网络成员时,除考虑成员现有条件外,还要考虑自身的实力和发展战略等因素,考虑分销网络的整体布局,以便有效实现企业的分销渠道规划和目标。

企业要在上述基础上与渠道成员签订销售合同,以明确双方的责任和权力,同时还要监督其执行。完成这一环节以后,分销渠道的基本框架就形成了。

三、组织订货与推动各种流程

有效的分销渠道是通过合理运转、功能发挥和业绩来表明其存在的价值的。分销渠道管理要进一步发挥作用,推动并监测分销渠道的运作,促使其有效地开展各种流程,满足消费者的需要。

四、消除分销网络内部的矛盾与冲突

分销管理的一个重要任务就是预防网络运行过程中经常出现的各种冲突,及时果断地处理种种矛盾,以减少网络运行中的波动和震荡。同时,为网络的健康运行扫除障碍,为企业的整体经营发展战略提供保障。无疑,这是企业分销管理基本职能在现实运行过程中的基本要求。

五、制定和推行分销政策

要让分销渠道成员有效地执行所有权转移、实物转移、货款转移、信息沟通、促进销售与提供服务等流程,需要制定和推行一定的责任制度与奖惩政策。

【小资料 5－1】

老干妈品牌分销策略

一、公司简介

公司的前身是在贵阳市南明区用四处拣来的砖头盖的简陋的"实惠餐厅",当时专卖凉粉和冷面。为了畅销,创始人陶华碧自制麻辣酱,在一次偶然的机会下,陶华碧没有时间制作麻辣酱,结果当天的销量大打折扣,仔细研究后发现顾客更喜欢的是麻辣酱而非凉粉和凉面。发现麻辣酱的商机后,陶华碧于1996年7月办起了食品加工厂,专门生产麻辣酱,起名为"老干妈麻辣酱"。8月,"贵阳南明老干妈风味食品有限责任公司"正式挂牌。"老干妈"的几种产品先后获得了"贵州省名牌

产品"称号,公司产值连年翻番。到 2000 年末,仅仅 3 年多时间,"老干妈"公司就迅速壮大,员工发展到 1 200 人,产值近 3 亿元。目前是国内生产及销售量最大的辣椒制品生产企业。产品已出口到美国、澳大利亚、加拿大、新西兰等 30 多个国家或地区。原本是贵州特色调味品的"老干妈",不仅成了风味辣椒调味制品的代名词,也成了全国和世界众多消费者佐餐、烹饪必备的佳品。

二、公司特色

(1)顾客特色。一开始,老干妈的定位群体主要是学生。学生时代是品牌最容易引起好感和怀旧的时期,以后无论这些学生走到哪里,老干妈的味道都会伴随着他们青春的记忆。由于老干妈的产品本身物美价廉,作为佐餐酱美味又极为下饭,经济不足的学生群体是其主要消费群体之一,口味的培养和消费者心智教育很好地融合,很多留学生把老干妈称为家乡的味道。

(2)品牌特色。作为一个农村的朴实女人,她心肠好,一位学校附近的中专生,家里贫困,常常到她的摊子吃凉粉,她得知这个学生不容易,不收钱。结果那个学生,常常带同学过来吃,大家都觉得老干妈心肠好,干脆叫她老干妈。随着公司发展,老干妈就用自己身着白色围裙的图片作为品牌商标。后来,行业经常有人质疑老干妈包装土气,多年来从未更换瓶贴等问题,事实上,正是老干妈多年来的坚持,才让她深入人心。

(3)决策特色。公司是以血缘为中心的同族人,他们目标一致,彼此忠诚,以企业整体利益为重,凝聚力极强。家族企业高度掌权,这就使组织结构单调,规程少,更加有利于命令的迅速传达和决策的贯彻实施。

(4)名片特色。老干妈早于很多产品,又走出国门,在国外老干妈被称为"留学生必备""家的味道",也受到很多外国消费者的喜爱。而且在中国八、九元一瓶的老干妈,在国外卖到十几美元,堪称调味品行业的奢侈品。

(5)现金流特色。无论是收购原材料,还是销售产成品,老干妈都是坚持现金交易。别的快消品都在尽力把货压在经销商手里,而老干妈的经销商必须先打款,才能拿到货,甚至打第二批货款的时候,才能拿到第一批的货,现金流充盈,让各厂家叹为观止。

三、公司营销

贵阳修建环城公路使曾经偏僻的龙洞堡成为贵阳环线的主干道,途经此处的货车司机日渐增多,他们成了"实惠饭店"的主要客源。陶华碧开始向司机免费赠送自家制作的豆豉辣酱、香辣菜等小吃和调味品。

正是这些货车司机让老干妈如同蒲公英的种子一样,撒向全国,并在最适宜的地方扎根生长。可以说,货车司机就是老干妈发展的重要的广告因素。当时,正好有机遇,大量农民工进城,而老干妈正符合了他们的口味和价位,于是老干妈迅速销售火爆。

慢慢地,老干妈做大了,然而她选择了一条与众不同的路子,只选择大区域经销商,并负责物流运输,区域经销商为了达到销售目的,就必须进行"二批"的开发布局,逐渐形成了经销网络遍布区域,如便利店、商超,甚至菜市场,只要有调味品的地方,老干妈就少不了。现在更是走出国门,进入国际市场。

随着时代的发展,很多企业在倡导"渠道精耕",陶华碧还坚持着大区域代理制度,老干妈做大后,对于做得好的经销商,还会扩大他的市场区域,让经销商管理经销商。老干妈只有非常少的销售人员,在这方面投入的精力和资源极低,市场管理基本都是经销商做。

良性的渠道运营,支持着老干妈几十亿元的销售业绩和快速增长。企业也有更多精力去做产品创新、品牌建设、规划发展战略等,然而,陶华碧坚持以消费者为主,老百姓吃的是口味,不是华丽的包装。她把更多的精力放在产品品质上面,老干妈火了十几年,基本没有出现质量问题。

"老干妈"渠道运营有一个专业名词,说不定陶华碧本人都不知道,叫"垂直营销系统"。垂直营销系统这些年迅速发展,并成为欧美渠道发展的主流。垂直营销系统是生产商和渠道商甚至零售商组成统一的联合体,联合体可以是紧密的公司式,也可以是管理式,还可以再松散点,采用合同式。

一旦这个垂直营销系统形成,厂家和渠道商就有了更多的共同利益。老干妈的大代理经销商逐渐变成老干妈的"分公司"了,其渠道效率自然大幅度提升。

分销政策是有关分销渠道职能如何在渠道成员之间进行分配以及对渠道成员履行职能的表现如何实施奖励的"游戏规则"。为了切实组织好分销渠道的各种流程,推进分销职能的有效运转,在分销渠道内必须做到分工明确,奖罚分明。为此,事先制定好分销政策,有利于指导渠道成员的市场行动,也有利于业绩考核和调动渠道成员的积极性。

第二节 批发商

批发是指从生产商或其他供应商处采购商品以供进一步转售或进行加工生产的经济行为,专门从事这种经济行为的流通企业被称为批发商。

一、批发商的特征

(一)批量交易和按量定价

批发交易一般要达到一定的交易规模才能进行,通常有最低交易量的规定,即起批点。零售交易则没有最低交易量的限制,因此,批发交易比零售交易平均每笔交易量要大得多。另外,从价格方面来看,批发交易的价格往往与交易量成反比,即批量越大,成交价格越低;批量越小,成交价格越高。

(二)批发交易的对象是各类用户

批发交易的对象大多为商业用户(或再售单位)和产业用户,其购买商品的目的不是为了供自己最终消费,而是为了进一步加工或转卖。一般而言,通过批发交易活动,商品主要仍停留在流通领域,还没有最终完全进入消费领域。

(三)批发交易范围比较广

首先,批发交易的主体来源较广,它有"商业用户""产业用户"和"业务用户"三类采购者,而零售交易只有最终消费者这一类购买者;其次,批发交易机构数量少,但服务覆盖面广;最后,中小批发商多集中在地方性的中小城市,并以此为交易范围,大批发商多集中在交通枢纽或大城市,并以全国为交易范围,零售交易因直接服务于最终消费者,故其交易地域范围要小得多。

(四)批发交易双方购销关系比较稳定

批发交易因其服务对象主要是专门的经营者和使用者,所以一般变化比较小,而不像零售交易中消费者购买行为随机性很大,因此购销关系相对稳定。

(五)批发交易专业化倾向日益明显

科技的进步,生产门类的增多,使得社会商品种类日益增多,采购者采购时选择的余地也越来越大。为了满足客户的要求,批发商商品品种、花色、规格、型号、款式等必须比较安全,以便供采购者任意挑选。但同时批发商又不可能备齐所有产品,只能有所侧重,从而使得批发交易的专业化倾向日益明显。

二、批发商的类型[①]

（一）商人批发商

商人批发商即通常所说的独立批发商，是典型的批发商，是批发商的最主要类型。商人批发商不同于商品代理商，商品代理商对于其经营的商品没有所有权，只是替委托人买卖商品；而商人批发商对于其经营的商品拥有所有权，这一点也是商人批发商的一个重要特征。商人批发商的类型如下：

(1) 按照其经营商品的范围来分类，可以分为三种类型。

第一，普通商品批发商。这种批发商经营的范围广，种类繁多，例如经营织物、小五金、家具、化妆品、药品、电器、汽车设备等。该类批发商的销售对象主要是普通商店、五金商店、药房、电器商店和小百货商店等。工业品领域中的普通商品批发商是工厂供应商，这种批发商经营品种、规格繁多的附件和供应品。

第二，单类商品批发商。这种批发商经营的商品仅限于某一类商品（如食品、服装等），经营的商品所涉行业单一，但这种批发商所经营的这一类商品的花色、品种、规格、品牌等非常齐全。与此同时，其还经营一些与这类商品密切关联的商品。例如，单类食品杂货批发商通常不仅经营罐头、蔬菜、水果、粮食、茶叶、咖啡等各种食品，而且还经营刀片、肥皂、牙膏等食品杂货店通常出售的商品。在消费品市场中，单类商品批发商的销售对象是食品杂货、药品、小五金等行业的独立零售商；在工业品市场上，这种批发商称为"工业分销商"，经营电器电料、铅管、供热器材等，其销售对象包括大大小小的工业用户，这种批发商又被称为整类商品批发商。

第三，专业批发商。这种批发商的专业化程度较高，专门经营某一类商品中的某种商品，如食品行业中的专业批发商专门经营罐头食品，或者专门经营健康食品，或者专门经营东方食品等。专业批发商的销售对象主要是专业零售商店；工业品的专业批发商一般都专门从事需要一定的专业技术知识或专业技术性服务才能有效进行销售的工业品批发业务。专业批发商之所以能在一个很小的经营商品范围内活动，是因为这类批发商一般对他的最终目标市场有一个比较充分的了解，并能有效地利用专业性的技术来服务于自己的目标市场，扎根于某些专业化程度较高的商品领域，如电子产品、橡胶塑料等。

(2) 按商人批发商职能和提供的服务是否完全来分类，可以分为两种类型。

第一，全功能批发商。这种批发商执行批发商的全部职能。也就是说，对于批发商的批购与批销、分销装配、储运服务、信息咨询和财务融通这五大功能，这种批发

[①] 邝鸿：《现代市场营销大全》，经济管理出版社1990年版。

能够全部、同时提供。属于全功能批发商的有：普通商品批发商、单类商品批发商和专业批发商。这种批发商又被称为完全服务批发商。

第二，有限功能批发商。这种批发商执行批发商的部分职能。也就是说，对于批发商的五大功能，这种批发商不全部或不同时提供给他的顾客。对于批发商的某种功能，或者有时提供，或者部分提供，或者完全不提供。有限功能批发商之所以只执行批发商的一部分职能和提供一部分服务，主要原因是这种批发商为了减少经营费用，降低批发价格，以求在激烈的竞争中站稳脚跟。

有限功能批发商又可以具体分为以下六种类型：

● 现购自运批发商。这种批发商不赊购，也不送货，这是他的两个重要特点。顾客要自备货车到这种批发商的仓库去选购货物，当时付清货款，自己把货物运回去。正因为如此，这种有限职能批发商的批发价格比完全职能批发商的批发价格要低一些。现购自运批发商主要经营食品杂货，其销售对象主要是小食品杂货店、饭馆等。

● 卡车批发商。这种批发商主要经营食品、糖果、香烟等易腐和半易腐商品。一般情况下，卡车批发商从生产者那里把货物装上卡车后，立即运送给各零售商、饭店、旅馆等顾客。正因为这种批发商所经营的商品易腐或半易腐，送货快捷就成为其重要的特点，甚至有一些卡车批发商一天 24 小时营业，每天不停地送货。

● 直运批发商。这种批发商主要经营煤炭、木材等笨重商品。直运批发商拿到顾客（包括其他批发商、零售商、用户等）的订货单，然后就向生产商进货，并通知生产商将货物直运给顾客。一方面，直运使这种批发商不需要仓库和商品库存，减少了储存费用；另一方面，直运避免了转折运输，从而减少了运输费用。两方面的费用减少大大降低了直运批发商的整体经营费用率。直运批发商有时又称为"写字台批发商"，因为他不需要有仓库和商品库存，只要有一间办公室或营业场所就可以工作了。但是他与普通掮客有着本质的区别，这是因为直运批发商毕竟是商人批发商，他拥有所经营商品的所有权，并因此承担相关的风险。

● 邮购批发商。这种批发商是指那些全部批发业务都采取邮购方式的批发商。该种批发商将商品目录寄给边远地区的零售和集体客户，不另派推销员，在获得订货后，以邮寄或其他运输方式交货。邮购批发商经营五金、珠宝、体育用品等商品，其销售对象是边远地区，特别是当地没有批发商的边远小镇中的工业消费者和零售商。

● 生产者合作社。这种批发商在农业地区比较普遍，他是由农民组成的，经营农民自己的产品。生产者合作社为顾客提供服务几乎与其他功能批发商一样，但其对农产品的分级、筛选功能表现得更为突出，由此使农产品在市场中的质量信誉得以提高，一些合作社甚至为其农产品标上品牌，然后在该品牌之下大力推销。生产者合作社有时还通过限产来提高农产品的价格，这是因为农产品的需求弹性较小，一般情况下，农产品(如粮食)的价格再高,人们出于生活的必需也不得不购买,限产提价往往能实现。生产者合作社通过限产来提价的做法显然是不符合竞争法则的,但出于农业的特殊地位,生存于农产品市场中的生产者合作社这种批发商,即使在美国这样比较发达的市场经济体系中,在最近50多年来也一直游离于相应法律、法规限制之外。

● 货架批发商。这种批发商是第二次世界大战以后为适应非食品品种超级市场的经营需要而发展起来的。货架批发商送交一些商品给某些零售商,让他们代为放上货架,以供展销,商品卖出后,零售商才将货款付给批发商;商品所有权归该批发商,属寄售性质,零售商代为出售,从中收取手续费。货架批发商经营的商品主要有家用器皿、玩具、化妆品等。由于需要充足的存货准备和存在零售商代售后拒绝付款的呆账风险等原因,这种批发商的经营费用率比较高。

(二)代理商

代理商这种类型的批发商在某项贸易中甚至比有限功能批发商发挥的功能还要少;同时,代理商在三种类型的批发商中是经营费用率最低的一种类型,其能够以相对低的费用进行运作。一般情况下,代理商的经营费用率在2%～6%。正如前面所提到的,代理商通过严格区别于商人批发商而显现出他的主要特点:代理商对于其经营的商品没有所有权,只是替委托人推销或采购产品;在同一笔交易中,他通常不同时以买、卖双方的立场开展业务。

代理商由于不同的顾客类型和产品线,可以进一步细分为不同的种类,主要包括以下五种:

(1)商品经纪人。商品经纪人是这样一种代理商:替卖主寻找买主或者替买主寻找卖主,把卖主和买主结合在一起,介绍和促成卖主和买主成交;如果买卖成交了,由卖主把货物直接运给买主,而商品经纪人向委托方收取一定数额的佣金。商品经纪人主要经营农产品、食品、矿产品和旧机器等商品。在西方国家,农场主、小型罐头生产商等生产者往往在一定时期委托经纪人推销产品,因为这些生产者的产品生产和销售存在着季节性因素,他们只在某一季节或某几个月大量推销自己的产品。因而这些生产者认为建立他们自己的固定推销力量是不值得的,也认为没有必要和生产商的代理商或销售代理商等建立长期的代销关系,商品经纪人反而更为实用灵活。此外,有些生产者,因为要推销新产品,或者因为要开辟新市场,或者因为市场距离产地太遥远,也利用商品经纪人推销自己的产品。

(2)生产商的代理商。生产商的代理商通常与多个生产商签订长期的代理合同,在一定地区按照这些生产商规定的销售价格或价格幅度及其他销售条件,替这些生产商代销全部或部分产品,而生产商按销售额的一定百分比付给代理商佣金,以鼓励这种代理商积极扩大推销,由此获得最大市场利益。生产商的代理商虽然同时替多个生产商代销产品,但这些生产商的产品都是非竞争性的、相互关联的品种,而且代销的商品范围不广泛,因而生产商的代理商比其他中间商更能提供专门的销售力量。从业务流程来看,生产商的代理商与生产商的推销人员非常相似,但后者是真正独立的中间商。

生产商通常利用生产商的代理商推销机器设备、汽车产品、电子器材、家具、服装、食品等产品。这种代理商在某些工业性用品市场和消费品市场起着很重要的作用。比如在电子器材等工业用品的销售中,生产商的代理商雇用了一些有技术能力的推销员直接向工业用户推销产品;在家具等耐用消费品的批发贸易中,生产商的代理商雇用了一些推销员向零售商做访问推销。生产商的代理商的主要服务是替委托人推销产品,但是他通常还负责安排将货物从厂家运送给买主,并且还有少数生产商的代理商提供保管货物的服务;此外,由于这种代理商与市场有密切的联系,他能向生产商提供相关的市场信息及市场所需要的产品样式、产品设计、定价等方面的建议。

在西方国家,生产商使用代理商主要是在以下三种情况:

第一,自己没有推销员的小生产商和新公司以及产品种类很少的生产商,往往使用这种生产商的推销网去推销产品,以谋求较为合算的销售渠道。

第二,自己有推销员的大生产商,在有大量潜在购买者、生意较多的地区,使用自己的推销员去推销产品;而在那些潜在购买者不多、买卖不多的地区,因为使用自己的推销员去推销不合算,往往委托生产商的代理商去推销产品。虽然这些地区的购买者不多、成交量不大,但是生产商的代理商通过同时接受多个生产商委托,代销非竞争性、相互关联的品种,从而丰富经营内容并获得超常佣金。最终,他们仍然能由此盈利,获得好处。

第三,有些生产商往往使用代理商在某一地区开辟新市场,等到市场销路打开、销售量大增以后,再使用自己的推销员去推销产品。生产商的代理商在向市场推荐新产品方面显得特别有用,因此他往往能获得高达 10%～15% 的佣金,相比之下,他代理推销那些已经广泛打开销路的商品所得佣金率只有 2% 左右。那些对于市场过于陌生,销量太小的新产品,10%～15% 的佣金可能相对于生产商的代理商努力向市场介绍新产品所付出的代价来说是低的,但是一旦推荐成功,这种佣金率仍然是可观的。不过,10%～15% 的佣金对于生产商是不利的,生产商不会让这种局面长期存在,一旦新产品获得了市场的广泛认可,销路畅通后,生产商就会随即派出自己的推销代表取而代之,解除委托。生产商的代理商很清醒地意识到这种可能性,因此一个成功的生产商的代理商是不会仅仅依靠某一种产品或仅仅关注少数的产品线,他总是力图去接受并履行更多生产商的委托。

生产商的代理商队伍是庞大的,大约一半以上的经纪人和代理商是生产商的代理商,他是经纪人和代理商这种批发商的主要类型。

(3)销售代理商。销售代理商和生产商的代理商一样,他同时和许多生产商签订长期代理合同,替这些生产商代销产品,但是销售代理商和生产商的代理商有着显著的不同之处,主要表现在以下两点:

第一,通常情况下,每一个生产商只能使用一个销售代理商,而且生产商将其全部销售工作委托给一个销售代理商办理之后,不得再委托其他代理商代销其产品,也不得再雇用推销员去推销产品;但是,每一个生产商可以同时使用多个生产商的代理商,与此同时,生产商还可以设置自己的推销机构。

第二,销售代理商通常替生产商代销全部产品,而且不限定只能在一定地区代销,同时,在规定销售价格和其他销售条件方面有较大的权力;而生产商的代理商只能按照他的委托人规定的销售价格或价格幅度及其他销售条件,在一定地区内,替委托人代销一部分或全部产品。

总而言之,生产商如果使用销售代理商,实际上是将其全部的销售工作委托给销售代理商全权办理,销售代理商实际上是委托人(生产商)的独家全权销售代理商,行使生产者的市场营销经理的职责。

销售代理商在纺织、木材、某些金属产品、某些食品、服装等行业中是常见的,这些行业的显著特点是竞争异常激烈,产品的销路如何对于企业能否生存和发展至关重要。某些生产商,特别是那些没有能力自己推销产品的小生产商,之所以要使用销售代理商,主要有如下原因:

● 生产商把全部销售工作委托销售代理商全权代理,可以使生产商集中精力解决非销售问题和生产问题。另外,销售代理商同时替许多小工厂代销产品,可以使这些委托人都能减少推销费用。

● 销售代理商负责全部宣传广告,并且经常派人参加国内外的各种展览会,调查各种消费者对于纺织品、服装等商品的样式和时尚等方面的偏好变化,随时向委托人提出应当生产的产品式样、产量、价格等方面的建议和提供相关的信息。

● 销售代理商可以采取各种方式给委托人提供财务援助。这是生产商雇用销售代理商的初衷之一。财务援助通常采用诸如此类的方式:销售代理商对其委托人承兑的商业票据加以背书,保证委托人到期能支付供货人的货款;销售代理商在委托人的应收账款尚未到期之前即将货款预付给委托人,即采用实际意义上的贴现手段;销售代理商可以在买主退回来的已承兑的商业票据上注明"保证账款",这样加以保证,贷款人(如销售代理的委托人的债权人、银行等)就愿意收购委托人的应收账款,把委托人所需要的资金预付给委托人等。

(4)佣金商。在美国、英国等西方国家,大多数佣金商从事农产品的代销业务,一般情况下,要想进入大城市的中央批发市场的农场主都会委托佣金商。农场主将其生产的蔬菜、水果等农产品委托给佣金商代销,付给一定的佣金;委托人和佣金商的业务关系一般只包括一个收获和销售季节。例如,菜农和设在某大城市中央批发市场的佣金行签订一份协议,当蔬菜收获和上市时,菜农就随时将蔬菜运送给佣金行,委托其全权代销。另外,一些自己没有推销力量的小纺织生产商有时也委托佣金商推销自己的产品。

佣金商通常备有仓库,替委托人储存、保管货物。此外,佣金商还替委托人发现潜在购买者、获得最好的价格、分等、重新包装和送货;同时佣金商还给委托人和购买者提供商业信用(如预付货款和赊销)、提供市场信息等。佣金商对农场主委托代销的货物通常拥有较大的经营权,即佣金商在收到农场主运来的货物以后,虽然对这些农产品不具有真正的所有权,但其有权不经过委托人同意,而以自己的名义,按照当时的供求状况所决定的、可能获得的最好价格出售货物。因为这种代理商经营的商品是蔬菜、水果等易腐商品,在经营过程中,必须因时制宜,根据当时的市场价格尽早脱手;否则,这些商品耽搁过久就会变质腐烂,给委托人及佣金商带来更大损失。当然,在实际操作中也不排除由于有利的市场状况,佣金商卖出了大大高于平均市场价格的好价钱的情况。不过,佣金商在经营过程中拥有较大的经营权是相对而言的,因为各大相关报纸一般都会及时公布这些市场中的成交价,委托人能够据此对佣金商加以监督。佣金商卖出货物后,扣除佣金和其他费用,将余款汇给委托人。佣金商的经营费用一般比较低,因为受托的产品往往是大宗商品,并且那些农产品零售商总是主动找上门来购买,不需要佣金商做更多的努力去寻找顾客。

(5)拍卖行业。在西方国家,公开拍卖方式通常有两种:一种是拍卖人在拍卖场所宣布最低价格以后,由在场的许多买主以竞争方式由低到高报价,直到买主都不愿意继续往上加价时,拍卖人用木槌在柜台上敲打一下,表示拍板成交,把货物卖给出价最高的顾客;另一种是由拍卖人先开出最高价格,大家逐渐由高到低,直到顾客中有人愿意购买而成交。拍卖行作为代理批发商的一种类型,它在其他领域中为卖主和买主提供交易场所和各种其他服务项目,以公开拍卖方式决定市场价格,组织买卖成交,从中收取规定的手续费和佣金。

在西方国家,贵重艺术品、古董、历史上有名的文物、珠宝、有纪念意义的名人用品等通常采用公开拍卖的方式出售,有些私人房产也采取公开拍卖的方式出售。通过拍卖行业以公开拍卖方式批发出去的大宗商品主要是蔬菜、水果、茶叶、烟草、羊毛、牲畜等农产品和鱼虾等渔业产品。这些商品具有商品质量和规格等不够标准、不易分等、需要看样定价以及它们的市场供求状况变化快等特点。因此,要想将这些商品推向市场,适宜使用拍卖行进行销售,通过拍卖行把卖者和买者联系在一起,在对商品进行充分的考察之后,供、需双方通过交涉(即拍卖竞价)来确定这些商品的价格。

综述以上内容,批发商的类型可以用图5—2来概括。

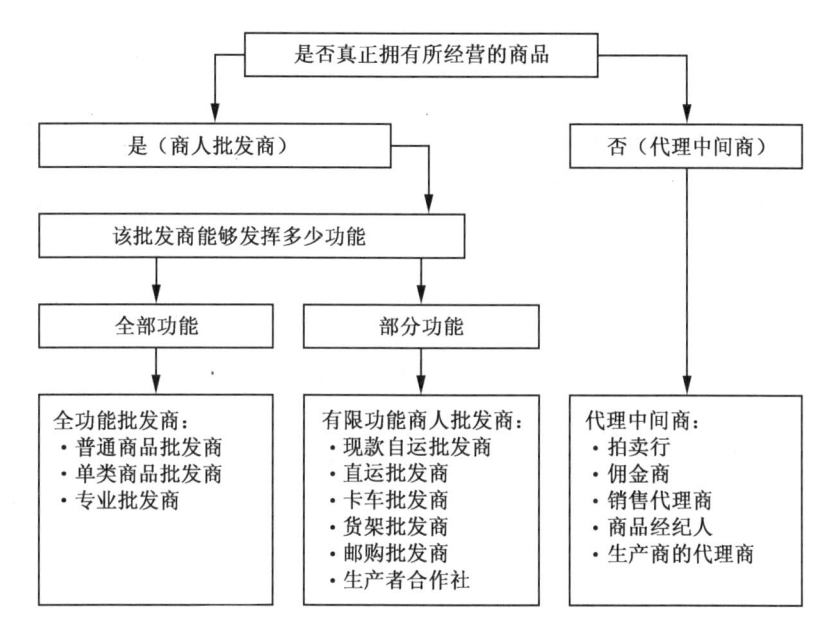

图 5—2 批发商类型

```
           是否真正拥有所经营的商品
            ┌──────────┴──────────┐
      是(商人批发商)              否(代理中间商)
            │
    该批发商能够发挥多少功能
      ┌─────┴─────┐
    全部功能      部分功能
```

全功能批发商:
- 普通商品批发商
- 单类商品批发商
- 专业批发商

有限功能商人批发商:
- 现款自运批发商
- 直运批发商
- 卡车批发商
- 货架批发商
- 邮购批发商
- 生产者合作社

代理中间商:
- 拍卖行
- 佣金商
- 销售代理商
- 商品经纪人
- 生产商的代理商

三、批发商的发展趋势

(一)批发商业演变速度加快

在西方发达国家,批发商业的发展,大致经历了形成阶段、上升阶段、下降阶段、回升阶段四个阶段。在这四个阶段,批发商业发展呈现出不同的特征(见表5—1)。

表 5—1　　　　　　　西方批发商业发展阶段

项目	形成阶段	上升阶段	下降阶段	回升阶段
时间	18世纪70年代至19世纪50年代	19世纪60年代至19世纪80年代	19世纪90年代至20世纪50年代	20世纪60年代后
背景	①产业革命带来经济急剧扩张,对流通提出新的要求 ②生产商无暇顾及流通,零售商规模过小 ③通信、物流、资本市场的改善		①大量生产要求大量流通,生产商进入流通领域 ②零售商寻找购销渠道的低成本和高效率化 ③金融、物流、通信业的发展,使短渠道成为可能	①生产商自销遇到成本高、不熟悉流通规则等问题 ②生产商自设销售机构外部化 ③中小零售企业对批发商依存度加大

续表

项目	形成阶段	上升阶段	下降阶段	回升阶段
特征	①批发和零售分离 ②批发为生产商服务,零售为最终消费者服务 ③批发和零售分离,大大提高了效率	①批发商在流通领域占据支配地位 ②批发商建立了发达的采购体系和销售网络 ③批发商业结构分化,运营、保管等业务独立出来	①零售商占据流通领域支配地位 ②批发市场形成和发展	①批发商向连锁化和一体化方向发展 ②出现只承担几项功能的费用较低的批发商 ③批发商改变经营方式,自选、最低订货、特许等方式出现

我国批发商业的演变,基本上符合上述发展趋势,只不过演变速度更快、周期更短。尤其是近10年,随着互联网发展,批发商业进入深入调整和改革阶段。

(二)批发商经营方式日趋多样性

通过几十年市场竞争的演化,除了传统的批发市场、经销商、代理商等经营模式外,一些新的批发经营模式也相继出现。这些模式大多利用批发和零售经营边界模糊化的趋势,综合发挥批发商业和零售商业的优势而形成。

(1)麦德龙模式。这是典型的货架自选批发商,它采取"会员制＋现金＋自运"的运作方式。其会员主要是中小零售商,通过现金交易和会员自我运输,使其运营成本极低。大规模的卖场、低价位加上自选的方式,对中小零售商具有相当的吸引力。目前,麦德龙在上海、无锡、宁波建立连锁仓储式的网点,每个网点营业面积达1.6万平方米,吸纳10万~12万个会员制客户。麦德龙计划在长三角每隔100~150千米建一个批发网点,提高其辐射能力。

(2)联华便利模式。上海联华便利公司打出"10万元做个小老板"的广告,吸引一批业主加盟。公司统一组织货源,并相应提供选址指导、配送、统一广告、经营咨询等服务。联华便利利用这种特许经营方式,构筑了一个约有800多家网点的相对稳定的批零一体化网络。

(3)上海烟草模式。上海烟草集团公司和烟糖公司联手创办捷强公司,上海烟草通过捷强公司向广大零售商提供卷烟,仅在上海市一地就建立了26 000家零售网点。

(4)申美模式。上海申美饮料食品有限公司是可口可乐公司授权的灌装公司和指定批发企业,申美在指定的区域从事批发活动,这是"物流加工型"批发企业。可口可乐公司利用这一方式,投资8亿美元,在中国内地建了20个分装厂和庞大的批发网络。

(三)批发商将提供更多分销服务

批发业在促使商品更畅通、更经济地流通的同时,在商流、物流、信息流、促销流、货币流等方面提供各种服务。

在现代产品分销过程中,分销服务已成为产品增值的主要来源之一,其比重呈不断上升趋势。目前,跨国采购公司采用的重要竞争策略之一就是提供销售过程中的各种服务,扩大份额,提高产品竞争力,又使对手难以进入该领域。

我国加入 WTO 后,中国批发领域逐步开放,外资的生产商和批发商以各种方式进入,其技术、品牌和营销策略等核心资产是国内批发企业不可比拟的。但是,国内企业也有其相对优势,如分销渠道、分销服务等,我们把这些称为辅助资产。根据核心资产和辅助资产的强弱,可将批发企业划分为四类(如图 5—3 所示)。

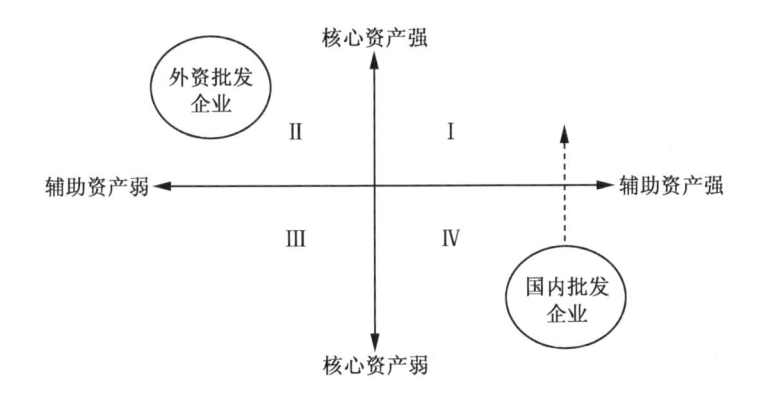

图 5—3 批发商业"核心资产—辅助资产"分析

国内批发企业在暂时无法掌握核心资产时,可以避开第Ⅰ、第Ⅱ象限,而采取错位竞争策略,在第Ⅳ象限开拓,并争取进入第Ⅰ象限。而在这两个象限,分销服务大有作为。

在分销服务中,核心是现代批发企业必须具备完备的信息收集、加工、处理能力,并向生产商和零售商提供信息服务。传统批发商的经营模式是建立在产需信息沟通不畅、信息不对称的基础上,通过对商品异地购销获取差价。在信息经济时代,批发商一般信息采集优势基本上不复存在,专业批发商应利用自己的专业知识和技术,对市场信息进行梳理,提出沟通供需的最经济的商品流通模式和方案。从表面上看,批发商收益还是买卖差价,但实质已变为信息服务收费。

正是由于认识到上述规律,日本在 20 世纪 80 年代掀起的"批发业革命",把批发变革的目标锁定在"信息武装下的物流加工型、零售支援型和共同化经营"。

第三节 零售商

零售是指把商品和劳务直接出售给最终消费者的活动。零售商是从事这一销售活动的机构。零售业是商品流通的最终环节,商品经过零售进入消费领域,也是市场竞争最激烈的一个环节。

一、零售业的特征

(1)零售交易的目的是向最终消费者提供商品或劳务,购买者购买商品的目的是供自己消费,而不是用于转卖或生产。

(2)零售商品的标的物不仅有商品,而且还有各种附加劳务,即为顾客提供各种售前、售中和售后服务,如免费安装、送货上门等,这些服务已成为非常重要的竞争手段。

(3)零售交易中平均每笔交易额较小,但交易频繁。零售交易本身就是零星的买卖,交易对象众多且分散,这就决定了每笔交易量不会太大;同时消费者要生存发展,每天都在不断地进行消费,这也就决定了交易特别频繁。

(4)零售交易经营品种丰富多彩且富有特色。由于消费者购买商品时一般都要"货比三家",力争挑选到称心如意、物美价廉的商品。因此,零售交易都非常注重经营特色,同时努力做到商品的花色、品种规格齐全,以吸引消费者。

(5)零售交易受消费者购买行为的影响较大。零售交易的对象是最终消费者,而不同消费者因其年龄、性别、学识、经历、职业、个性、偏好等差异,其购买行为不仅具有多种类型,而且具有很大的随机性。不同类型的消费者其购买决策和购买行为的差异性将直接决定和影响到具体购买活动。

(6)传统零售交易大多在店内进行,且网点较多。传统零售交易主要通过合理的商品布局和店堂陈列来方便消费者购买,因此,交易也多在店内完成。同时,由于消费者的广泛性、分散性、多样性和复杂性,为满足广大消费者需要,在一个地区,仅靠少数几个零售网点根本不够,网点必须从规模和布局上满足消费者的需要。随着经济的发展,各种无店铺售货方式也有了足够的发展,并显示出强劲的发展后劲。

二、零售业发展的理论假说

从最原始的零售经营形式到目前最现代化的经营形式出现,不同商品流通经营形式依次为杂货店、专业商店、百货商店、连锁商店、超级市场、购物中心、方便店、折扣商店、大卖场和电子购物零售组织等。

1650年,日本三井家族的一个商人在东京开办了有史以来第一家商店,这被认为是现代意义上零售机构出现的开端。事实上,这家商店通常是我们所说的杂货铺。专业商店出现在1851年的美国,当时西蒙·拉扎鲁斯(Simon Lazarus)在俄亥俄州首府哥伦布创办了一家男子服装商店。1930年8月,迈克尔·库连(Micheal Kullen)在纽约以很低的租金租了一间空闲的大仓库,创办了世界上第一家超级市场。第二家超级市场于 1935 年出现在东京,法国和英国的第一家超级市场分别于 1948 年和 1950 年建立。20 世纪 50 年代初,欧美国家超级市场大量增加。20 世纪 50 年代末,美国经济发展较快,为适应消费者对购物的多层次需求,集百货店、超级市场、餐饮、娱乐等为一体的购物中心出现并发展起来。20 世纪 60 年代,为了在经营中取得规模效益,降低成本,提高竞争与应变能力,连锁商店在美国应运而生。大卖场最早诞生于荷兰,1968 年,荷兰万家隆(MARCO)货仓式批发零售自选商场创建。20 世纪 70 年代,随着经济出现"滞胀",大卖场再一次以价格优势赢得了顾客。进入 20 世纪 80 年代,随着科学技术的迅猛发展,先进的通信设备层出不穷,使得各种电子购物形式(邮购、电话购物、电视销售、网络购物等)得以发展。

每次零售业经营形式变革从酝酿到发生,最后到高潮,存在着惊人的相似之处,从而显示出一种明显的规律性。正是基于这种明显的规律性,西方的一些专家和学者通过对零售业经营形式演变的研究和分析,提出了各种各样的关于商品流通形式发展理论的假说,试图对其进行解释。直至今日,这种探索并没有停止。在众多的理论假说中,最为引人注目的有以下几种假说。

(一)生命周期论

这种假说认为商品流通经营形式像普通的生物那样,也有自己的"生命周期",包括革新、加速发展、成熟、衰落四个阶段。

(1)革新阶段。革新阶段是指对传统的经营方式进行改革,创造新的经营方式,使某种新的流通组织形式和经营方式逐渐产生的阶段。在这一阶段,革新方法着眼于降低流通费用,经营与众不同的花色品种,以及方便顾客购买等。

(2)加速发展阶段。加速发展阶段也就是成长期,指的是新的组织形式和经营方式迈步发展、销售额和利润额蓬勃上升的阶段。在这一阶段,新型的经营形式的市场份额显著提高,其后期可能获得利润的最高水平,占有最大的市场份额。

(3)成熟阶段。虽然新型的经营形式所占市场份额在这一阶段相对稳定,而利润水平在这一阶段则开始下降。同时,另一种更新的经营形式开始进入"革新阶段",从而对该种零售商业形式的盈利水平和市场份额构成威胁。

(4)衰落阶段。该种经营形式在该阶段所占的市场份额大幅度下降,利润水平显著降低,甚至出现亏损。其在成熟阶段所占据的市场主导地位完全被新的经营形式所取代。

应该指出的是,随着市场竞争的加剧,各种零售经营形式的生命周期越来越短。表 5-2 比较了美国主要零售业各种经营形式的生命周期,从中可知,百货店为 100 年,杂货店为 60 年,目录邮购展销商店只有 10 年。

表 5－2　　　　　　　　　　美国主要零售业经营形式生命周期比较

商品流通经营形式	成长期	成熟期	达到成熟所需时间(年)
百货店	19 世纪 60 年代中期	20 世纪 60 年代中	100
杂货店	20 世纪初	20 世纪 60 年代	60
超级市场	20 世纪 30 年代	20 世纪 60 年代中	30
廉价商店	20 世纪 50 年代	20 世纪 70 年代中	20
快餐店	20 世纪 60 年代初	20 世纪 70 年代中	15
家庭生活改善中心	20 世纪 60 年代中	20 世纪 70 年代末	15
家具仓库展销室	20 世纪 60 年代末	20 世纪 70 年代末	10
目录邮购展销商店	20 世纪 60 年代末	20 世纪 70 年代末	10

(二)辩证过程论

这种理论假说也是从实践中总结出来的。它认为各种新的流通经营形式之所以能够依次出现,正是"否定之否定"辩证规律作用的结果。新的经营形式必然要对传统的经营形式进行"扬弃",这种"扬弃"的结果是传统的经营形式的"合理"成分得以保留和发展,在此基础上容纳和吸收新的成分,从而形成一种全新的流通经营形式。例如,以往大多建在城市中心地带的百货商店,拥有品种多样的商品,能为消费者提供多种选择和良好的服务,但同时也暴露出由于流通费用较高而导致的商品价格昂贵,以及位于城市中心交通不便等不利因素,于是以顾客自我服务、开架售货、流通费用相应下降而导致价格低廉为特征的新型流通经营形式——超级市场,通过对传统的百货商品经营方式的"扬弃"而形成。

(三)轮回假说

轮回假说由美国学者 M.麦克尔教授提出,曾经在美国引起广泛的重视。该假说的主要内容是:革新者在获得更大利润的动机驱使下,通过引进新技术、采用先进的管理方法降低流通费用,从而降低营业成本,进而实现增加盈利的目的。当"第一个"革新者出现以后,必然会引起同行的模仿,从而使行业企业间的竞争日趋激烈。为了避免在竞争中失利,最初的革新者必然加大投入,诸如重新选择营业地点,商店的内外部装潢,结算手段的更新换代以及改善经营管理,加强售后服务等。这样做的结果导致流通费用的大幅度增加,如果仍维持原有的价格则必然不能保持原有的盈利水平;如果相应提高商品价格,则有可能受到消费者的抵制,从而陷入"进退维谷"的境地。与此同时,新的革新者在经营方式、组织方式和管理模式上创新成功,从而推出一种崭新的流通经营形式。于是,上述过程便不断周而复始、循环往复。这种不断出现的周转变化过程像一只巨大的"车轮",因此这种假说便形象地被称为"轮回学说"或称为"转轮学说"。图 5—4 说明了"轮回"过程。

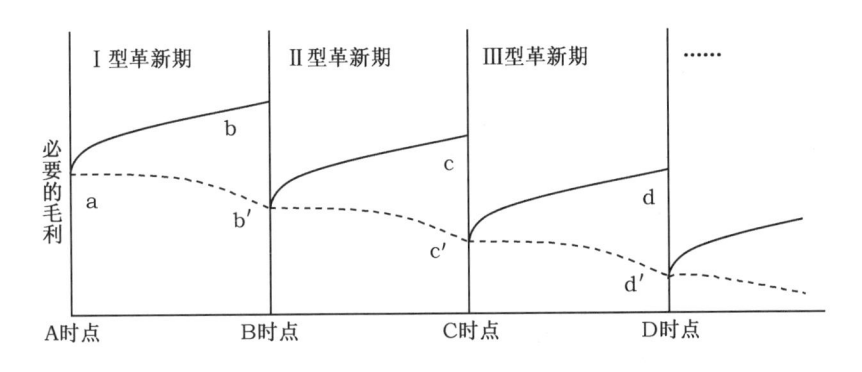

图 5—4　流通形式发展"轮回"

图 5—4 中,A 时点的 a 点表示由于实行技术革新,只需要很少的毛利就能满足经营需要。随着革新者为了应付来自同行模仿者竞争而不断增加投入,Ⅰ型革新者所需的费用提高了,要维持经营就必须要有更多的毛利。因此,随着时间的推移,当时间流动到 B 点时,Ⅰ型革新者的经营毛利提高到 b 点,而在时点 B 是能够用较少的毛利 b′进行正常经营的,于是采用更新技术、采用更新管理方法的Ⅱ型革新者出现了。以此类推。

(四)商品结构综合化与专业化循环假说

这种假说集中说明了近百年来流通经营形式的商品结构综合化与专业化交替循环发展的规律性。如果按照这种假说对商品流通经营形式的发展做历史的观察,其大体可以分为以下五个时代:

(1)杂货商店时代(General Store)(综合化时代);
(2)专业商店时代(Specialty Store)(专业化时代);
(3)百货商店时代(Department Store)(综合化时代);
(4)食品专卖店时代(Pudding Store)(专业化时代);
(5)购物中心时代(Shopping Center)(综合化时代)。

随着上述五个不同时代的交替出现,经营商品的结构大致沿着宽—狭—宽的轨迹循环发展,构成绵延不断的余弦状的发展轨迹。这种多时代商品结构宽狭交替循环的假说可用图 5—5 来说明。

(五)真空地带说

这种假说是由丹麦学者欧勃·尼勒森提出的,研究范围是从商业发展的一般规律入手加以分析和研究。这种理论认为:经营者作为"理性的经济人"追求利润的最大化,必然将自己的经营范围选择在无人经营的真空地带,从而导致新的经营形式的出

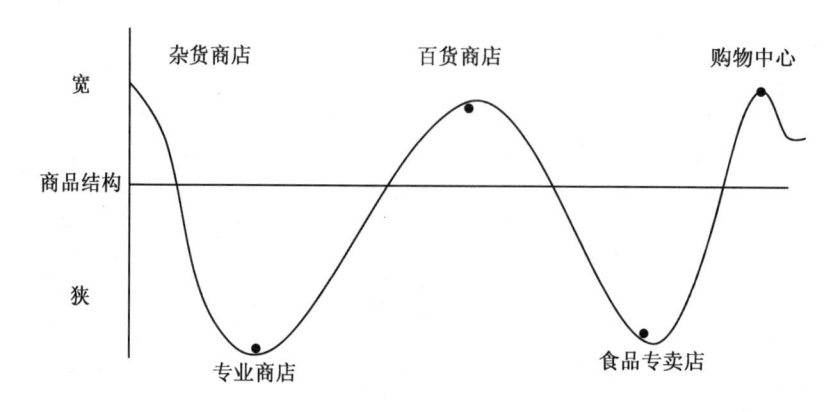

图 5—5 商品结构宽窄交替循环

现。图 5—6 和图 5—7 表示消费者选择程度不同的 A、B、C 三个店的初始位置和移动后的位置,从而说明真空地带是如何形成的。

(1)开始时 A、B、C 三店的位置。

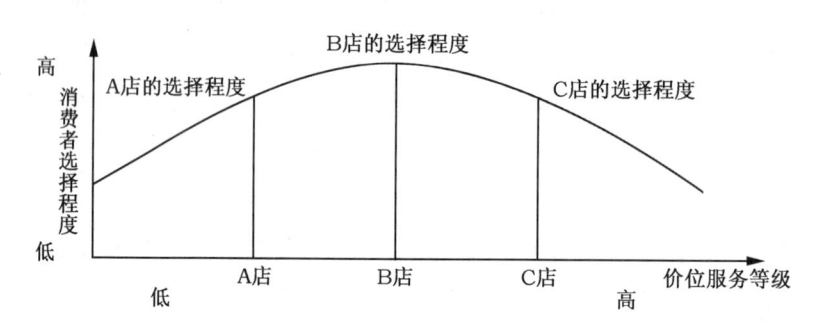

图 5—6 A、B、C 三店初始位置

(2)A、C 店移动后的位置。

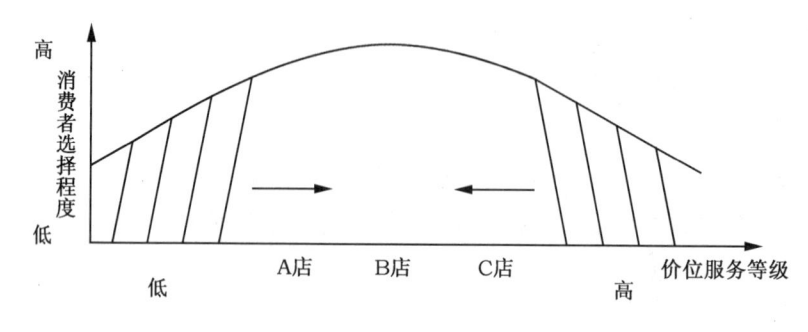

图 5—7 A、C 店移动后三店位置

从图 5—6 可以看出,A、C 两商店尽管价位服务等级不同(A 店属于低价位服务等级,C 店属于高价位服务等级),消费者对其选择程度都较低,如想取得更多的毛利,就只有采用消费者选择程度较高的服务等级（适中的价位服务等级）即 B 店的位置。图 5-7 表示，A、C 两店的价位服务等级向 B 店移动，从而使经营形式主要集中在消费者选择程度较高的中间区域。图 5-7 中斜线区域表示该时期较少或没有经营的"真空地带"。

三、零售商的主要类型

零售商业类型多种多样、五花八门，新类型不断涌现。本章仅对主要的零售商类型做简单的介绍。

(一)百货商场

百货商场、百货公司、百货大楼是指经营范围广泛、商品齐全，能提供多种服务的零售商场。

(1)百货商场的产生。百货商场的产生是零售商业的第一次革命。在 19 世纪以前，零售店经营规模小，品种有限，经营策略陈旧。随着社会生产力的发展，社会生活方式丰富多彩，冲击着人们的消费观念。一些人追逐财富和享受，社会有产阶层消费量大增。如何在一个屋檐下或在一个店内，让消费者买到吃、穿、用、住、行各类消费品，以改变传统的经营类型呢？持有这个想法的法国人阿里斯蒂德·布西科于 1852 年在巴黎创办了"好市场商场"。由于这个商场开业成功，在巴黎随后几年又出现了一些百货商场，如卢浮百货商场(1855 年)、市府百货商场(1856 年)、春天百货商场(1865 年)等，美国、英国、德国也出现一批仿效者。

(2)百货商场的特征。百货商场较之其他的传统店铺有四点革新：

第一，商品明码标价。这一做法的目的是为了迅速沟通商品与顾客之间的联系，从"物有所值"角度便于顾客按各自的消费喜好与能力"对号入座"。商品明码标价也是零售业第一次规范了自己的价格行为。

第二，商品敞开陈列。这样就便于顾客直接接触商品，增强对商品的直观认识，因而也在利益上保证了消费者对商品选择的权利。

第三，商品价格低廉。此举意在更大的程度上吸引不同层次的消费者，改变欧洲许多专业商场服务对象贵族化的倾向。

第四，在一个卖场内分设许多独立的商品部，便于实行统分集合的管理，也便于各商品部进行专业的组货，达到"百货"齐全，种类繁多，使消费者各得其所。

百货商场率先在欧洲出现不是偶然的，可以说是欧洲的产业革命要求流通领域进行改革，要求零售业大型化和规模化以适应工业化大生产、大量销售的要求。百货商场的出现从根本上说是零售业适应大生产的产物，是生产力发展在分销渠道中的直接结果。

(3)百货商场的分类。百货商场主体组织形式有以下三种:独立式,即只此一家,别无分号,独立经营;连锁式,是指以一家大百货商场为龙头,并在其他地方开设若干店,进行集中管理;集团式,即由若干个独立经营的百货商场组成一个集团,并由一个最高管理机构统一管理。

(4)百货商场的优势。百货商场出现100多年来,发展迅速,已成为零售店的主要类型之一。其优点是:拥有各式各样的商品供顾客选购,以节省顾客的时间和精力;客流量大,商场气氛热烈、兴旺,可刺激顾客购买;资金雄厚,能罗列大量人才,分工合作,不断创新,提高管理水平;重视商誉,对于出售商品的品质在采购时就慎重选择;有优良购物环境,吸引大批顾客购买。

(二)超级市场

(1)超级市场的特征。超级市场是指实行敞开式售货,顾客自我服务,挑选后一次性结算的零售商店,又称"自助商店"或"自选商店"。其特征是:

第一,商品构成是以食品、日用杂货等日常生活用品、必需品为中心。

第二,实行自我服务和一次集中结算的售货方式,即由消费者自己在货架中自由挑选商品,在出口处一次集中结算货款。

第三,薄利多销,商品周转速度快,利润率较其他商店低。

第四,商品包装化,明码标价,并注有商品质量和重量。值得一提的是,商品无条形码是很难进入"超市"的。

(2)超级市场产生的背景条件及革命性。导致超级市场形成和发展的背景条件主要来自两个方面:

第一,来自需求的动力,即来自超级市场以外的力量。需求的动力主要有:个人可支配收入的不断增加,家庭消费行为的重大变化,现代技术的形成和发展。

第二,来自超级市场本身的力量,即供给动力。从供给方面分析:能够降低企业的销售成本,增加盈利;消费者从超级市场购物一方面省时、省力而且价格便宜,另一方面采取顾客自选、一次结算的服务方式,增强顾客自主性,免去了柜台服务中的许多麻烦,提高了交易效率。

超级市场的出现被视为是零售业的第二次革命。它给零售商业带来的革命性变革,主要体现在两个方面:一是它把现代工业流水线作业的生产方式运用到了商业经营上,实现了商业活动的标准化、专业化、集中化、简单化。二是它使商业经营转变为一种可管理的技术密集型活动,不确定因素大为减少。传统的零售业经营是以柜台为中心,以人对人(即售货员对顾客)操作为主的劳动密集型活动。其交易之成败在很大程度上取决于售货员素质的高低以及操作技巧。超级市场则是开架售货、买者自选的方式,买卖之前的需求预测、经营计划、商品陈列、价格制定等流程的合理化水平成为决定最终销售状况的主要因素,从而使商业经营转变为类似生产管理的技术密集型活动。因此,对超级市场而言,比感性的柜台操作技巧更为重要的是理性的经营、资本运作水平,以及经营管理水平的高低。

(3)超级市场的分类。超级市场类型依分类标准不同而异。目前大体有如下标准:

第一,根据经营商品类别,分为综合性超级市场和专业性超级市场;

第二,根据组织形式标准,分为独立式超级市场和连锁式超级市场;

第三,根据规模大小(主要是营业面积)分为超级(巨型)、大型、中型、小型超级市场。

(4)超级市场的局限性。超级市场既有自身的优点,也有其局限性,主要表现为:

第一,由于不易进行商品保护,所以不宜经营高档、贵重商品;

第二,分级、包装、标价等工作既费时,也增加成本;

第三,容易失窃,这种因失窃造成的损失,无疑会加大销售成本。

(5)大卖场。大卖场又称大型综合超市、仓储式超市等,它与综合性百货商店有明显区别,如商品陈列摆放自成一格,从业人员相对较少等。从一般零售业态看,员工开支约占流通总成本的40%,故尽量减少企业从业人员是降低成本的一种方法,在这一方面大卖场显然具有优势。从消费者活动来说,自选、自助扩大了购物的自由度,免除了售货员的导购,顾客的购物感受全新,使大卖场形成独特的经营销售特色,以不同于一般的开架售货。

大卖场之所以形成一种新的业态,主要表现在它具有独特的经营战略和理念。

第一,仓库与市场一体化。快速物流、满足即时供应和多样化需求是促成仓库和商场一体化的主要因素。强调价值工程和投资效益,是促成仓库和商场一体化的又一个因素。"投资刚好就是最好"的观念,表现为大卖场首先服务于各种商品的销售、存储的需要。如不同的食品视特性不同分别陈列在货架、冷柜、冷藏间和冷库内,把这些设施、设备安装在一个场所,供消费者方便选购。

第二,营业面积大而品种齐全。消费者在采购阶段的效益问题,既反映在用较低价格采购到高质量的商品,又反映在用少量人力(采购员)、物力(车辆)采购到需要的商品,还反映在用较少的时间采购到需要数量的商品。消费者的时空观、价值观对商业的要求,派生出仓储式超市的"一站式服务"。

第三,低成本运营而创造低廉销售。从经济学角度看,流通既创造价值,又产生费用。若企业努力降低销售费用,利润自然提高,这是商业企业共同追求的。而大卖场不仅追求自身的利润,更注重让利给消费者。

(6)超级市场的发展趋势。

第一，规模化。超级市场在销售上的特征，突出的是其廉价的销售，这是它与其他零售业态竞争的主要武器。要取得价格优势，必然要降低成本、扩大销售，因此实行规模经营是我国超级市场发展的首要选择。

超级市场规模经营首先表现为扩大单体规模，可以向生产商、大批发商大批量进货，降低进货成本；可以使商品充分陈列，便于顾客选购；可以节省营业人员，充分利用设备，减少费用；可以增加品种数量和服务功能，更好地满足顾客需要。在西方国家，超级市场已进入成熟期，在激烈的竞争中，规模越办越大，平均单体面积已达1 000平方米左右。大卖场已成为超级市场的主力模式，其单体面积高达几万平方米。随着商业竞争的加剧，城市空心化的加速以及消费需求的提高，我国目前现存的大多数小型超级市场将难以充分展现业态个性和功能，并将逐步失去竞争力和市场发展空间。

超级市场规模经营的另一方面就是实行连锁化。超市的大批量进货所依靠的就是多店铺的销售网络，而这种网络又是实现销售的有效形式。连锁经营可以大大降低营运成本，提高流通效率，实现规模经济效益。国际著名的大型超级市场不但单体营业面积大，而且连锁店的数量也数以百计。

第二，大众化。正因为超级市场实行低价政策，因而其服务对象一般是生活不太富裕、支付能力不强的普通市民和家庭主妇。可以说，超级市场以普通顾客为目标市场的大众化策略，是它大半个世纪以来持续发展、经久不衰的重要原因之一。所以，"为民、便民、利民"应是超市必须坚持的办店宗旨。

超级市场选址应遵循就近消费、方便购买、合理布局的原则，根据超市功能、商圈半径内的人口数量、交通及竞争状况综合加以确定，避免在城市中心商业区"扎堆"，而要"退城进郊"和"退城进居"（居民区）。

超级市场除适量经营部分高档洋货和高中档名牌国货外，一般把适合中间消费水平的国货作为主营商品，大力拓宽中低档品种。超市经营的具体品种应以食品和日常生活必需品为主，且多为便利品和非耐用消费品，只有较大规模的超市可以把产品线扩大到服装鞋帽、照相器材、家用电器等。

第三，规范化。超级市场是大工业协作机理在零售业中的集中体现，它彻底改变了传统零售业的工艺过程，把零售业推向了标准化作业和规模化发展的现代流通业大道。超市的规范化就如同工业生产领域的标准化一样，是企业运营的基础。超市规范化包括：

● 商品包装规格化和条码化。商品要按一定的质量标准分类定级、分等定价，按一定的数量或重量标准计量分装，商品可采用小型透明或半透明包装，并有完备的商品说明，以方便顾客自选和使用。另外，超市的商品应广泛采用条形码和店内码，这是实现商业自动化和商品管理自动化的基础。

● 操作标准化。企业必须有具体量化的服务规范,并要求员工严格执行;制定各项操作规程,运送货物、整理货架、打扫卫生等均要严格执行操作规程;加工间或配送中心的工厂化流水作业方式要严格规范,操作间的架子上必须贴有用品摆放标签,任何用品不能随意摆放,任何人或物品都不能阻塞通道;员工应养成良好的卫生习惯,确保加工食品的干净卫生。

● 经营管理规范化。连锁超市除了统一商号、统一门面、统一着装、统一广告宣传外,最重要的是统一进货、统一配送、统一核算、统一管理。超市公司有条件的可以建立相应的物流枢纽——配送中心,提供社会化配送服务,实行统一的规范化管理,供多个连锁店按统一章法经营,以保证统一的服务质量;针对连锁店网络广、散的特点,要使管理制度手册化,并使之成为规范全体员工行为的权威性文件。

第四,自动化。自选售货方式、连锁店组织模式和规范化运作,为实现超级市场的自动化做了准备。超市要想在商流、物流、资金流、信息流、促销流的协调管理上运作顺利,非依赖于商业自动化技术的支持不可。

超级市场的购、销、存、运各个流转环节应全面实现自动化,具体包括:商品销售管理自动化、会计账务处理自动化、商品配送自动化、商品仓储管理自动化、商品流通加工自动化。为了实现上述各项业务管理自动化,应将现代科技,尤其是电子信息技术全面引入超市这一领域,以电子收款机、计算机、网络技术构成超市的技术骨架,重视并积极推广POS系统、电子订货系统(EOS)、电子数据交换系统(EDI)等。

(三)便利店

(1)便利店的产生和发展。自20世纪50年代便利店在美国诞生后,其发展速度之猛、市场覆盖面之广,为世人所瞩目。与传统的小店杂铺不同,便利店是指运用现代化的经营管理技术和设施,以"方便"作为吸引顾客的主要手段的零售店。而作为现代意义上的便利店是指在商业活动中,以住宅区居民为经营对象,以最贴近居民日常生活的商品和服务为经营范围,以连锁总部为核心,共享统一规范的经营管理技术,实行专业化、标准化的统购分销,并通过强化居民社区服务功能的同时取得规模效益的一种现代商业经营管理的组织体系。

便利店在经济发达国家已有100多年的历史,区别于城市主要街道的百货商店而独辟蹊径深入居民住宅区中心,以方便为服务宗旨的便利店的出现历史还比较短暂。

1939年在美国俄亥俄州,一个名叫罗森的小规模牛奶制品企业在其工场的一角,开设了一家以出售乳制品为中心的小店。以后,应当地居民的要求兼营面包、食品、杂货,这就是罗森便利店的萌芽阶段。此后,成立罗森牛奶公司,逐步开设了一批以销售乳制品和食品为主的连锁小店,并在美国东北部一带扩展开来。罗森牛奶公司以后又加入美国食品业中最大的跨国集团公司——巩固食品公司,成为其属下一员,并确立了罗森便利店的运营机制。由此,便利店的形态初见端倪。现代便利店脱胎于连锁商店深厚的经营管理基础,于20世纪50年代后半期至60年代初,以惊人的速度成长起来。以美国为例,1957年只有近2 000家便利店,到了1977年已增加到2.75万家,销售额高达74亿美元。20世纪70年代以后,便利连锁店作为一种新型的零售业态很快传播到加拿大、墨西哥、日本、澳大利亚、欧洲各国和亚洲各国。7-Eleven便利店到2004年4月已突破1.2万家,成为全球第一家拥有万店以上的公司。日本大荣集团1974年与美国巩固集团合作,引进罗森牛奶公司的便利店运作机制,成立了大荣便民连锁公司。以后随着人们生活方式的变化、消费水平的提高以及妇女职业化的社会变革,罗森便利店高速发展,成为雄踞一方的行业发展巨头。大荣集团又投资中国,与上海华联集团合作,以图抓住机遇,实施现代便利店的跨国战略。可见,便利店已被公认为是适合于向全世界各国普遍推广的商业零售店的形态。

(2)便利店的特征。便利店作为一种新型的商业零售经营业态,适应了城市社区化进程的发展。其基本特征大致可概括为以下四个方面:

第一,选址和店铺面积的特定性。便利店主要是以住宅区居民为服务对象,位置一般选择在居民比较集中的区域中间或附近地区。其服务半径一般为500米左右,可方便居民在10分钟之内步行到店购物。便利店的店铺面积较小,一般在80～150平方米。

第二,营业时间和商品供应的专属性。便利店为方便居民,其营业时间普遍长于超级市场和一般零售商店。便利店的营业时间,最长每天达24小时,实行全年无休息日服务。由于贴近、方便居民生活的特性和受场地限制较小,便利店一般以供应居民日常生活必需品为主,其中包括冷热饮料、加工食品、速食、生鲜食品、常用的小百货、杂货、烟酒等小商品,各类食品占商品品种的80%左右。

第三,服务功能的多样性。现代便利店设在城市化的居民社区,它的服务对象既有广泛性又有专指性。它为居民日常生活必需品提供了即时购买的场所,以"全天候"的时间,提供电信、复印、代收各类公共事业费,使家庭主妇、单身汉、儿童、青年和需要特殊服务的对象感到处处方便。

第四,商店连锁的统一性。现代便利店以其便利顾客的CIS企业形象识别系统、商品组合、全方位的经营管理三个一致性,形成了连锁店经营的基础。

便利店上述的基本特征,使其能与其他商业零售业态相区别(见表5—3),也是其能在激烈的市场竞争中得以迅速发展和壮大的一个非常重要的因素。

表 5—3　　　　　　　便利店与其他主要商业形态基本特征的比较

项目	便利店	百货商店	超市	专卖店
店铺选址	居民住宅区	主要在商业街区	居民住宅区	商业中心区
面积	较小,一般在80~150平方米	大小不等	大小不等	大小不等
营业时间	16~24小时,以24小时居多	一般为8~12小时	一般为12小时	一般为6~8小时
商品	最贴近居民日常生活的必需品	门类齐全,品种繁多	日常生活必需品及一般生活必需品	专门性强,品类较少
服务功能的多样性	社区服务,项目多,特种服务	仅有与商品经营相关的服务项目	社区服务项目相对较少	一般仅提供专业服务
商品连锁的统一性	一般要连锁,有配送中心	可以连锁,不一定有配送中心	必须连锁,有配送中心	可以连锁,不一定有配送中心

(3)现代便利店的竞争优势。现代便利店的竞争优势主要表现在以下几个方面:

第一,从零售业各种业态与消费者的紧密程度来看,消费者大约每月去一次百货商店,每星期去一次大型卖场,每天去一次超级市场,但随时可去便利店。

第二,从商品的便利性和购物的快捷上看,到超级市场买回的商品如食品需要进行加工,而到便利店买回的食品是成品,可立即食用,或经过简单与方便的加工就可以食用。到便利店购物的时间一般只占到超级市场购物时间的1/5。因为便利店规模较小,商品品种少,陈列位置明确,消费者花费的选购时间少,能迅速完成交易过程。便利店与超级市场相比,对消费者来说更方便,并能立即解决生活的急需。

第三,从价格竞争上看,便利店与其他商店(除超级市场外)相比,具有一定的价格优势。

第四,从经营上看,便利店较之其他的业态店更好地解决了毛利增加问题、库存减少问题和滞销商品的处理问题。因为便利店的规模一般在80~150平方米,品种在3 000~4 000种,最适合规模的标准化和产品的规格化管理。

第五,从组织构成来看,现代便利店的优势还在于用连锁的方式,迅速扩大经营规模,确立了网点数多、组织化程度高、规模大,以及资源、信息共享的竞争优势。

(四)折扣店

自2004年10月1日起实施的我国GB/T18106-2004《零售业态分类》标准,考虑到中国零售业发展的进程和国外的零售业发展轨迹,新增了若干种业态,折扣店属其中之一。该标准对折扣店的定义是:"店铺装修简单,提供有限服务,商品价格低廉的一种小型超市业态。"从《零售业态分类》标准对折扣店的定义可以看出:折扣店是一种贴近居民日常生活的规范的零售业态,应该以居民生活所在的社区作为依托,与社区的拓展相依相伴。折扣店以低价、便利的双重优势,服务于居民的日常生活,是一种民生业态。

(1)折扣店的特征。折扣店具有以下经营特征:

第一,经营范围。店面开设在社区周围,目标客户以工薪阶层、中等收入的社区居民为核心。由于我国经济发展水平的限制和生活习惯的原因,折扣店在较高档的社区也有市场。折扣店经营的商品包括中档日用品、便利品和生鲜食品。

第二,竞争优势。基本战略定位是低价和便利。低廉的产品价格是竞争的立足点,要求折扣店能够从各个方面降低成本,包括商品的采购、存储、店内陈列和销售等各个环节。另外,靠近居民区的选址,远离商业中心,既意味着可以压缩店面租金成本,又意味着巨大的地缘优势。

第三,品牌特征。折扣店经营的商品单品仅需2~3个品牌,由自有品牌和知名品牌构成。自有品牌由著名生产商生产,以保证产品质量。由于供应商仅需承担生产成本,折扣店能以最低的价格购进产品,然后充分利用自己的品牌、渠道和货架优势。这样,只要产品没有明显的品质问题,在自己的门店中,再次购买率必然很高。经营知名品牌则可以吸引和满足有品牌偏好的顾客。

第四,规范经营。我国传统的路边摊贩同样是以低价和便利来吸引顾客的,且所售商品品种繁多。折扣店与之相比,优势在于规范经营、有固定店铺,所售商品处于质量监管机关和企业检验部门的管理之下。折扣店一般采用连锁经营的方式,品牌价值和对品牌形象的珍视是约束其规范经营的关键因素。

(2)折扣店经营的特殊要求。总结折扣店的特征,是用规范的经营方式提供低价、便利、优质的零售商品。这给折扣店的经营树起一道门槛:企业要有足够的实力和能力才能经营好真正意义上的折扣店。经营正规的折扣店,对企业提出了至少两个方面的特殊要求:

第一,有可以依赖的自有品牌。自有品牌是折扣店的制胜之本。一般来说,企业要以低价经营知名品牌,要么压缩自己的利润空间,要么设法谋求较低进价。而谋求较低进价一般通过两种途径:接受严格的付款条件和大量采购,这些显然都会对零售企业的资金流转造成压力。自有品牌的作用在于充分利用零售连锁企业自身的品牌优势,从而节省制造商品和品牌推广成本,达到双赢。

第二,先进的零售技术。采用先进的零售技术是折扣店区别于传统零售方式的重要特征。先进的零售技术包括信息技术、供应链管理技术、现场布局和商品陈列技术、品类管理和防损技术等。其中一些零售技术如供应链管理需要商业伙伴的配合,这限制了企业的合作伙伴的选择。美国著名的家庭折扣店就要求它的供应商能够支持所有订单和发票的电子处理。

（五）专业店

专业店是以专门经营某一大类商品为主的零售业态，例如办公用品的专业店、玩具专业店、家电专业店、药品专业店、服饰店等，其经营具有较强的专业性，一般是按某一特定的顾客群（如男士、女士、儿童）或按某一产品大类（如纺织品、文化用品、家电用品）设店，不少专业商店常常以经营的主要产品类别或主要的顾客群来命名。随着市场细分以及产品专门化的发展，专业店发展前景广阔。

(1)专业店的特征。专业店的特征主要体现在以下四个方面：

第一，选址。专业店根据经营的商品品类的不同，选址多样化，多数店设在繁华商业区、商店街等市、区级商业中心，也可以设在百货店、购物中心内。

第二，商圈与目标顾客。一般而言，专业店的商圈范围分界并不明显，因为它以有目的选购某类商品的顾客作为主要的目标顾客，满足消费者对某类商品的选择性需求，而选择性需求常常意味着人们愿意为买到合适的商品付出较多的时间和精力代价。另一方面，不同的主营商品要求不同的经营特色和细化程度，使得商圈进一步模糊。

第三，商品结构。专业店在商品结构上的特点表现为专业性、深度性、品种丰富、可供选择的余地大，以某类商品为主，经营的商品具有自己的特色，一般为高利润。专业商店的商品能赢得顾客的心，是因为其在某一类商品上做到了款式多样、花色齐全。专业商店的这种商品结构特征，与同样出售与之相同种类商品的其他商店相比，更能满足消费者选择性购买的需要。

第四，服务功能。专业店从业人员大多经过专门培训，接受专业氛围的熏陶，因而具备丰富的专业知识，可以帮助顾客挑选合适的商品并提供更大的退换货自由。一部分以低价和选择性强取胜的专业店采用自助式服务的形式，服务人员仅在顾客需要时给予指导和帮助，既降低了服务的成本，又使顾客能够更加自然地挑选。

(2)专业店的分类。

第一，按产品类别划分。菲利普·科特勒认为，专业商店经营的产品线较为狭窄，但产品的花色品种较为齐全。根据产品线宽窄程度，可把专业商店分为三个类别：单一产品线商店（Single-Line Store），经营单一产品线商品的零售店，如服装店；有限产品线商店（Limited-Line Store），经营单一产品线中有限商品的零售店，如男装店；超级专业商店（Super Specialty Store），经营更为狭窄的产品线商店，如男士定制衬衫店。

第二，按经营内容划分。生活用品专业店，如粮店、调味品店、肉店、茶叶店等。这类商品之所以以专业店的形式出现，主要是由于其采购、再加工以及储存方面的特殊要求。这类专业店分布密集，商圈小。可以预见，随着折扣店、便利店等业态进入社区,商品包装小型化、便利化,保鲜技术越来越先进,这种专业店将逐渐减少。

● 商品的选择性较强的专业店。该类专业商店经营的商品以花色繁多、挑选性较强的商品为主,如花卉店、丝绸店、鞋袜店、领带店、纽扣店、内衣店等。目前以品种丰富著称的大卖场逐渐成为主流业态之一,其在中低档产品线上的深化,将对这类专业店造成巨大冲击。

● 商品技术性较强的专业店。这类专业商店多以经营技术性较强的商品为主,如家用电器商店、中西乐器商店、电脑商店等。技术性强意味着消费者认知和选择的难度大,并要求有专业的售后服务保障,因此适合于以专业店的形式存在。

● 商品消费对象较为特殊的专业店。该类专业商店多以经营某一特定的消费群体需要的特殊商品为主,如文教用品商店、妇女用品商店、儿童用品商店、结婚礼品商店、旅游用品商店等。由于品类繁多且相关性强,这些业务难以被其他业态所消化,因而有作为一种独立业态存在的必要。

● 奢侈消费品专业店。主要是指经营高档服装、高档化妆品和装饰品等奢侈品的专业店,以中高收入阶层为服务对象。这种专业店服务周到,购物环境好,注重营造高雅有品位的氛围,通常与高档购物中心或商业街相依相傍。作为一种传递附加价值的经营方式,这种专业店不易被取代。

● 特种商品专业店。这类商店通常以古玩店、字画店、珠宝店、金店、首饰店、工艺品店等为代表,经营的商品多以价格较高、具有收藏价值或馈赠意义的名品、稀有物品为主。这类专业商店的一般特点是:成交的次数少,但每次的成交额相对较大。由于主营商品对专业水平有特殊要求,这种专业店很难被其他形式的零售店所取代。

(3)专业店的未来。专业店发展之初是以提供日常生活用品为主。工业化的发展,改变了人们的生活方式,休闲阶层产生,这使专业商店发生了分化,一部分成为满足人们日常生活需要的专业店,如面包店、鞋店、帽子店和食品杂货店;另一部分成为满足人们新潮消费的精品店,如时装店、珠宝店、首饰店、香水店、化妆品店等。从目前的情况来看,在低端市场上,专业店受到了超级市场、便利店、折扣店、大卖场的挤压,客源越来越不稳定;在高端市场上,百货商店的转型、购物中心的兴起,也与专业店形成对抗。在优胜劣汰的竞争中,专业店一方面要选择专业性强、技术含量高的产品来经营,另一方面要与其他业态优势互补,寻找融合之道。

(六)专卖店

专卖店是以专门经营或被授权经营某一主要品牌商品为主的零售业态,可以由生产商自己开设,也可以特许经营的方式由独立经销商开设。专卖店是专业商店中的一种特殊类型,一般通过提供特定的消费者所需要的特定的商品,采用系列化的品种策略和高质量的服务措施作为其经营活动的重点,在提供信息、指导消费、集中服务、售后保障等方面比其他零售业态更胜一筹。

(1)专卖店的特点。专卖店最基本的特征是仅销售一种或少数几种品牌的产品，由此，商店形象以品牌个性为依托，对特定的群体具有吸引力。专卖店的目标顾客是中高档消费者和追求时尚的年轻人，商品结构以某一品牌系列为主，销售量少、质优、高毛利。采取柜台销售或开架销售方式，商店陈列、照明、包装、广告讲究，选址在繁华商业区、商店街或百货店、购物中心内，营业面积根据经营商品的特点而定。在服务方面，专卖店注重品牌声誉，从业人员具备丰富的专业知识，并提供专业性知识服务。

(2)专卖店与专业店的异同。二者的相同之处表现在三个方面：一是品种专而全，它们经营某一类商品，并把这类商品的所有品种、规格、花色集中展示销售，形成系列；二是款式新而特，由于专业店或专卖店仅限于某一类或某一品牌商品的经营，因此有条件对专业化市场进行追踪与研究，掌握最新的市场流行趋势，进而组织销售新颖和独特的商品；三是经营连锁化，不少专业店或专卖店通过连锁的形式使店铺数量增加，从而达到规模效益，甚至垄断某一地区、某一类商品市场。连锁化还有利于运用统一标志来扩大品牌的知名度，树立统一的企业形象。

二者的不同之处。一是归属性质不同。专业店常是归属于独立的经营单位，它们经营的唯一目的是获取利润。而专卖店经营者通常是生产商或是与生产商有密切联系和契约约束的公司，经营的目的不仅是获取利润，还在于推广商品品牌。二是经营范围不同。专业店常常以商品品类作为取舍对象，即只要是本店所经营的品类，就采购进来，转而进行销售，集不同品牌的同类商品于一体。而专卖店常常以商品品牌作为取舍对象，即只要是本店所经营的品牌，就纳入本店商品经营目录，因而品牌的单一性和排他性是专卖店的主要特点。三是品种齐全程度不同。专业店因为不排斥品牌，所以可以更为广泛地征集产品，使某一类产品的规格、花色与型号十分齐全，满足众多顾客的需求。专卖店因为将竞争力放在品牌魅力上，所以产品花色、品种、规格都是有限的，集客能力也弱于专业商店。

(3)专卖店在我国的发展。1984年，第一家皮尔·卡丹专卖店在北京正式营业，拉开了专卖店发展的序幕。到90年代初，专卖店发展出现高潮，仅仅一两年时间，北京的王府井大街、上海的南京路、广州的北京路上各种品牌专卖店林立，这其中，除了中外合资品牌专卖店外，国内品牌专卖店也开始成长，如李宁服装店、三枪内衣店、杉杉服装店等。近几年，专卖店发展十分迅猛，几乎涵盖了各个商品种类，除了传统的服装、化妆品、鞋帽等外，其他如电器行业的海尔、科龙、TCL专卖店，汽车行业的本田、富康、大众等专卖店，计算机行业的联想、方正等专卖店日趋完善。

专卖店在中国获得迅速发展的原因有三个：一是国内工业生产的高速发展，已使国内出现了一批知名度和美誉度较高的名牌商品，加上国际著名品牌的进入，各自形成了一定的忠实消费群;二是随着收入的增长,消费者品牌意识逐渐提高,对假冒伪劣商品的担忧使之更相信专卖店商品;三是生产商利用开设专卖店来开辟新渠道,控制营销主动权,实施整体营销策略,树立品牌形象。

专卖店既依托于品牌形象,又能够影响产品形象。随着市场竞争的升级,在未来的发展中,专卖店必须根据产品分销的要求,努力提高经营管理水平,在经营模式和服务水平上与产品的市场定位保持一致,以期提升其品牌价值,维持顾客忠诚度。

(七)购物中心

美国《零售辞典》认为:"购物中心是一个由零售商店及其相应设施组成的商店群,作为一个整体进行开发和管理。一般情况下,它有一个或几个大的核心商店,并有众多小商店环绕。购物中心还有宽敞的停车场,同时其位置靠近马路,顾客购物来去便利。"

我国《零售业态分类》标准认为,购物中心是"企业有计划地开发、拥有、管理运营的各类零售业态、服务设施的集合体"。即购物中心是多种零售店铺、服务设施集中在由企业有计划地开发、管理、运营的一个建筑物内或一个区域内,向消费者提供综合性服务的商业集合体。

(1)分类。根据购物中心在我国的发展环境和发展现状,我国将购物中心分为三类:

第一,社区购物中心。在区级商业中心建立,商圈半径为5~10公里,建筑面积在5万平方米以内,包括大型综合超市、专业店、专卖店、饮食服务及其他店。

第二,市区购物中心。在市级商业中心建立,商圈半径在10~20公里,建筑面积在10万平方米以内,包括百货店、大型综合超市、各种专业店、专卖店、饮食店、杂品店以及娱乐服务设施等。

第三,城郊购物中心。在城乡接合部的交通要道建立,商圈半径为30~50公里,建筑面积在10万平方米以上,包括百货店、大型综合超市、各种专业店、专卖店、饮食店、杂品店及娱乐服务设施等。

(2)购物中心的建设要求。购物中心不是一种零售形式,而是聚集若干零售商店的场所。人们到购物中心,不仅可以买到所需的生活用品,而且还可以得到吃喝玩乐的综合享受。因此,它不仅是购物场所,也是生活化的场所。对于购物中心的建设和布局,主要有以下几个方面的要求:

第一,观念和技术的先进性。现代购物中心是一种先进的经营方式,其设计、运作和管理突破了传统零售业的种种局限,要取得成功,必须依赖理念、策略与科技,换句话说,购物中心已经成为零售业中具高科技特征之一的经营方式。因此,开发购物中心,除了资金之外,对科技的重视和各种专业人士的参与以及核心资源的整合是必不可少的。

第二，开发过程的整体性。统一和协调的整体建筑设计计划，包含主题商店和卖场的选择，各方面均需依照计划及考虑内部的风格一致，从而使整个设施和场地体现整体的主题与概念。同时，购物中心的设计也要考虑在后续的扩充和管理方面具有较大的弹性，以适应未来发展和调整的需要。

第三，地点的便利性。购物中心必须选择交通便利的地理位置，使顾客易于寻觅，且私家车出入方便，具备充足的停车空间和设备，方便消费者进出；同时也要考虑专用车道及店后空间，以便于货车运送商品进出货时使用。此外，周边的道路系统也要一并加以考虑，如公共汽车站、地铁站是否在附近，以便吸引最大的客流。

第四，景观的一致性。购物中心建筑物及其场地布置，诸如草木花卉、灯光、招牌、绿地、庭园造景、公共设施等建筑设计，均能和谐一致，使购物环境显得优美、安全，同时需与周边景观与人文环境紧密融合。

第五，商品组合和功能多样性。商品组合力求多样化，包括广泛的业种、业态，在商品线和服务内容上，给消费者一个深而广的消费选择。各类商品的主题商店聚集一处，透过统一的商店和卖场的经营管理模式，提供给购物者最大的方便。今天的购物中心不单是一个"购物"中心，如要吸引顾客，必须将购物中心塑造成一个多功能的生活与服务中心，应更加强调文化、娱乐、教育、服务、展示等各种功能所占的比例，才能使购物中心富有强大的生命力与成长性。

第六，营销策略的灵活性。营销策略被认为是购物中心发展成功的关键因素之一。因此，必须灵活掌握市场的营销趋势来规划营销策略、拟订营销计划，同时充分配合运用广告及事件营销手法，以提升整体购物中心的活力和形象。若能融入部分商家的营销活动，将更有助于整体购物中心营销的成功。例如，购物中心的经营管理部门可针对购物中心内的某一类商户，展开顾客满意度调查，并将策略性意见提供给商户，双方成为共存共荣的关系。因此，购物中心在规划设计及卖场出租、经营的过程中，应将营销人员纳入开发小组成员，以确保以营销为导向的购物中心的逐步成型。

（八）连锁经营

连锁经营已经成为现代流通的基本特征之一，连锁经营技术的引进是对传统流通的一次重大革命。正是因为流通领域中连锁企业的迅速发展，使得流通在经济运行中的地位悄悄地发生着巨变。可以说，流通企业凭借着连锁经营的方式，掌握着强大的零售终端，进而拥有最为直接的客户资源，影响甚至是左右了生产企业的生产决策，这也许就是连锁经营的魅力所在。

(1) 连锁经营的内涵。连锁经营一般是指在核心企业的领导下，采用规范化经营同类商品和服务，实行共同的经营方针和一致的营销行动，实行集中采购和分散销售的有机结合,实现规模化效益的联合体组织形式。其中的核心企业称为总部、总店或本部。各个分散经营的企业称为分部、分店、分支店或者成员店等。

世界上第一家近代连锁商店产生于1859年,是美国的"大西洋和太平洋茶叶公司",距今已将近150年的历史,这是当时世界上最早的正规连锁商店。事实上,连锁经营的本质特征是把独立的、分散的商店联合起来,形成覆盖面广的规模销售体系,它是现代工业发展到一定阶段的产物,是社会化大生产中的分工理论在流通领域的应用。

现代流通企业通过连锁经营这种企业运行的组织方式,使单一企业成为多个企业协同运营的连锁企业,使一个企业内部的多个店铺成为统一运营的连锁型组织,从而使分销渠道按社会化大生产所提出的大流通要求实行重组,实现规模化经营,这是连锁经营的本质内涵。

(2)连锁经营的特征。作为一种现代化的经营模式,连锁经营与其他经营形式存在着明显的区别,具有明显的特征。

第一,经营上的一致性。连锁经营的种类很多,但是无论哪一种形态的连锁经营,都要实行一定程度的一致化经营。经营上的一致性具体可以体现在以下几个方面:

● 管理上的一致性。统一管理是连锁经营最基本的特征。通过各连锁分店联合集中力量的方式,才能够形成集团竞争的优势。没有统一的管理,连锁经营企业无法实现快速发展。

● 企业形象上的一致性。连锁企业总部提供一个统一的CIS系统,包括统一的商标、统一的环境布置、统一的色彩装饰等。各分店在店铺内外装修和员工衣着上都保持一致。

● 商品和服务的一致性。各连锁分店的商品种类、商品的定价、营业时间、售后服务等方面必须保持基本一致,分店只有极少的灵活性。如麦当劳决不允许任何加盟者具有自由经营商品的权力,对于违反规定的,总部将暂停其营业并予以整顿。

第二,经营上的规模化。连锁经营的规模化特征是指其能取得规模经济的效果,即由于规模的扩大而使经营成本降低,从而取得更好的经济效益。这也是连锁经营成为当今商业的主流经营方式的原因。连锁经营的规模化特征主要体现在以下几个方面:

● 采购的规模化。连锁总部通过对各分店采购权的集中,实行集中采购。由于采购的数量较大,连锁经营可以拥有较强的议价能力,同时通过集中采购可以减少采购人员、采购次数,从而降低采购费用。

● 仓储、配送的规模化。在集中采购的基础上建立统一的仓库,这要比单店独立储存更节省仓储面积,并且可以根据各店不同的销售情况,实现合理库存。仓储和配送的规模化一方面体现在对现有仓储和配送能力的充分运用上,另一方面体现在有利于加快商品的周转速度上。

● 促销的规模化。由于连锁分店遍布全国,因此连锁店总部可以利用全国或地方性的电视台、报纸、杂志等传媒进行广告宣传,有效降低促销的成本。

第三,优化了资源配置。连锁经营通过连锁经营商店网络系统的建立,实现了市场、信息、技术、人才、管理、信誉等资源的优化配置,每个连锁商店共享总部的资源优势,从而为社会资源以及企业资源的充分利用提供了坚实的经营基础。

(3)连锁经营的分类。按所有权对连锁经营的形态进行分类是目前较为常见的一种分类,根据各连锁分店所有权的不同,可以将连锁经营划分为以下三种形态:

第一,正规连锁。正规连锁又称直营连锁,是连锁商店的基本形态。目前许多大型国际连锁组织如美国的西尔斯公司、日本的大荣公司都属于这种连锁形式。日本通产省给正规连锁下的定义是:"处于同一流通阶段,经营同类商品和服务,并由同一经营资本及同一总部集中管理领导,进行共同经营服务的组织化的零售企业集团。"国际连锁店协会对直营连锁的定义为:"以单一资本直接经营的 11 个商店以上的零售业或饮食业组织。"无论对正规连锁的定义如何界定,正规连锁都应该具备以下几个特点:

● 所有分店必须归一个公司、一个联合组织或单一个人所有,各分店不具备法人资格。

● 连锁总部对各店铺拥有全部所有权、经营权、监督权,实施人财物与商流、信息流、物流、资金流等方面的集中统一管理,分店的业务必须按总部指令行事。

● 整个连锁集团实行统一核算制度,工资、奖金由总部确定。

● 分店所有员工由总部统一招募,分店经理也由总部委派。

● 各分店实行标准化管理,如商店规模、店容店貌、经营品种、商品档次、销售价格、服务水平等高度统一。

采取正规连锁方式经营的优点是它的高度集权管理,可以统一调度资金,统一经营战略,统一管理人事,统一开发和利用企业整体性资源,具有雄厚的实力,易于同金融机构、生产厂家打交道,可以充分规划企业的发展规模和速度,在新产品开发与推广、信息管理现代化方面也能发挥出整体优势。但正规连锁也有其难以克服的缺点。由于正规连锁是以单一资本向市场辐射,各分店由总部投资一家家兴建,因而易受资金、人力、时间等方面的影响,发展规模和速度有限。此外,各分店自主权小,利益关系不紧密,其主动性、积极性、创造性难以发挥。

第二,自由连锁。自由连锁又称自愿连锁,始于 1887 年,当时美国由 130 家食品零售商共同投资兴办了一家联合批发公司,为出资的成员企业服务,实行联购分销,统一管理,各成员企业仍保持各自的独立性。自由连锁是指一批所有权独立的商店,自愿归属于一个采购联营组织和一个服务管理中心的领导。管理中心负责提供销售计划、账目处理、商店布局和设计以及其他服务项目,各个商店的所有权是独立的但又把自己视为连锁组织的成员,其成员大多是小型独立商店,目的是同直营连锁企业竞争。自由连锁主要是中小商业企业为了保卫自己的利益,联合起来,通过组织连锁,获得规模效益,以便与大资本商业企业抗衡、争夺市场而产生的。

自由连锁总的特点是既保留了单个资本所有权,同时又实现了联合经营。自由连锁各成员企业保持自己的经营自主权和独立性,不仅独立核算、自负盈亏、人事自主,而且在经营品种、经营方式、经营策略上也有很大的自主权,但要按销售额或毛利的一定比例向总部上交加盟金及指导费。连锁总部则应遵循共同利益原则,统一组织进货,协调各方面关系,制定发展战略,搜集信息并及时反馈给各成员店。

自由连锁商店主要有三种模式:第一种是以大型零售企业为骨干,利用大企业在进货渠道和储运设施方面的优势开设总店,再以自由连锁方式吸收中小企业加盟;第二种是以几家中小企业联合为龙头,开办自由连锁的总店,然后吸收其他中小企业加盟,建立统一物资配送中心,所需资金可以通过在分店中集资解决;第三种是由某个批发企业发起,与一些具有长期稳定交易关系的零售企业在自愿原则下,结成连锁集团,批发企业作为总部承担配送中心和服务指导功能。

第三,特许连锁。国家商务部《商业特许经营管理办法》明文规定:特许经营是指特许人将自己所拥有的商标(包括服务商标)、商号、产品、专利和专有技术、经营模式等以合同的形式授予受许人使用,受许人按合同规定,在特许人统一的业务模式下从事经营活动,并向特许人支付相应的费用。

特许连锁的所有加盟店都是以独立的所有者身份加入的,在人事、财务上,各店铺保留自主性,在经营业务及方式上则高度统一,必须接受加盟总部的指导和控制,加盟店与加盟总部以特许合同为连锁关系的纽带基础,系统内各加盟店之间没有任何横向关系,只存在加盟店与加盟总部的纵向联系,加盟双方既是独立的事业者,但又必须在合同的规则下形成一个资本统一经营的外在形象,实现企业联合经营效益。

第四节 辅助商

产品由生产商生产出来,经过分销渠道最后到达最终消费者手中,这个过程需要方方面面的配合与协作,除了中间商外,还有一些辅助商参与这一分销过程,他们在其中起着很重要的作用。

一、广告商

广告是指广告客户以公开付费的方式,通过各种媒体传递商品或劳务信息,进而影响消费行为,促进销售,使广告主获得利益的活动。商业广告的对象是广大消费者,内容是商品或劳务信息,手段是通过各种媒体进行,目的是为了促销,获取盈利。

广告商是为广告主和广告媒介提供双重服务的分销渠道成员。广告主委托广告商实施广告宣传计划,广告媒体通过广告商承揽广告业务。广告商的主要职能是为广告主提供以策划为主导、市场调查为基础、创意为中心、媒介选择为实施手段的全方位、立体化服务。另外,广告商还要负责广告的监督制作,对反馈信息进行再度收集整理等。

(一)广告商在分销渠道中的地位

即使广告主本身拥有较大的广告部门,但仍然有许多理由使广告商介入自己的广告活动。

(1)广告商拥有各种专业技术人员;

(2)广告服务费用比广告主自己操作要低;

(3)观点客观;

(4)经验丰富,与各种媒体关系良好;

(5)易于产生有效广告。

(二)广告商分类

现代广告商的运行机制一般采用代理的方式,广告代理的操作模式或者说是广告商的分类如下:

(1)专一媒体代理。广告商买断某种媒体的部分节目的时段或一定的报纸版面,再向广告客户售卖。专一媒体的广告代理商通常与该媒体保持良好的业务关系和人际关系,需要承担一定的风险——必须拥有稳定的客户来源。这种业务投入少,见效快,有益于打破媒介的垄断。

(2)单一商品的广告代理。对某一种商品进行广告、设计、制作及宣传。单一商品广告代理商必须坚持为客户提供全面服务的职业道德,因为他不只是服务于某一广告客户,而是为生产同样商品的不同客户提供服务,必须严守商业秘密。这种业务投入时间较长,占用资金较多,风险大,利益也大。

(3)广告设计及制作的代理。指专门从事广告设计及制作的代理商。广告设计是广告创意的物化形态,要求表达创意准确、简洁,主题含蓄,风格独特;广告制作是通过各种手段和技巧将广告创意具体化、形象化、直观化的过程,要求统一、和谐、有序、重点突出,创造性地运用色彩、光线等。

（4）广告调查的代理。广告调查是为了制作有效的广告或以广告效果测定为目的，收集、分析、整理信息的过程。广告调查是复杂的系统工程，任何广告客户或媒体都不能独自完成，通常由广告调查的专门代理商承担。广告调查的代理商在从事广告调查时，一般要经历五个阶段：调查准备阶段、探索性调查阶段、调查设计阶段、结论性调查阶段和追踪调查阶段。

（5）全面广告代理。消费者价值观念、生活和消费的多元化，使得全面广告代理商日趋增长。广告的全面代理业是个特殊的行业，其拥有的专业是沟通的技术，全面广告代理商需要具有较强的实力及内部协调能力。

二、运输商

产品在营销网络中的快速、及时流动有赖于有效的运输。运输业是一个涉及面广、时间性强、环节众多的行业，并且由于运输的方式种类很多，有海洋运输、铁路运输、公路运输、管道运输、航空运输、邮包运输以及联合运输等。因而货主一般不可能亲自处理有关运输的每一项具体业务，有许多工作需要划分出去让别人去完成。

这里所讲的运输商也包括运输代理商，他们接受货主的委托，代办各种运输业务并按提供的劳务收取佣金、手续费或代理费。

三、咨询商

企业在发展的各个环节、经营业务的各个方面，不会处处得心应手、游刃有余。特别是在企业进行重要决策的时候，当企业高层对于问题看得不是很清楚、没有把握的时候，求助于外来智力的支持是很必要的。咨询商就是这种为企业内在或外在问题提供咨询建议的外来智力，有人把他们称为企业的"外脑"。

（一）咨询商的基本职能

咨询商的基本职能主要有以下四项：

（1）确立目标，调查研究。咨询商首先必须与委托人一起分析委托人提出的问题，了解委托人的意愿及其现状，由内而外认真调查研究。

（2）制定解决措施，拿出咨询方案。

（3）协助委托人施行计划。

（4）反馈信息收集，评价计划实施效果。

（二）咨询商提供的服务

咨询商一般提供以下的服务：

（1）一般咨询。如管理问题及营销方式的资料提供。

（2）短期专项工作。如市场调查分析。

(3)长期综合工作。指按委托人的要求,在较长时间内(通常一至数年),负责合同规定的全部咨询工作。

四、会计师事务所

会计师事务所是经国家批准,独立承办注册会计师业务的机构。它由依法执行查账验证和会计咨询业务的会计师组成,以第三者的独立身份,站在公正的立场对承办的委托业务做出客观的评价。会计师事务所独立依法办事,不依附于其他组织和机构,自收自支、独立核算、依法纳税。从发展来看,会计师事务所将逐渐成为无限责任或有限责任的会计师事务所,是一个执行国家法规、实行自我管理的法人单位。

(一)职能

会计师事务所的基本职能是为社会服务,主要为企事业单位服务。在服务的实践过程中,还具有监督企事业单位执行国家法律和行政法规的职能,服务与监督并重。

(二)业务范围

会计师事务所承办的业务范围,主要是会计查账验证和会计咨询专业。

(1)会计查账验证业务。此项业务是法律规定的注册会计师的特定业务,非注册会计师不得从事这方面的业务。这项业务具体包括:

- 根据委托单位或个人的申请,审查会计账目、会计报表和其他财务资料,提出查账报告;
- 根据委托验证企业投入资本,出具验资报告;
- 根据委托办理企业合并、解散、破产等财务结算事项,办理企业更换法人代表、财务人员交接、对有关财务状况的审计评价;
- 根据委托调解仲裁查证经济纠纷,协助鉴别经济案件证据;
- 根据委托办理其他有关会计查账验证事项。

(2)会计咨询业务。这方面的业务属于服务业务,凡是具备条件的会计服务人员都能从事会计咨询业务。根据委托会计咨询业务可以办理如下具体业务:

- 根据国家有关政策法规,设计在企业内部财务会计制度实施细则,并辅导实行;
- 受聘担任企事业单位、社会团体及其他经济组织的会计顾问;
- 提供有关税法和其他经济法规的咨询,代理纳税申报;
- 协助企业拟定可行性研究、合同、章程和其他经济文件;
- 为企事业单位、社会团体以及其他经济组织培训财务会计人员,接受注册会计师协会委托,培训注册会计师;
- 其他会计咨询业务。

五、律师事务所

律师事务所是指直接从事律师业务活动的机构,即律师执行业务的专门机构。律师事务所一般按行政区划设置,受司法行政机关的组织领导和业务监督,律师事务所之间没有隶属关系,都是具有独立地位的事业单位。律师承办业务,由律师事务所统一接受委托并统一收费。

律师事务所的业务主要包括:
(1)担任法律顾问;
(2)解答法律咨询;
(3)为经济、贸易、技术合作的项目谈判提供法律帮助;
(4)审查或草拟协议、合同、章程等法律文书;
(5)提供法律意见书;
(6)代理当事人参加调解、仲裁和诉讼活动;
(7)调查法律事实和公证法律行为;
(8)代办申请工商登记、商标注册、专利、公证等法律手续;
(9)代办履约担保、买卖、租赁等其他法律事务。

六、银行

银行是处理运营货币和信用的企业组织。依银行经营的业务来讲,可将银行业务分为商业银行业务与非商业银行业务。商业银行业务以短期信用为主,不能做长期信用;而非商业银行如信托银行、开发银行、储蓄银行与实业银行等,则为发展长期信用,做工业设备用途与放款,并通过资本市场控制企业风险。

商业银行与其他金融机构最不同的地方是以活期存款的形式,接受公众的存款,再由存款人开出各种不同面额的支票,移转于第三者。存款在其他的机构不能做货币流通,而存在商业银行则可流通。现今活期存款已构成各国货币供应量的最大部分,尤其是在工商业发达的国家。

第五节 消费者

本书所指的消费者,专指处在分销渠道终点,对所购商品进行使用,不再进行转售的一般消费者、产业购买者和团体购买者。

一、一般消费者

一般消费者是对商品进行最终消费的成员,无论是产业购买者还是团体购买者所购买的商品,最后都会落到一般消费者头上。

消费者购买决策随其购买决策类型的不同而变化。较为复杂和花钱多的决策往往凝结着购买者的反复权衡和众多人的参与决策。根据参与者的介入程度和品牌间差异程度,可将消费者购买行为分为四种:

(一)习惯性购买行为

对于价格低廉、经常购买、品牌差异小的产品,消费者不需要花时间进行选择,也不需要经过搜集信息、评价产品特点等复杂过程,因而,其购买行为最简单。消费者只是被动地接收信息,出于熟悉而购买,也不一定进行购后评价。

(二)寻求多样化购买行为

有些产品品牌差异明显,但消费者并不愿花长时间来选择和评价,而是不断变换所购产品的品牌。这样做并不是因为对产品不满意,而是为了寻求多样化。

(三)化解不协调购买行为

有些产品品牌差异不大,消费者不经常购买,而购买时又有一定的风险,所以,消费者一般要比较、看货,只要价格公道、购买方便、机会合适,消费者就会决定购买。购买以后,消费者也许会感到有些不协调或不够满意,在使用过程中,会了解更多情况,并寻求种种理由来减轻、化解这种不协调,以证明自己的购买决定是正确的。经过由不协调到协调的过程,消费者会有一系列的心理变化。

(四)复杂购买行为

当消费者购买一件贵重的、不常买的、有风险的而且又非常有意义的产品时,由于产品品牌差异大,消费者对产品缺乏了解,因而需要一个学习过程,广泛了解产品性能、特点,从而对产品产生某种看法,最后决定购买与否。

二、产业购买者

(一)产业市场的特点

在某些方面,产业市场与消费者市场具有相似性,二者都有为满足某种需要而担当购买者角色,制定购买决策等共同行为。然而,产业市场在市场结构与需求、购买单位性质、决策类型与决策过程及其他各方面,又与消费者市场有着明显差异。

(1)购买者的数量较少,规模较大。在消费者市场上,购买者是消费者个人或家庭,购买者必然为数众多,规模很小。在产业市场上,购买者绝大多数是企业单位,购买者的数目必然比消费者市场少得多,购买者的规模也必然大得多。而且,由于资本和生产集中,许多行业的产业市场由少数几家或一家大公司的大买主所垄断。

(2) 产业市场上的购买者往往集中在少数地区。

(3) 产业市场的需求是引申需求。这就是说,产业购买者对产业用品的需求,归根结底是从消费者对消费品的需求引申出来的。

(4) 产业市场的需求是缺乏弹性的需求。在产业市场上,产业购买者对产业用品和劳务的需求受价格的影响不大。例如,若皮革的价格下降,制鞋商不会购买很多的皮革;若皮革价格上涨,制鞋商也不会大量减少皮革的购买量。

(5) 产业市场的需求是波动的需求。产业购买者对于产业用品和劳务的需求比消费者的需求更容易发生变化。在现代市场经济条件下,工厂设备等资本货物的行情波动会加速原料的行情波动。如上所说,产业市场的需求是"引申需求"。消费者需求的少量增加能导致产业购买者需求的大大增加。这种必然性,西方经济学者称为加速理论。有时消费者需求只增减10%,就能使下期产业购买者需求出现200%的增减。因为产业市场的需求变化很大,所以生产产业用品的企业往往实行多元化经营,尽可能增加产品品种,扩大企业经营范围,以减少风险。

(6) 专业人员购买。由于产业用品特别是主要设备的技术性强,企业通常安排经过训练的、内行的专业人员负责采购工作。企业采购主要准备工作较复杂,参与决策的人员比消费者市场也多,决策更为规范,通常由若干技术专家和最高管理层组成采购委员会指导采购工作。

(7) 直接购买。产业购买者往往向生产者直接采购所需产业用品(特别是些单价高、有高度技术性的机器设备),而不通过中间商采购。

(8) 互惠。产业购买者往往这样选择供应商:"你买我的产品,我就买你的产品。"互惠有时表现为三角形或多角形。例如,假设有A、B、C三家公司,C是A的顾客,A就可能提出这种互惠条件:如果B购买C的产品,A就购买B的产品。

(9) 产业购买者往往通过租赁方式取得产业用品。机器设备、车辆、飞机等产业用品单价高,而且技术设备更新快,通常用户需要融资才能购买,因此企业所需要的机器设备越来越不采取完全购买方式,而是通过租赁方式取得。

(二) 产业购买者的行为类型

产业购买者不是只做单一的购买决策,而要做一系列的决策。产业购买者购买决策结构的复杂性取决于产业购买者行为类型的复杂性。

产业购买者的行为类型大体有三种类型。其中,一种极端情况是直接重购,这基本上属惯例化决策;另一种极端情况是新购,企业一般要做大量的调查研究;介于两者之间的是修正重购,也需要做一定的调查研究。

(1) 直接重购。直接重购是指企业的采购部门根据过去和许多供应商打交道的经验,从供应商名单中选择供货企业,并直接重新订购过去采购的同类产业用品。此时,购买者的购买行为是惯例化的。在这种情况下,列入供应商名单中的供应商将尽力保持产品质量和服务质量,并采取其他有效措施来提高采购者的满意程度。未列入名单内的供应商会试图提供新产品或开展某种满意的服务,以使采购者考虑从他们那里购买产品,同时还将设法先取得一部分订货,以后逐步争取更多的订货份额。

(2)修正重购。修正重购是指企业的采购经理为了更好地完成采购任务,适当改变采购的某些产业用品的规格、价格等条件或供应商。这类行为类型较复杂,因而参与购买决策过程的人数较多。这种情况给"门外的供货企业"提供了市场机会,并给"已入门的供货企业"造成了威胁。

(3)新购。新购是指企业第一次采购某种产业用品。新购的成本费用越高,风险越大,那么需要参与购买决策过程的人数和需要掌握的市场信息就越多。这类行为类型最复杂。

在直接重购情况下,产业购买者要做出的购买决策最少;而在新购情况下,产业购买者要做出的购买决策最多,通常要做出以下主要决策:产品规格、价格幅度、交货条件和时间、服务条件、支付条件、订购数量、可接受的供应商和挑选出来的供应商等。

三、团体购买者

团体购买者包括产业购买者、中间商、非营利性团体购买者和政府采购者,这里则专指非营利性团体购买者和政府采购者。

(一)非营利性团体购买者

非营利性团体购买者主要指学校、医院、疗养院和其他为公众提供商品和服务的部门,它们往往是以低价格和受到一定的控制为特征的。

(二)政府采购者

政府采购者是指那些为执行政府的主要职能而采购的各级政府单位,由于政府通过税收、财政预算等,掌握了相当大一部分国民收入,所以形成了一个很大的市场。

(1)政府采购者所做的购买决策。政府采购者的采购是从为执行政府职能而必须得到的产品和服务出发,政府采购者购买每种商品一般都会对如下问题做出决策:

- 为什么需要购入该项商品,市场上有无可替代物;
- 购买数量及购买时间;
- 到哪儿去买;
- 可接受的价格如何,需要些什么服务。

在进行以上决策时所遵循的一个原则是,必须将纳税人的费用降至最低水平。一般来说,政府采购者会偏爱于那些能够满足所需求规格的最低成本出价者。

(2)政府采购者的采购方式。

● 公开招标采购。政府采购者发函或在媒体上登出广告,说明要采购商品的品种、规格、数量等具体要求,邀请供应商在规定期限内报价投标。政府采购者在规定的日期开标,选择报价最低、最有利的供应商成交。这种程序一般在采购规格确定的产品时使用。

● 议订合同采购。政府采购者与一个或几个公司接触,最后只与其中一个谈判商签订合同,进行交易。政府的某些采购涉及复杂的计划,有较大的风险,在这种情况下政府往往采取合同采购。例如为阿波罗空间计划购买产品的任务就是如此,这个复杂的空间运载工具及其支持系统是在合同签订后若干年内装配的。通常在签订合同时,政府采购者对开发这些新的高度复杂的产品所必需的技术和确切的成本还不十分了解。因此,销售企业的声誉和公认的完成任务的能力,决定着合同是否签订。由于生产成本和计划要求的变化,在整个合同项目有效期间,合同经常要重新签订好几次。

本章小结

生产商在分销渠道中占据着不可替代的地位,其作用可以归纳为制定分销渠道发展规划、选择和发展分销渠道成员、组织订货与推动各种流程、消除分销网络内部的矛盾与冲突、制定和推行分销政策等。

批发商具有批量交易与按量定价、交易对象非最终消费者、交易范围广、购销关系稳定、专业化程度高等特征。其类型分为经销商和代理商。批发商的发展趋势是:演变速度加快、经营方式日趋多样化、分销服务地位更重要、科技含量更高。

零售商业具有交易对象是最终消费者、标的物是商品和服务、每笔交易额小且频繁、经营品种丰富多彩、购买者行为对交易影响大、交易多在店内进行且网点较多等特征。零售业发展的理论假说有生命周期论、辩证过程论、轮回假说、商品结构综合化与专业化循环假说、真空地带说等。零售业的主要业态是百货商场、超级市场、便利店、折扣店、专业店、专卖店、购物中心、连锁经营等。

广告商、运输商、咨询商、会计师事务所、律师事务所、银行等辅助商在分销渠道中也发挥了重要作用。

消费者可分为一般消费者、产业购买者和团体购买者。

重要术语

批发商　　商人批发商　　代理商　　零售商　　百货商场　　超级市场　　连锁经营
专卖店　　购物中心

复习思考题

1. 生产商代理商和销售代理商的区别是什么？
2. 批发商与零售商的主要区别是什么？
3. 零售业经营形式演变的理论假说包括哪几种？如何评价？

案例分析

可口可乐公司的分销渠道建设[①]

可口可乐公司将自己的销售原则总结为两条："最好的展示"和"随手可得"。"最好的展示"是指为零售终端制定生动、醒目的广告以及有效的商品展示。"随手可得"则是可口可乐的分销渠道建设问题。

可口可乐公司是如何将自己的产品做到"随手可得"的呢？为了使每一个地区可口可乐产品的市场占有率尽量提高，可口可乐在中国实行了以装瓶厂为中心的市场区域细分：每个瓶装厂负责所在地区产品的销售，实行独立核算，不允许有货物跨区销售，公司总部对销售价格和销售政策实行统一管理。在每个瓶装厂的市场内部，市场进一步划分，如在中心城市划分为分区的经营部，经营部对业务员再进行以街道为单位的片区市场划分，见图5—8。

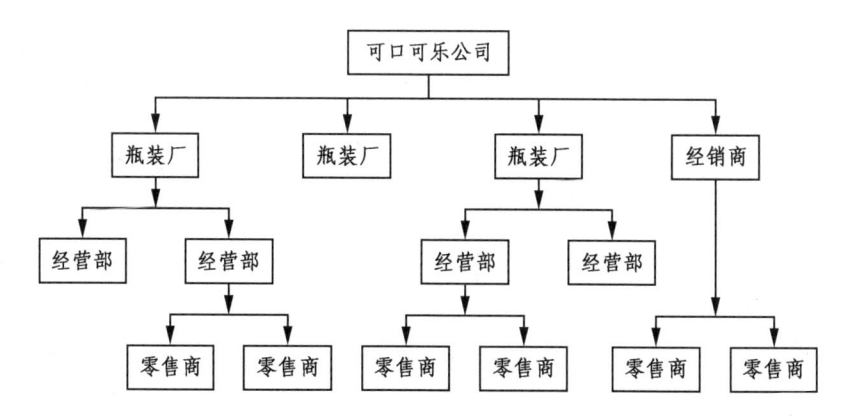

图5—8 可口可乐公司的渠道模式

但实际上，市场上存在许多小型零售商，他们多数规模太小，销售业务参差不齐，每次进货量少，缺乏库存、停车场等必要物流条件，如果直接对零售层面送货，会使自己配送的成本过高或代价很大。因此，可口可乐公司在开发中国市场的分销渠道时还包括一些小的经销商，让他们承担批发的任务。这样，可口可乐的分销渠道除了厂家自身建设的外，还包括经销商这样的传统渠道，由此

---

① 参见《中国商贸》2002年7月的有关内容。

确立了以密集型渠道为主的终端渠道,真正体现了渠道建设的目标:"随处可见"和"随手可得"。可口可乐的渠道终端共有 22 种,详见表 5—4。

表 5—4　　　　　　　　　　　可口可乐的 22 种分销渠道

渠道终端分类	渠道成员
1. 传统食品零售渠道	如食品店、食品商场、副食品商店、副食商场、菜市场等
2. 超级市场渠道	包括独立超级市场、连锁超级市场、酒店和商场内的超级市场、批发式超级市场、自选商场、仓储式超级市场等
3. 平价商场渠道	经营方式与超级市场基本相同,但区别在于经营规模较大,而毛利更低,平价商场通过大客流量、高销售额来获得利润,因此在饮料经营中往往采用鼓励整箱购买、价格更低的策略
4. 食杂店渠道	通常设在居民区内,利用民居或临时性建筑和售货亭来经营食品、饮料、烟酒、调味品等生活必需品,如便利店、便民店、烟杂店、小卖部等。这些渠道分布面广、营业时间较长
5. 百货商店渠道	以经营多种日用工业品为主的综合性零售商店。其内部除设有食品超市、食品柜台外,还附设快餐厅、咖啡厅或冷食柜台
6. 购买及服务渠道	以经营非饮食类商品为主的各类专业店及服务行业,顺带经营饮料
7. 餐馆酒楼渠道	各种档次的饮品店、餐馆、酒楼,包括咖啡厅、酒吧、冷饮店等
8. 快餐渠道	快餐店往往价格较低,客流量大,用餐时间较短,销量较大
9. 街道摊贩渠道	没有固定房屋、在街道边临时占地设摊、设备相对简陋。如出售商品和烟酒的摊点,主要面向行人提供产品和服务,以即饮为主要消费方式
10. 工矿企事业渠道	工矿企事业单位为解决工作中饮料、工休时的防暑降温以及节假日饮料的发放等问题,采用公款订货的方式向职工提供服务
11. 办公机构渠道	由各企业办事处、团体、机关等办公机构公款购买,用来招待客人或在节假日发放给职工
12. 部队军营渠道	由军队后勤部供应,以解决官兵日常生活、训练及军队请客、节假日联欢之需。一般还附设小卖部,经营食品、饮料、日常生活用品等,主要向部队官兵及其家属销售
13. 大专院校渠道	大专院校等住宿制教育场所内的小卖部、食堂、咖啡冷饮店,主要为在校学生和教师等提供饮料和食品服务
14. 中小学校渠道	指设立在小学、中学、职业高中等非住宿制学校内的小卖部,主要向在校学生提供课余时的饮料和食品服务(有些学校提供课余时的饮料和食品服务;有些学校提供学生上午加餐、午餐服务,同时提供饮料)
15. 在职教育渠道	设立在职业人员再教育机构内的、为学习人员提供饮料和食品服务的小卖部
16. 运动健身渠道	设立在运动健身场所的出售饮料、食品、烟酒的柜台,主要向健身人员提供产品和服务;或指设立在竞赛场馆中的食品饮料柜台,主要向观众提供产品和服务
17. 娱乐场所渠道	指设立在娱乐场所内(如电影院、音乐厅、歌舞厅、游乐场等)的食品饮料柜台,主要是饮料服务
18. 交通窗口渠道	机场、火车站、码头、汽车站等场所的小卖部以及火车、飞机、轮船上提供饮料服务的场所

续表

渠道终端分类	渠道成员
19. 宾馆饭店渠道	集住宿、餐饮、娱乐于一体的宾馆、饮品店、旅馆、招待所等场所的酒吧或小卖部
20. 旅游景点渠道	设立在旅游景点(如公园、自然景观、人文景观、城市景观、历史景观及各种文化场所等),向旅游和参观者提供服务的食品饮料售卖点。这些售卖点一般场所固定,采用柜台式交易,销量较大,价格偏高
21. 第三方消费渠道	批发商、批发市场、批发中心、商品交易所等内的饮料销售渠道
22. 其他渠道	指在各种商品展销会、食品博览会、集贸市场、庙会、各种促销活动等场所销售饮料的形式

思考与讨论

1. 可口可乐公司是如何将自己的产品做到"随手可得"的?
2. 试比较表5—4中第1、第2、第7、第10种渠道的分销特点。

第六章 分销渠道冲突和协调

📅 学习目标和要点

- ◆ 掌握分销渠道冲突的概念和相关的名词
- ◆ 了解分销渠道冲突的类型、产生的原因
- ◆ 掌握解决分销渠道冲突的方法
- ◆ 了解串货产生的原因,掌握渠道串货的控制方法

【引例】

IBM解决渠道冲突之道

IBM一直是通过自己的销售部门推销其所有产品的,但当20世纪70年代末IBM在其产品线中增加了微机以后,就增加了其他类型的分销渠道,包括中间商、邮购、电话市场营销等。

IBM的目标是使用各种渠道使其产品尽可能到达各个目标细分市场。如果IBM只通过自己的销售部门到达各个细分市场,不管市场的规模和利润潜力如何,IBM的销售成本会随着顾客规模的扩大而上升。因为销售部门要在这些客户身上花更多的费用。现在IBM将市场分为超大客户、大客户、中等客户和小客户(包括城市的和农村的),IBM任命全国级客户管理者负责超大客户,地区销售人员负责大客户,电话市场营销人员负责中等客户,经销商负责城市中的小客户,代理商负责农村中的小客户。这样,小客户的销售成本大大降低,而且IBM可以从每个客户群中获得更多的利润。

但是,采用多渠道也为IBM带来了许多问题。其中最为重要的是,由于增加了间接渠道,IBM面临渠道冲突问题。

全国级客户管理者与地区销售人员之间的冲突。为了提高效益,全国级客户管理者依靠地区销售人员与当地的超大客户联系,一个地区销售人员可能收到几个全国级客户管理者的指示,而这很可能与地区销售人员的访问名单有冲突,并有损他们的利

益。因此地区销售人员就不会采取合作。

地区销售人员与经销商之间也有冲突。经销商包括增值经销商(即为特定顾客把专业软件装入 IBM 微机中的经销商)和计算机零售店,他们是小笔生意的最好渠道。原则上,这些经销商被认为只能以小客户为目标市场。但事实上,其中许多经销商在设法与大客户做生意。由于他们往往能比 IBM 自己的销售人员提供更好的服务、更低的价格,并提供专业软件和培训,所以 IBM 自己的销售人员对这些经销商追逐他们的客户感到恼火,并将他们视作竞争对手,认为他们企图破坏客户与自己的关系。他们要求公司中止那些与之竞争追逐大客户的经销商。但如果这样做的话 IBM 将失去很多生意,因此 IBM 决定向销售人员提供贷款,因为他们的生意已被富有进取心的经销商拉走了。IBM 努力使这两条渠道协调一致,共同把产品销售给客户,而不是开展竞争。

资料来源:贾世晟,《经纬天下》,中国言实出版社 2006 年版。

所有渠道活动都是基于生产商与渠道成员结成的关系而得以实现的。随着现代市场营销的发展,分销渠道结构日趋复杂,多渠道、多种经营方式、多种主体并存成为常态。渠道成员的关系也日趋复杂,有合作也有竞争。在这种渠道关系中,合作关系是主旋律。然而,任何关系都会不可避免地在某些特定时间出现不和谐之处,而在分销渠道中发生的不和谐就是分销渠道冲突。市场环境是不断变化的,企业的分销渠道冲突也是不可避免的,企业只有正视渠道冲突,并且全面了解其产生的原因,采取相应的措施去解决,才能促进销售的增长。因而,对生产商来说,分销渠道管理策略成功的关键因素就是设法促进渠道成员的合作,并且化解他们之间的不良冲突。

第一节 分销渠道冲突

一、分销渠道冲突的概念

渠道冲突是指分销渠道成员之间因目标差异、领域差异、信息差异等原因而产生争执、敌对、报复和决裂等行为的现象。

渠道冲突区别于一般的渠道竞争。竞争是一种间接的、不受个人情感因素影响的、以目标为中心的行为;而冲突的传统定义一般被描述为:故意伤害、设法阻挠以及其他类似于损害他人利益的敌对行为。冲突一般是一种比较直接的、受主观情感因素影响的、以挫败对手为目标的行为。竞争和冲突之间最重要的区别就在于是否干预对方的活动。

从本质上说,渠道冲突是经济利益冲突。渠道冲突表现出一种强大的推动力量,迫使企业管理者不断积极地检讨和提高其渠道管理水平。企业只有及时调解渠道冲突,才能达到与渠道成员"双赢"的目的。

二、分销渠道冲突的类型

对渠道冲突进行适当的分类有助于我们针对不同类型、不同特点的渠道冲突进行分析诊断并对症下药。

(一)水平渠道冲突

水平渠道冲突也称横向渠道冲突,是指存在于渠道同一层次的成员之间的冲突,主要是分销商之间的冲突。

分销商之间的冲突主要表现在越区销售,即串货(或称冲货)。所谓串货,就是由于分销渠道中的各级代理受利益驱动,使所经销的产品跨区域销售,危害正常市场组织和经营活动,或以低价直接杀伤目标市场原已确立的价格体系,造成价格混乱,从而使其他分销商对产品失去信心、消费者对品牌失去信任的营销现象。

(二)垂直渠道冲突

垂直渠道冲突是指在同一渠道中,不同层次企业之间或者说生产商和中间商之间的冲突,主要表现为价格冲突、服务冲突、促销冲突和交易方式冲突,而且这种冲突较之水平渠道冲突要更为常见。例如,某些中间商可能会抱怨生产商在价格方面控制太紧,留给自己的利润空间太小,而提供的服务(如广告、推销等)太少。因此,中间商就不会执行生产商规定的价格、服务和广告等策略;零售商对批发商或生产商,可能也存在类似的不满。

(三)渠道系统间的冲突

渠道系统间的冲突也称为多渠道冲突或交叉冲突,是指企业建立了两条或两条以上的渠道向同一市场分销产品而产生的冲突,其本质是几种分销渠道在同一个市场内争夺同一种客户群而引起的利益冲突。例如,服装生产商自己开商店,总会招致经营其服装的百货店的不满;电视机生产商决定通过大型综合商店出售其产品,也总会招致独立的专业电视器材商店的不满。

(四)同质冲突

同质冲突指的是一家企业的分销渠道与另一家企业的分销渠道在同一水平上的冲突。它是一种广义上的渠道冲突,往往与市场竞争相关。比如处在互相竞争中的两个零售商因为相同的市场目标而产生同质冲突。又如,一个批发商与同一层次的另一个生产商的批发商之间的竞争也是同质冲突。

渠道冲突的类型具体见图6－1。

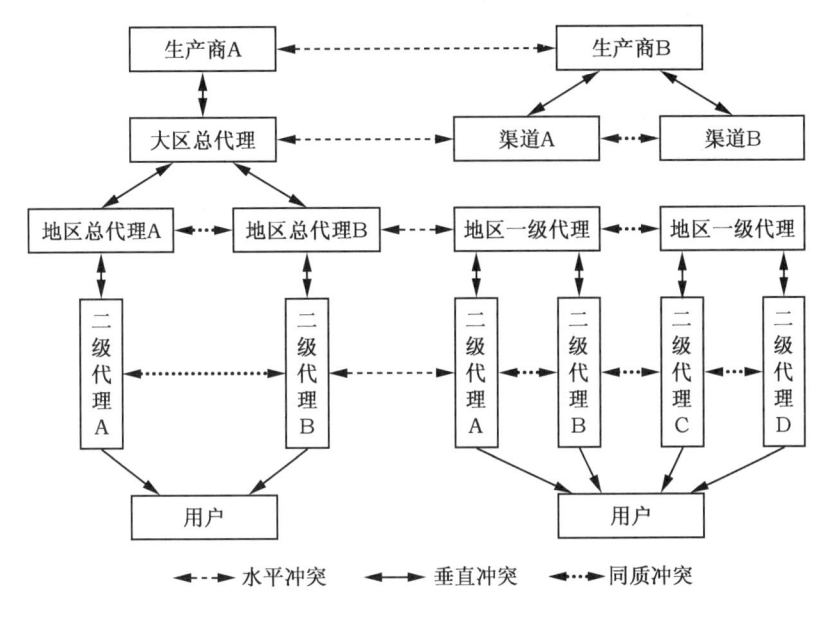

图6－1 渠道冲突类型

三、渠道冲突产生的原因

（一）渠道冲突产生的根本原因

传统的渠道系统是由独立的生产商、批发商、零售商和消费者组成的渠道系统。渠道系统中成员之间的结构一般是松散的。中间商不是受雇于生产商的供应链成员之一，他们首先关心的是销售客户最需要的产品，其次才会关注产品是来自哪一个生产商。也就是说，只要产品有销路，中间商不介意销售的是什么品牌。因此，除非生产商提供一定的利益刺激，否则中间商是不会保留在单一品牌的销售纪录的。

生产商和中间商在经济利益上又经常会存在矛盾和分歧。生产商要以高价出售，并倾向于现金交易，而中间商则希望支付低价，并要求优惠的商业信用；生产商希望拥有更大的市场占有率，获得更多的销售增长率和利润，而多数中间商则希望在本地维持一种舒适的地位，最好是独家销售；生产商希望中间商能够将折扣体现给买方，中间商却将折扣留给了自己。总之，中间商和生产商在经济利益上的较量一直都没有停止过。

可以想象，在追求自身利益最大化的激烈竞争中，生产商和中间商很难同心同德、步调一致，往往是各行其是、各自为政。因此可以说，利益驱动是造成渠道冲突的最直接、最根本的原因。

(二)渠道冲突产生的具体原因

具有一定相互依赖关系的渠道成员之间,差异性越大就越难达成统一的协议。但由于相互依赖性的关系的存在,使得双方又不能置彼此之间的差异性于不顾,于是这些彼此之间的差异必然伴随着一定的意见分歧,导致冲突的最后发生。渠道成员之间的差异性主要表现在以下几个方面:

(1)目标差异。如果同一渠道系统中的所有成员有着共同的目标,那么他们的效率就会大大提高,整个渠道的效益也会最大化。然而,每个公司事实上是一个独立的法人实体,即渠道中每一个成员都有其雇员、股东或所有者,因而每个渠道成员均有自己的目标。这些目标中的某些可能会重叠,另一些则可能与其他成员的目标有很大差异甚至背道而驰。当渠道成员的目标之间不一致或不相容时,就容易产生冲突,如表6-1所示。

表6-1 渠道成员目标差异

项 目	生产商观点	中间商观点	冲突表现
财务目标	通过以下方式使生产商的利润最大化: ● 更高的出厂价 ● 更大的销售额 ● 中间商更大的帮助 ● 减少给中间商的补贴	通过以下方式使中间商的利润最大化: ● 更大的购销差价 ● 更少的费用,包括给生产商提供更少的支持 ● 更快的商品和资金周转 ● 生产商更高的补贴或更大的支持	● 生产商:中间商没有付出足够的努力销售生产商的品牌。中间商定价太高,影响了产品销售 ● 中间商:生产商没有给中间商足够的支持。生产商的批发价太高,中间商无利可图
客户与市场目标	● 多个细分市场 ● 跨区域市场 ● 一个区域市场多个渠道 ● 所有愿意使用生产商产品的客户	● 特定的细分市场 ● 常常是区域市场 ● 一个区域独家经营 ● 有获利潜力的客户	● 生产商:生产商需要更大的市场覆盖面,中间商的销售努力不够 ● 中间商:生产商只顾自己赚钱,不关心中间商的利益
产品与客户政策	● 集中精力做产品和品牌 ● 根据可能,对产品线做出调整,向传统优势以外的领域扩张	● 范围经济 ● 多种品牌,多种选择 ● 不经销滞销产品	● 生产商:中间商经营了太多的产品线,对生产商的品牌关注不够,不忠诚 ● 中间商:顾客是上帝,生产商应该考虑淘汰那些不好销的产品或产品线

(2)领域差异。渠道成员对领域的不同界定也同样会导致渠道内的冲突。渠道的领域一般包括四个主要元素:目标消费群体;覆盖的地域;渠道成员的角色与定位;营销中涉及的技术和政策问题。

第一,目标消费群体问题。营销中的焦点问题就是:我的产品将要卖给谁?一个地区的目标消费群体在一定时期内是比较稳定的。假如生产商在某地区先后开发了多种分销渠道,那么消费者就会在多种分销渠道上进行分流,这时候冲突就出现了,最初的销售商会抱怨后来者"免费搭乘"他的顺风车,而且这种分销层次上的"水平"冲突(不同分销商之间的冲突)往往孕育着垂直冲突。

第二,区域问题。即使生产商对特定区域的目标市场和中间商的数量做了很好的研究和匹配,但只要相邻区域在业务上有重叠,或者渠道管理者监管不力,仍不可避免会有冲突产生。

第三,渠道成员的角色与定位。渠道成员的任务和权力不明确,地区边界、销售、供货等方面任务及权力的模糊和混乱都是导致冲突发生的原因。例如,IBM 公司授权中间商向大客户推销自己的产品,而同时 IBM 也拥有自己的销售队伍向大客户供货。或许这样对于 IBM 公司销售自己的产品比较有利,但往往引起地区中间商的不满。显然,这就是角色定位不明确。

第四,技术和政策问题。分销渠道中不同成员的营销方法常常千差万别。零售商和批发商注重操作,尤其涉及物资和人力资源的操作;而生产商更倾向于用策略引导分销,而不注重那些围绕着下游成员的操作细节。例如,一个零售商如果觉得 30% 的毛利率是合适的话,也许 20% 的毛利率就会使他觉得不公平。然而批发商可能与之相反,认为给零售商 20% 是合适的,而 30% 就不公平了。渠道成员也可能对于同样的渠道政策做出不同的反应。例如,小独立零售商可能会认为,与生产商合做广告对于促销更有利,而大零售商或许会认为这种计划无效。总之,战略与具体战术及其实施之间经常存在鸿沟,导致了营销渠道中冲突的产生。

(3)信息差异。信息差异是指渠道成员所获得的信息以及了解的事实之间的差异。任何一项决策或选择活动都要经过信息的收集、可行性方案的设计和方案的选择几个阶段。其中,信息的收集是决策活动的第一步,它将为整个决策活动提供各种有用的信息,整个决策活动就是建立在信息收集的基础上的。但由于各种原因,渠道成员之间所获得的信息可能存在差异。

第一,信息来源的渠道不同。有自上而下的信息,如上游生产商、批发商向下游批发商、零售商的信息传递;也有从下往上的信息,如下游批发商、零售商向上游批发商、生产商的信息传递;还有同级之间传递的信息,如同级生产商、批发商、零售商之间的信息传递。有正式渠道的信息,也有非正式渠道的信息。不同来源渠道的信息会有很大的差异,如果渠道成员之间不进行沟通交流,信息差异就会永远存在。

第二,信息的非对称性。是指有些渠道成员拥有或掌握着某些"私有信息",这些信息只有他们自己了解,而其他成员并不了解。其"私有信息"可能是由这个成员的特殊地位所致,也可能是由于这个成员具有某方面的专业知识和技术专长而获得。

第三,信息传递过程中的偏差遗漏。信息在渠道成员间传递过程中往往会经过比较多的层次,每个层次的成员都会对信息进行自己的处理、筛选、解释,在此期间难免发生一定的信息偏差和遗漏现象。

第四,信息的处理方式不同。在渠道成员间传递的信息,有时只是一个简单的事实,每个成员都会对它进行一定的处理;但由于处理的方法、手段以及在选用上的差别,也会导致信息差异。

(4)认识差异。即使各方收集的信息完全相同,渠道成员由于各种原因也会有不同的结论,因为成员之间存在认识上的差异,这些认识上的差异必然伴随着结论分歧,导致渠道中矛盾冲突的发生。一般来讲,认识的差异往往来自大、小公司对于管理的不同理解。一个大的生产商要进入新的领域,进一步扩展业务;而对于小的批发商,扩张意味着其当前控制权的丧失,往往会拒绝扩张业务。在这种情况下,大、小公司的管理层将难以达成共识,冲突也在所难免。在给定的情形下,渠道成员也会根据可获得的信息以及先前的经验,对现实做出不同判断。例如,生产商可能预期近期的经济形势比较乐观,希望分销商经销高档商品,而分销商对于经济形势的预期并不乐观,那么分销商在销售高档商品上就会比较保守。因此,当渠道成员对实现预期目标采取不同方法,或者对问题采取不同的解决方法时,冲突也就产生了。

(三)奖励制度不健全

为了激发渠道成员的积极性,渠道内部往往会制定相关的奖励或惩罚制度,将渠道成员的行为与渠道最终绩效结合起来。但是这种看似理所当然的制度有时变成了渠道冲突产生的推动力之一,尤其是当奖励制度针对个体成员而非渠道整体绩效时,更容易导致冲突的产生。虽然渠道个体成员的行为是完全独立的,但渠道成员之间的行为又是相互依存、相互联系的。

生产商在与中间商签订正式经销合约时,以试销期间的销售量加上推广、促销投入后的市场销售量提升评估,最后形成一个年度目标,年终根据完成量与目标量的比较,决定年终奖励的多少。有些生产商为确保完成年初提出的经营目标,在年中时盲目加量,超过了中间商的实际消化能力,导致中间商在完不成任务的情况下向其周边地区低价倾销,迫使其他中间商也效仿。这样一来,整个渠道就会出现无序销售。

(四)竞争机制管理不当

在同一地区内分销同一家生产商产品的中间商之间,竞争是无法避免的,协调各分销商的竞争关系,将有利于生产商在这一地区渠道的有序发展,但如果竞争机制管理不善,反而会加剧各分销商的不良竞争行为。尤其是当他们为争取同一家目标客户时,相互之间出现破坏性竞争行为的趋势就更加明显,中间商之间竞相压价,甚至不惜相互诋毁对方,不仅降低了产品形象,也损害了渠道成员之间的关系,这对一地区渠道的健康发展极为不利。

(五)渠道外部环境发生变化

渠道外部环境的变化也会促进渠道内部矛盾冲突的发生。随着渠道环境的不确定性和复杂性的增加,竞争日趋激烈,渠道成员压力也越来越大,必然在渠道中产生一定的冲突。此外,在全球化的大趋势下,国际环境对企业的影响已经越来越重要,文化差异引起的冲突也不容忽视。

产生渠道冲突主要是因为渠道成员之间的利益冲突、相互依赖、目标差异及对现实理解的差异等。在实际中,一定要具体问题具体分析。只有找出冲突的真正原因,才能对症下药、治标治本。

第二节 分销渠道冲突的处理

分销渠道冲突的出现,并不完全都是坏事。事实上,一定程度的渠道冲突和矛盾显示出企业分销网络的活跃,也有助于渠道成员的竞争和优胜劣汰。但当冲突的结果导致销售业绩下降、分销目标难以实现时,就应该采取措施慎重处理。渠道冲突如果处理不好,会严重影响企业市场分销目标的实现,甚至会给企业带来灭顶之灾。因此,正确的方法不是要消除冲突而是要对冲突进行有效管理,首先就是要对渠道冲突做前期防范工作。其次在处理渠道冲突时,应根据渠道冲突产生的原因,进行具体问题具体分析,选择适当有效的处理策略。

一、渠道冲突的前期防范

(一)做好分销渠道的战略设计和组织工作

首先,企业应根据市场环境的变化,力求以最低总成本达到最大限度的顾客满意,确立企业基本分销模式、目标和管理原则。其次,企业应结合自身的特点,选择由自己组织还是交由中间商承担组织商品分销的职能。一般而言,在消费市场上生产商大多采用与其他经营主体合作的分销渠道,而在生产资料市场上,常见的是企业的一体化组织模式。

(二)做好中间商的选择工作

企业选择中间商一般应把握几项原则:中间商要有良好的合作意愿;中间商要认同本企业及企业产品,要有敬业精神;中间商要有较强的市场开发能力和经营能力,有相当的实力;中间商的经营范围要与本企业的产品一致,有较好的经营场所,等等。

(三)权利和义务的规范与平衡

为了减少渠道冲突的发生,作为生产商,首先要制定有关政策,明确渠道成员的角

色分工和权力分配,以规范渠道成员的权利和义务。特别要注意以下四个方面:

(1)价格政策。为了鼓励中间商进货,或者为了保证企业产品足够的销售量,企业可制定一张价格表,对于不同类型的中间商给予不同的折扣,或者对于不同的进货量给予不同的折扣。对于该价格表的制定,企业一定要非常慎重,要合情合理,因为中间商对于各种商品的价格及各种折扣、回扣都十分敏感。

(2)买卖条件。对于提早付款或按时付款的中间商,企业可根据其付款时间给予不同折扣。这样既可对中间商起到激励作用,同时对企业的生产经营也是十分有利的。企业对于次品的回收或价格调整做出适当的保证,这样既可解除中间商的后顾之忧,也可鼓励中间商放手进货。

(3)中间商的地区权利。企业一定要明确每个中间商相应的地区权利。企业可能在许多地区有特许经营人,对此,中间商尤为关注的是在其邻近地区或同一地区有多少特许经营人,以及他本人有多大特许权。因为,中间商都喜欢把自己所在地区的所有交易权都归于自己。此外,企业在邻近地区或同一地区特许经营人的多少,以及企业对特许经营人的特许权的承诺,均会影响到中间商的销路,从而影响到中间商的积极性。

(4)双方应提供的特定服务内容。其内容应包括生产商方面的广告宣传、资金帮助、人员培训、装潢设计、设备维修等;也包括中间商方面的,如信息的提供、联合促销、专人专场的销售等。为慎重起见,对于双方应提供的特定服务内容最好用条约形式固定下来。条约规定的服务内容应使中间商满意,让其觉得有利可图,从而愿意花大力气去推销生产商的产品。当然,作为生产商最重要的就是要把握好双方都满意的尺度。

在规范了渠道成员的权利与义务的基础上,生产商还可以制定一些针对中间商的激励措施。例如,赋予中间商以独家经营权、开展促销活动、资金资助、协助中间商搞好经营管理、提供信息;与中间商结成长期的伙伴关系或采取其他的一些经济上的奖励。

(四)建立渠道成员之间的交流沟通机制

渠道成员间的良好沟通是保证渠道畅通的一个很重要条件,有效的沟通可减少彼此间的不理解和不信任,有利于加强合作。沟通也是解决早期冲突的有效途径。由于最初的分歧往往是潜在的或隐约感知的,因此,加强彼此之间的交流就显得尤为重要,渠道成员之间及时准确的信息传递将有助于消除渠道内部的误解和冲突,有利于渠道合作。

作为企业一定要建立相关的沟通机制,以实现渠道中的信息共享,保证在同一个分销系统中信息的畅通。如召集中间商参加咨询会议,及时听取反馈意见;或者进行角色互换,在两个或两个以上渠道成员之间交换成员,使不同的渠道成员更加了解对方的政策和立场,彼此间有了深入的了解,在制定决策时就能充分考虑对方的诉求从而减少双方冲突的发生;鼓励在渠道内部和渠道之间建立合作关系。

渠道管理者要时刻观察和关注渠道成员,衡量他们的满意程度并收集意见和建议,及时发现问题。

(五)预先设计解决渠道冲突的策略,加强危机管理

在确立共同目标、加强信息沟通与合作的基础上,渠道管理者必须预先设计好解决渠道冲突的预案,加强危机管理的意识,建立健全危机管理机制。

(六)合理使用渠道权力,防止权力滥用

渠道冲突往往与干预太多有关,而干预的基础是权力。因此,能否恰当地使用权力,关系到能否有效地避免冲突的发生。使用非强制权力有利于建立信任和加强合作,而使用强制权力往往会导致不满,甚至冲突。因此,在权力的使用上要慎用强制权力,多用非强制权力。

二、解决渠道冲突的目标和原则

(一)渠道冲突管理的目标

并非所有的冲突都会降低渠道效率,适当冲突的存在会增强渠道成员的忧患意识,增强渠道成员的适应能力,刺激渠道成员的创新。一般的渠道冲突对渠道的分销效率无任何影响,中等的渠道冲突有可能会提高渠道的分销效率,而严重的渠道冲突才会降低渠道的分销效率。因此有关方面必须要密切关注并监测渠道中的冲突水平,针对具体情况,判断冲突程度,并根据渠道冲突对于分销效率的影响及冲突的原因、冲突的程度,决定解决和控制冲突的对应方法。

渠道冲突对策的目标可以描述为:把冲突控制在渠道成员可以忍受的范围内,限制和消除渠道冲突给分销渠道整体所带来的不利影响;促进渠道成员之间的共识与合作,并尽量确保各渠道成员的利益,使其不因渠道冲突而受到损害;最终使企业制定的分销渠道战略得以顺利实施,并达到预期目标。

(二)渠道冲突处理原则

企业对分销渠道冲突的处理一定要慎重,尽量不要改变原有的渠道模式,避免给企业原有分销渠道带来大的混乱。一般来说,企业应采取先礼后兵的思路,先协商,再调解,再清除;先采用沟通、激励、合作、联盟等积极性的对策,不能达到预期效果时再采取仲裁、诉诸法律、退出该分销渠道或清除渠道成员等消极的对策。

企业应该加强内功的训练和塑造,增强企业的渠道影响力,通过加强对渠道的管理、合作和协调来解决渠道冲突问题。

所谓渠道影响力,是指基于生产商的经济规模、市场份额、品牌忠诚度、特许经营等因素的影响,而在渠道中形成的对渠道成员的影响和控制程度的大小。渠道的影响力从性质上可分为两种:一种是强制力,另一种是非强制力。

(1)强制力。强制力,即一个渠道成员对另一个渠道成员的惩罚能力。比如说当汽车中间商的服务达不到生产商的要求或中间商做出有损生产商的行为时,生产商会威胁,不再向其提供畅销车型。反过来,有实力的汽车中间商也可以威胁生产商,不再经销其产品,除非生产商提高折扣率。但强制力不利于信息交流和相互信任,而且强制力的监督成本很高。

(2)非强制力。非强制力包括奖赏力、追随力、专业力、说服力、合法力和信息力。

● 奖赏力。是指一个渠道成员能够对另一个遵守其要求的渠道成员的奖赏能力。比如,当汽车中间商销售某种不畅销的车型时,生产商便奖励一种需求很旺盛的车型给中间商。

● 追随力。一个中间商经营多种品牌的时候,他会拿某品牌的政策来要求其他生产商也达到同样的优惠政策等。

● 专业力。是建立在一个渠道成员认可另一渠道成员的知识的基础上的,比如一个汽车中间商由于其与顾客的长期关系或熟知当地市场情况而具有专业力。而汽车生产商在广告和技术等方面的专业力很强,但是在营销方面的专业力很弱。

● 说服力。是指一个渠道成员说服另一个渠道成员合理定位的能力,也就是一种领导者的呼吁能力。

● 合法力。是基于交易、契约或者直线分销体系而形成的明确的权力。如果这种合法力很合理,对权力分配规定得很清楚,而且双方都认为公平的时候,这种合法力才会产生迅速而持久的关系。

● 信息力。是由于一个渠道成员能够得到真实的信息资料而产生的,比如汽车中间商在市场上了解到对某一品牌的不利消息,从而就可以以此来拒绝销售生产商的这种产品。

三、解决渠道冲突的对策

在解决渠道冲突的过程中不是任何情况下冲突双方都能够自觉地达成一致,分歧在多数情况下是必然存在的。因此,对于分销渠道冲突的管理,除了采用积极的管理方法,加强冲突防范之外,也得采用一些积极的方法解决冲突,使冲突带来的不利影响最小化,采用什么样的方法通常依赖于权力领导权,以及冲突的实际程度和影响范围。主要表现为以下几种途径:

（一）谈判

谈判的目的是为了寻求利益的平衡点,相互理解,互相让步,停止成员间的冲突。妥协也许会避免冲突爆发,但不能解决导致冲突的根本原因。只要压力继续存在,终究会导致冲突产生。其实,谈判是渠道成员讨价还价的一种方法。在谈判过程中,每个成员会放弃一些东西,从而避免冲突发生。

（二）调解

调解是这样一个过程:第三方试图劝说争论双方,要么继续谈判,要么考虑接受调解建议。调解人一般会对情况有一个全新的看法,并且能发现"局内人"所不能发现的机会。有效的调解可以成功地澄清事实,寻求达成共识的基础,促使双方同意某些提议,并且监督协议的实施。

（三）仲裁

当渠道成员发生冲突时,由于双方是利益当事人,存在利害关系,看问题难免带有偏见,如果有一个第三方加入,主持双方的谈判,冲突往往容易解决。仲裁是双方自愿进行的,因而最后达成的仲裁协议,双方一般都能自觉履行。

仲裁能够代替调解,它可以是强制的或自愿的。强制性的仲裁程序是:双方必须按照法律规定服从于第三方做出的最终和综合性的决定。而自觉仲裁的程序是:双方自愿服从于第三方做出的最终和综合的决定。

（四）法律手段

冲突达到一定的程度,有时就要通过法律诉讼来解决,这也意味着渠道中的领导力不起作用,是借助外力来解决问题的方法。诉讼需要花费大量经费,也需要付出精力和时间,但它是解决冲突的最有力的方式。冲突双方为了不泄漏商业机密,减少支出,维护企业形象,一般情况下较倾向于采用仲裁而不是诉讼去解决争端。

（五）渠道重组

当渠道成员之间的冲突已经达到无法调和的地步,而且如果这种冲突的存在已经严重影响了整个渠道系统的运行时,渠道领导者就不得不考虑进行渠道重组,采用清除和替补渠道成员的办法。在剔除某些目标严重不一致的组织,增加另外新成员或改变渠道网络设计的同时,生产商还应密切关注其他成员对此的反应,消除其紧张、恐慌的心理,避免因此而造成新的潜在冲突。

（六）退出

解决冲突的最后一种方法就是退出该分销渠道。事实上,退出某一分销渠道是解决冲突的普通方法。一个企图退出渠道的企业应该要么为自己留条后路,要么愿意改变其根本不能实现的业务目标。若某个公司想继续从事原事业,必须有其他可供选择的渠道。对于该公司而言,可供选择的渠道成本至少不应比现在大,除非他愿意花更大的成本避免现有矛盾。当水平性或垂直性冲突在不可调和的情况下时，退出是一种可取的方法。从现有渠道中退出可能意味着中断与某个或某些渠道成员的合同关系。

第三节　典型渠道冲突举要

渠道系统中存在一种非常普遍的冲突——"越区销售"。"越区销售"又被称为"冲货"或"串货"，具体表现为：中间商为了获取非正常利润，以低于企业规定的售价向辖区之外的市场倾销产品。串货现象本身从一个侧面反映出市场对产品需求的信号。但大量的串货一定是危险的，很多畅销的产品因为企业对串货的管制不力，最终造成市场混乱。因此，企业必须对串货现象有一个清醒的认识，识别串货的性质，并据此采取必要的措施。

一、渠道串货形成的原因

出现跨区经营的根本原因是：商品流通的本性是从低价区向高价区流动，从滞销区向畅销区流动，因此同种商品，只要价格存在地区差异，或者只要同种商品在不同地区的畅销程度不同，就必然产生地区间的流动。造成串货乱价的具体原因是多方面的，主要有以下几个方面：

(一)不现实的销售目标

一个市场到底有多少销售量，中间商事先并不清楚。其原因一方面是消费者需求总量难以确定；另一方面，不同品牌的同类商品之间存在的竞争，也会将原来市场的一定的需求量分割。这种现象对新产品就更是如此，生产厂商为了促使中间商大量销售自己的产品以达到早日打开市场的目的，往往给中间商较高的折扣，同时也要求中间商销售较多的商品。当生产商盲目向中间商增加销售指标时，也很容易诱导或逼迫中间商走上串货的道路。很多生产商对产品在某个区域的市场消费总量不进行科学预测和理性判断，单凭感觉和经验，盲目确定指标，导致中间商在完不成指标的情况下，只能向周边地区"开闸放水"甚至"泄洪"。其结果是引起周边地区的中间商也砸价串货，推波助澜。

(二)企业销售价格体系混乱

目前，许多生产商在产品定价上仍然沿用老一套的"三级批发制"，即总经销价（出厂价）、一批、二批、三批价，还有建议零售价。这种价格体系中的每一个阶梯都有一定的折扣。如果总经销商直接做终端，其中两个阶梯的价格折扣便成为相当丰厚的利润。如果中间商比较看重利，不太注意量的话，那么，这个价格体系所产生的空间差异就非常大,形成了让其他中间商越区销售的基础。

(三)激励措施操作不当

一般生产商都对中间商施行"年终奖励"等返利措施,生产商与中间商在签订年度目标时,往往以完成多少销量、奖励多少比例来激励中间商,超额越多,年终奖励(或称返利)的折扣就越高。于是,原先制定好的价格体系被这一年终折扣拉开了空间,导致那些以数量为根本、只赚取年终奖励的中间商为了博得这个百分比的级数差额,开始不择手段地向外"侵略"。

(四)推广费运作不当

推广费是生产商在运作市场时的一种基本投入。一些生产商因为缺乏相关的企划人才,又不愿跟中间商争论,往往会同意中间商的要求,按一定销量的比例作为推广费拨给中间商使用。至于中间商是否将企业拨给的推广费全部用以推广,则无法把握。因此,推广费成为中间商降价的支持,造成新的价格空间,给"越区销售"提供条件。

(五)销售结算方面的便利

很多生产商采取以银行承兑汇票为主的结算方式,尤其在家电行业。从安全角度看,对生产商来讲,银行承兑汇票是一种比较理想的结算方式。但是,使用银行承兑汇票或其他结算形式(如易货贸易),中间商可以提前实现利润或成本压力较小,他们出于加速资金周转或侵占市场份额的考虑,以利润贴补价格,向周边市场低价串货。

(六)其他原因

比如,由于合作中不愉快的经历,或生产商不能兑现自己的承诺,造成中间商采取报复性行为,形成恶意低价串货。还有一个原因是来自生产商内部的销售人员,有些地区的销售代表或销售人员,由于缺乏职业道德,为了多拿奖金或嫉妒他人的高奖金,不顾企业的销售政策,擅自改变资源配置方向,向其他地区抛售、洗货。这些都是由某些非常态因素引发的恶性串货。

二、渠道串货控制方法

从以上分析中可以看出,串货主要是生产商在渠道管理上存在漏洞造成的。因此,为维护市场秩序,堵住串货源头,应从增强生产商自身的渠道管理能力入手。以下是避免或将串货降低到最低限度的一些方法。

(一)用合同规范中间商的市场行为

销售网络的建设和管理者与各地中间商之间是平等的企业法人之间的经济关系;销售网络管理制度只能通过双方签订的"经销合同"来体现,即用合同约束中间商的市场行为。

首先，在合同中明确加入"禁止跨区销售"的条款，将中间商的销售活动严格限定在他自己的市场区域之内。其次，为使各地总中间商都能在同一价格水平上进货，应确定生产商出货的总经销价格为最低统一价，所有在途运费由生产商承担，以此来保证其各地总经销商具备相同的价格基准。再次，在合同中载明级差价格体系，在全国执行基本统一的价格表，并严格禁止超限定范围浮动。最后，将年终给各地总经销商的返利与是否发生跨区销售行为结合起来，使返利不仅成为一种奖励手段，也成为一种警示工具。所串货物的价值，可累计到被侵入地区的中间商的销售额中，作为奖励基数，并从串货地区的业务员和客户已完成的销售额中扣减等值销售额。

(二)科学划分中间商业务地区

根据实际情况适当划分市场范围，使每个中间商都有一定容量的市场。当某个销售商希望加盟生产商的分销系统时，在销售区域上，生产商的市场开发部门除了考察该商家本身的条件外，还应该到准备销售的区域去进行实地考察调研，了解当地的实际情况，比较准确地确定当地的可能销售量。根据销售情况，科学地确定中间商的销售量，使每个中间商都有一定的能力完成自己的销售任务，不用"串货"也能获得销售奖励。按照经济区域适当划分相邻销售区域的市场范围，使每个加盟的中间商都有一定容量的市场，有一个让各个中间商相对满意的利润。

(三)产品包装区域差别化

在不同的区域市场上相同的产品采用不同的包装，可以在一定程度上控制冲货。可采取以下措施：一是通过文字标志在每种产品的外包装上印刷"专供某地区销售"。二是商品颜色差异化，即在不同地区将同种产品的商标在保持其基本标志不变的情况下采用不同的色彩加以区分。三是外包装印刷条形码，不同地区印刷不同的条形码。实行产品代码制，生产商能对产品的去向进行准确无误的监控，避免中间商有恃无恐：即使发生了串货现象，也可以明白产品的来龙去脉，有真凭实据，处理起来相对容易，可使生产商在处理串货问题上掌握主动权。同时为防止中间商在处理滞销、积压产品而发生串货乱价行为，生产商应建立与中间商共担风险的制度，允许在一定程度、一定条件下的退货。

(四)合理分配利润

"串货"现象出现的一个重要原因是生产商和中间商都片面强调自身的经济利益，想方设法使价格对自己有利，导致价格体系不尽合理，从而使"串货"现象有了产生的条件。如果生产商和中间商结成利益均衡联盟，多协商沟通，制订出一个双方都能获得理想利润的价格方案，将能够从源头上对"串货"现象进行有效的管理。

为保持地区价格稳定，要在分销网络内部实行严格的级差价格体系。级差价格体系就是将分销网络内中间商分为总经销商、二级批发商、三级零售商。由分销网络制度管理者制定的包括总经销商价、出厂价、批发价、团体批发价和零售价在内的综合价格体系。通过这种价格体系,确保分销网络内各个层次、各个环节的中间商都能获得相应利润。在此前提下,根据中间商的出货对象规定严格的价格,以防止中间商跨越其中的某些环节进行冲货。针对由运输成本不同造成的串货现象,可实行全国统一的报价制,距离远的实行生产商补贴运费制。

(五)以现款或短期承兑结算

从结算手段上控制中间商因利润提前实现或短期内缺少必要的成本压力而构成的串货风险。根据每一中间商的市场组织能力、分销周期、商业信誉、支付习惯、经营趋势以及目标市场的实际容量、价格弹性程度、本品牌的市场份额等各项指标,建立严格有效的资金占用预警及调控机制,设立发出商品资金占用评价体系,使铺货的控制完全量化,将发出商品的资金占用维持在一个合理的水平,避免中间商形成串货的恶性"势能"。

(六)合理地运用激励和促销措施

从激励中间商的角度讲,销售奖励可以刺激中间商的进货力度。但涉及现金的返利措施容易引发砸价的销售恶果。因此,销售奖励应该采取多项指标进行综合考评,除销售量外,还要考虑其他一些因素,如价格控制、销量增长率、销售盈利率等。为了消除串货现象,甚至可以把是否串货作为奖励的一个考核依据。同时,返利最好不用现金,而用货物或其他实物,促销费用也应尽量控制在生产商手中。

生产商在制定促销政策时,应注意政策的持续激励作用,防止一促销就串货而停止促销就销不动的局面发生。制定的促销政策应能协调生产商与总经销商以及各地总经销商之间的关系,为各地总经销商创造平等的经销环境。奖励措施应当充分考虑合理的促销目标、适度的奖励措施、促销时间的控制、严格的兑奖制度和市场监控,确保整个促销活动是在受控之下进行的,不会出现失控的现象。

(七)注重对销售人员和中间商的选拔

对内部人员(即销售人员)要严格把住招聘关,挑选有敬业精神、政治素质和业务能力高的人员,然后对其进行严格的技能培训,并要在工作中进行定期考核,一经发现违规行为就要进行严肃处理。要着重防止招聘到"串货"的业务高手。对中间商的挑选,首先要事前对他们的基本情况做详细了解,然后精选出那些有诚意、职业操守高、经营能力强的中间商作为自己的合作伙伴,为防止串货把好第一道关。

(八)用感情纽带抑制串货发生

一要增进生产商与中间商的感情交流。通过定期举办一些联谊活动为生产商与中间商交流创造机会。一方面通过交流,生产商要向中间商申明串货的危害及对双方利益的损害;另一方面通过交流,让中间商说出"心里话",给生产商提出好的建议,双方共同解决问题,避免中间商因不满进行报复性串货。二要加强生产商与销售人员的沟通,增进感情。通过沟通要让销售人员明白为何对不同的市场投入不同的营销费用,费用是用来做什么的,向其灌输危机意识。而销售人员通过与企业的沟通表达出自己的想法以及对自己市场的看法,为生产商制定销售任务提供一个参考。三要注意培养各中间商之间的感情。定期举办一些活动,专门开辟一个为各中间商相聚的机会,鼓励他们利用这些机会相互沟通,交流经验,增加感情,并对在活动中表现突出的活跃分子给予奖励。这样,一方面可使各中间商相互之间吸取经验,另一方面可利用感情关系牵制一些中间商串货。

(九)加强市场监管

设立市场总监,建立市场巡视员工作制度,把制止越区销售行为作为日常工作常抓不懈。生产商可抽调专人成立市场监督部门,派专人在各个区域市场进行监督,对该区域市场内的发货渠道以及各中间商的进货价格、进货来源、库存量、销售量、销售价格等了解清楚,随时向生产商报告。这样,一旦发现串货现象,市场监督部门马上可以发现异常,使生产商在最短时间内对串货做出反应。对发生越区销售行为的中间商,视其冲货行为的严重程度分别予以处罚。

(十)科学预测市场

生产商要建立一套市场预测系统,对市场的风吹草动做到抢先一步做出反应,其具体做法通过准确的市场调研收集尽可能多的市场信息,建立市场信息数据库,然后通过合理的推算,估算出各个区域市场未来进货量区间。一旦个别区域市场进货情况发生暴涨或暴跌,超出了生产商的估算范围,就可初步判定该市场存在问题,生产商可马上对此做出反应。同时,生产商通过市场预测,再结合中间商的网络势力和销售人员的实际情况给每个分销商和销售人员制定合理的销售任务。这样,才能避免因销售指标过高而导致的串货。

总之,对于串货现象,应通过提高企业渠道管理水平,对其做到"防患于未然"。同时,对于市场上出现的串货行为,一定要及时处理,决不可听之任之。

本章小结

渠道冲突是指分销渠道成员之间因目标差异、领域差异、信息差异等原因而产生争执、敌对、报复和决裂等行为的现象。分销渠道冲突可分为水平渠道冲突、垂直渠道冲突、渠道系统间冲突和同质冲突。利益驱动是造成冲突最直接、最根本的原因;具体原因主要有:渠道成员间的差异性、奖励制度不健全、竞争机制管理不当、渠道外部环境发生变化等,在实际中,应具体问题具体分析,对症下药。

渠道冲突对渠道系统乃至整个营销系统会产生一定的影响,正确的方法不是要消除冲突而是要对冲突进行有效管理,首先是对渠道冲突做前期防范工作。为预防渠道冲突,要做好分销渠道的战略设计和组织工作,做好中间商的选择工作,规范渠道成员的权利与义务,建立渠道成员之间的交流沟通机制,预先设计解决渠道冲突的策略,加强危机管理,并且应合理使用渠道权力,防止权力滥用。

必须要密切关注并监测渠道中的冲突水平,针对具体情况,判断冲突程度,并根据渠道冲突对于分销效率的影响及冲突的原因、冲突的程度决定解决和控制冲突的对应方法。解决的方法大致可以分为两类:积极性对策和消极性对策。积极性对策包括沟通、激励、建立厂商合作关系、建立产销战略联盟等对策;消极性对策包括谈判、调解、仲裁、法律手段、渠道重组和退出等。

串货现象是渠道系统中的一种普遍的冲突,企业必须有清醒的认识,识别串货的性质,分析串货的原因,采取必要的措施,加强生产商自身渠道管理能力,堵住串货源头,避免串货或者将串货降到最低程度。

重要术语

渠道冲突　　水平渠道冲突　　垂直渠道冲突　　渠道系统间冲突　　同质冲突
渠道影响力　　串货

复习思考题

1. 渠道冲突主要是由哪些原因造成的?
2. 如何做好渠道冲突的前期防范工作,以防患于未然?
3. 解决渠道冲突应坚持哪些原则?可采取哪些对策?
4. 造成串货的主要原因有哪些?应如何从增强企业自身的渠道管理能力入手,堵住串货源头?

案例分析

"重赏之下,必有勇夫"[①]

眼瞅着大半年过去了,可销售计划只完成了1/3,怎么办?

作为某食品公司营销经理的张某,一直为销售不畅苦恼着。于是他请示老总,决定搞一次大规模的促销活动,以激励零售商大量进货,方法就是每进一件产品,奖励现金50元。这招还真灵!零售商们见有利可图,进货积极性高涨,只一周时间,上半年落下的任务就超额完成了。张经理看着销售表,长长地舒了口气:"真是有钱能使鬼推磨,重赏之下,必有勇夫啊!"

---

① 庞洪芬:《激励零售商的两大误区及对策》,http://blog.china.com/blog zhong gu08848。

然而,让张经理万万没有想到的是,没出一个月,市场就发生了意外:公司在市场上一直平稳的价格莫名其妙地往下滑。各零售点,无论大商场还是小食杂店都竞相降价甩货,不但造成零售价格混乱,而且直接影响了公司的市场形象。老总火了,公司急忙派出人员出面调查制止。零售商们当面说得好听,可一转身,仍然低价出售。搞得公司焦头烂额、无可奈何。原来,在高额促销费的驱动下,零售商们进货量猛增,表面上看,公司的库存降下来了,而市场上消费者的消费量是相对有限和固定的,货虽然到了零售商手里,可并没有顺利地卖到消费者手中。由于零售商都进了大量的货,一时又销不出去,为尽快处理库存积压,回笼被占用的资金,他们便竞相降价甩卖。结果市场上卖什么价的都有,而且是越卖价越低。低价甩卖,零售商不赔钱吗？他们当然不会做赔本的买卖,因为还有高额的促销费用垫底,只不过少赚一点罢了。食品公司的损失却要大得多了。公司形象受影响不说,产品的价格一旦降下来,再想拉上去几乎是不可能的。因为消费者一旦接受了更低的零售价格,若再涨上去,他们肯定是不买账的。于是,该种产品的售价越卖越低,零售商的利润越来越薄,最后,零售商干脆不卖这种产品了。没人再进货,产品也就寿终正寝了！而这时只有食品公司叫苦不迭。张经理也因此引咎辞职,痛苦地离开了这家公司。

思考与讨论

1. 为何零售商刚开始时会大量进货,而到后来就不再进货了？运用渠道冲突的理论分析张经理失败的原因。

2. 应如何对零售商进行管理和激励？

第七章　分销渠道中的"五流"协调

学习目标和要点

- 了解物流的含义、类型
- 掌握物流管理的流程
- 掌握供应链管理关键因素和内容
- 了解商流的特征
- 了解信息系统的功能和内容
- 掌握促销策略组合和促销流决策内容
- 掌握人员推销、广告、销售促进、公共宣传的策略
- 了解付款流管理的内容

【引例】

戴尔电脑：整合流程，实现直销

为了更好地理解戴尔的营销理念，我们不妨先来看看戴尔的直销流程：

第一步，订货处理。客户通过戴尔直销网站或通过电话在戴尔销售代表的帮助下，订购计算机，包括配置好订购产品、供需双方签署订购单、向客户的信用卡公司验证应付的款项。

第二步，预生产。在工厂里，订购的计算机的资料表在数据库中产生并保存。每台订购的计算机会得到一个条码，这是这台计算机的永久标志。在打印出的每台计算机的订购单上也会印上这个条码。

第三步，配件准备。实际上，当预生产完成后，用户订购的计算机的配件信息就已在相应数据库中反映出来。戴尔特有的物料需求管理系统会将产品所有配件信息统计出来，以保证客户订货的生产，而且基本上实现了零库存。

第四步，装配。当物料齐备，就开始装配。

第五步,测试。包括物理测试、软件预装、高压测试等。

第六步,包装。通过自动封装设备将产品包装完毕,附上货运文件和地址,等待托运。

第七步,发货准备。工人用真空提升机等设备将等待发货的产品按订单输送至厂房南门的集结区。

第八步,发货。戴尔的物流是采用第三方物流模式,其发货委托了一家发货公司上门收货,并承诺在客户款到2~5天内送货上门,客户可以通过戴尔的网站查看货物的发送情况。

戴尔的直销流程简单明了、有条不紊。在迈克尔·戴尔创立计算机直销模式以前,计算机的销售一般都是通过经销商这条渠道销售的。但是,戴尔发现,通过经销商销售计算机的最大问题在于顾客难以从经销商处得到相关的技术支持,因为和一般的顾客比起来,经销商并不比顾客更懂计算机。这样,通过经销商销售计算机肯定会限制计算机的销售量,从而也就无法满足广大的计算机市场需求。戴尔正是出于这样的考虑才确定了直销的模式。但是就是这样一个简单的考虑,却创造了戴尔日后的辉煌。

那么,戴尔的直销模式的优势究竟体现在哪些方面呢?

(1)产品优越的性价比。由于拥有行业内最高效率的采购、制造和配送体系,而且没有中间销售环节,客户可以获得优越的性价比、优良可信赖的服务及最先进的尖端技术,可以更好地建立自己的互联网基础架构。

(2)按需配置。每一台戴尔电脑系统都是根据客户的特殊要求量身定制的,在最大限度上满足了客户的需要。

(3)服务优良、可信赖。凭借在售前和售后的直接联系中对客户的认识,戴尔提供了屡获殊荣的可靠的产品及切合需要的服务。

(4)尖端技术。戴尔能迅速地提供尖端的技术。

(5)市场需求和第一手资料。从每天与众多客户的直接洽谈中,戴尔掌握了客户需要的第一手资料。

(6)无成品库存,原材料库存居全行业最低。戴尔的成品都是客户订购并付了款的,自客户下订单开始,7天以内的时间,产品就要送到客户手中。戴尔没有自己的成品库存,戴尔公司的产品都直接送入物流公司的卡车集装箱里,这极大地避免了高科技企业所共有的高风险,也就降低了相关的成本。戴尔公司历史上曾因库存过大,经历了第一个重大挫折。1989年,戴尔公司在市场景气的时候,买进的存储器超过了实际所需。随后,存储器价格一路下跌。而屋漏偏逢连夜雨,存储器的容量突然从256K提升到1M,戴尔公司在技术层面上也陷入了进退两难的窘境。经过多年的努力,戴尔公司在存货控制上已达到了行业第一的位置。当戴尔公司拥有8天的存货量的时候，其竞争对手却拥有25天的存货量，外加在产销通道上的30天的存货量，中间的差距便是47天。而在这47天内，原材料的成本大约会降低6%。

(7) 以信息代替库存，依需求来决定供给。在供应链中，与供应商紧密连接，通过因特网与供应商建立虚拟整合，把供应商视为公司体系中的一环；维系紧密的供应关系，合作研发，与供应商成为科技合作伙伴。戴尔公司充分发挥所掌握的精确信息和供应商在零部件制造中的专业能力，开展材料构成清单(Bill of Material, BOM)和工程设计方面的合作，为新产品的推出赢得了时间。供应商与戴尔公司一起从事产品设计，这种方式可省约大约30%的研发时间，从而变传统的"依供给来决定需求"的模式为"依需求来决定供给"的新模式，明确地把市场的最新需求适时动态地提供给供应商，开放并自然地在供应链中分享计划与信息，并以信息代替库存。

(8) 对供应商提出全面质量管理的要求。在供应链中，客观、严格、全面地对供应商的表现进行评估，优化供应商数量。戴尔公司要求其供应商不仅在效率(产品开发效率、产能效率、库存效率)上保持领先，还必须保证产品质量，采用量化的评估方式，对他们提出具体全面的质量管理要求，并直接引入市场上用户的反映这一客观性的数字。这样，供应商生产的零部件就可以直接进入下游公司的生产线而无须进行来料抽样检验。这种要求被称为"Ship to Line"，即从供应商生产线直接货运到客户生产线。

(9) 减少供应商数量。维持与众多供应商的关系，在运营上增添了许多复杂性和成本。因此，戴尔公司站在战略的高度，严格评审供应商的资格，减少了供应商的数量。节约的成本增强了戴尔产品的竞争力。戴尔虽与数百家供应商打交道，但其90%的零部件来自20家主要的合作伙伴。

戴尔的直销理念为戴尔的产品找到了一条正确的通往目标市场的通道，同时，从这条畅销无阻的通道上反馈回来的信息又促使戴尔进一步完善它的分销渠道。戴尔公司似乎从它诞生的那一刻起就一直都处于这样一个良性循环中。

资料来源：徐丽萍编译，《Dell.com成功之道》，《中国电子商务》2003年4月。

分销渠道协调，是指分销渠道内部各成员、各部门的团结一致以及所有活动和行为的统一和谐。其中，物流、商流、信息流、促销流、付款流的协调尤为重要。

第一节　分销渠道中的物流

【小资料7—1】

沃尔玛的物流系统

1962年沃尔玛创业的时候,大城市的商业零售业已经比较成熟,竞争激烈。沃尔玛创始人另辟蹊径,提出了以折扣店的形式服务中小城镇居民购买需求的战略。然而,商品生产者和批发商大多地处城市,而沃尔玛的折扣店集中于中小城镇中,这就导致沃尔玛的物流配送成本偏高,不符合其"天天平价"的经营策略,开业后一段时间内其经济运行十分困难。

沃尔玛人面对实践中的困难,认真从事物流管理研究,建立起一个"无缝"的快速高效的现代化的物流管理系统,为商店和顾客提供最为便利的服务。在沃尔玛的物流管理系统中,其核心是它的以高科技为支撑的商品配送中心。配送中心具有商品流功能、信息流功能、资金流功能和交易功能。经过这个平台,沃尔玛把供应商、分销商和零售商直到最终用户连成一个整体的网络结构,进行有效的协调和管理。

沃尔玛改变了竞争逻辑,对传统零售企业的经营战略进行了革命性的转变,即绕过中间商,直接从工厂进货,从而大大减少进货的中间环节,为压低价格提供更大的空间。沃尔玛在物流管理中经过充分的调查研究,把握了商品圈的距离规律,即每个商品配送中心都非常大,平均面积约11万平方米。在这样的商品配送中心,每个月的商品流转价值超过2亿美元。为了便于商品的顺畅流通,沃尔玛的商品配送中心一般都是单层的建筑物。沃尔玛每个配送中心每星期可以处理商品120万箱,可以能动地把商品根据商店的需要,自动地放入不同的箱子中。这样,员工可以从传送带上取得自己所负责的商店所需的商品。每一商品配送中心,可以保持8 000种商品的转运配送。由于集中配送,实行"过站式"物流管理,即"统一订货、统一分配、统一运送",为供应商们节省了大量费用。沃尔玛规定供应商也可以分享沃尔玛物流管理系统节省的费用,这就充分调动了供应商的积极性。

20世纪70年代末期,沃尔玛的商品配送中心运用了两项最新的物流技术:电子数据(EDI)及交叉作业。供应商将商品的价格标签和统一产品码(UPC)条码贴好,运到了沃尔玛的商品配送中心。沃尔玛商品配送中心根据每个店面的货物需求量对商品进行就地筛选和重新打包,从"配区"运到"送区"。沃尔玛商品配送中心配备激光制导的传送带,货物成箱地被送上了传送带,在传送过程中激光扫描货物箱上的条码,这样货物依条码排队明确将要装卸的地点。运载工具在沃尔玛商品配送中心不会闲存,在48小时以内,装箱的商品从一个卸货处运往另一个卸货处,而不在库房里消耗宝贵的时间。这种类似网络零售商的"零库存"做法,使沃尔玛每年可以节省数百万美元的仓储费用。目前,沃尔玛近90%的商品是由公司的配送中心供应的,而其他竞争对手仅能达到50%的水平。

20世纪80年代初期,沃尔玛的电子数据交换已经建设成为完整科学的系统,特别是在20世纪90年代初期它购买一颗专用卫星,用来传送公司的信息。这种以卫星技术为基础的数据交换系统的商品配送中心,将自己与供应商及自己的各个店面实现有效连接,大大提高了沃尔玛的物流速度和物流效益。世界上发达国家一般商业企业的商品配送成本占其销售额的5%左右,而沃尔玛由于使用了以卫星技术为基础的电子数据交换系统的商品配送中心,其商品配送成本只占其销售额的3%。仅此一项,沃尔玛每年就比竞争者节省下近8亿美元的商品配送成本。

沃尔玛配送中心每周7天、每天24小时全天候运作。为了保证高效运作,节省物流管理的成本,沃尔玛采用了一些包括零售技术在内的更加先进的、现代化的技术。在沃尔玛的所有商店中,都不需要用纸来处理订单,而采用统一的货物代码。所有商品的信息通过扫描商品代码获得,不需要任何人进行任何复杂的汇总处理。沃尔玛的物流运输,有时采用空中运输,有时采用水路运输,有时采用铁路运输,有时也采用公路运输。沃尔玛每一种运载工具都配有一个小型电脑,通过卫星与总部及时联系,总部可以通过全球定位系统得知每一单货所在的位置。据说,沃尔玛在信息技术方面的投资已经超过了美国五角大楼的信息技术的投资。所以,沃尔玛的物流管理是世界上最先进的物流管理。

沃尔玛使用以卫星技术为基础的电子数据交换系统的商品配送中心,不仅大大节省了商品的配送成本,而且使货物和信息在供应链中始终处于快速流动的状态,大大提高了供应链的运作效率。供应商的计算机系统与沃尔玛的计算机系统连为一体,供应商每天都会从沃尔玛的计算机系统获取各种信息数据。任何一个供应商都可以进入沃尔玛的计算机系统,了解他们商品的销售状况,进行及时的调整与更新。一般来说,沃尔玛的计算机系统会向供应商提供此前100个星期内供应商提供的商品的销售记录,而且这种信息只能让供应商自己获得,不同供应商的商品销售信息是绝对保密的。在20世纪80年代后期,沃尔玛从下订单到货物送达各个店面的时间一般在30天左右,现在由于使用了以卫星技术为基础的电子数据交换的商品配送中心,这个时间只有2~3天。这种现代物流技术,大大加快了物流速度,为沃尔玛赢得了大量的物流利润。今天,沃尔玛在美国拥有3 000多家连锁店,在海外拥有1 000多家连锁店,员工近90万人。2001年沃尔玛的销售额是2 192亿美元。在商业零售帝国,2001年沃尔玛一跃成为世界500强之首。

资料来源:魏农建,《物流营销与客户关系管理》,上海财经大学出版社2005年版。

一、物流的概念

1980年,美国后勤管理协会提出:"物流是有计划地对原材料、半成品及成品从生产地到消费地的高效流通活动。这种流通活动的内容包括为用户服务、需求预测、情报信息联络、物料搬运、订单处理、选址、采购、包装、运输、装卸、废物处理及仓库管理。"该定义将物流活动进一步细化,尤其是将"废物处理"和"信息活动"加入物流的定义中,进一步丰富了物流的内容。

20世纪90年代末期,全美物流管理学会将物流定义为:"物流是为了满足客户需求,在有效率及适当成本之下,对原材料、在制品、产成品和相关信息从产出源点到消费点流动和储存,进行规划、实施和控制的过程。"该定义在原来的基础上,突出了三个导向:其一,强调物流是为了满足客户需求;其二,强调以适当的成本开展物流;其三,强调对物流过程的管理,即对物流的规划、实施和控制。

综上所述,物流是指按照顾客所需要的时间、地点、方式和成本,将有形产品从产生源点向最终消费点流转过程中的流动和储存活动,具体包括运输、保管、包装、装卸、搬运、流通加工及信息处理等。

物流是处在社会经济大环境之中,由若干相互依赖、相互制约的部分紧密结合而形成的具有特定功能的有机整体,因此,物流是一个系统。生产系统和消费系统是物流的外界环境,它们与物流系统不断地交换信息、物质和能量,它们的变化,必将引起物流系统的内部结构、功能甚至生存状态的变化。

二、物流管理流程

物流管理一般包括把握物流需求、确定物流管理目标、确定物流服务水平、优化物流系统等程序,具体见图7—1。

```
把握物流需求
    ↓
确定物流管理目标
    ↓
确定物流服务水平
    ↓
优化物流系统
```

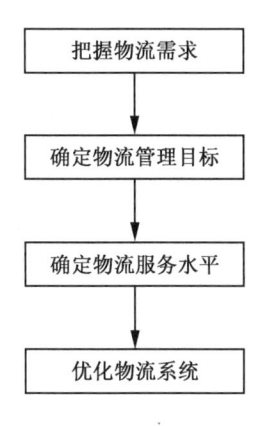

图 7—1　物流管理流程

(一)把握物流需求

物流管理的本质在于提高客户满意度,而客户满意度的提高又依赖于企业能准确地把握客户的需求。物流需求的特征主要有:

(1)内在性。由于物流活动日益渗透到生产、流通、消费整个社会经济活动过程之中,与社会经济的发展存在着密切的联系,是社会经济活动的重要组成部分,因而物流需求与社会经济发展有着密切的相关性,社会经济发展是影响物流需求的主要因素。

(2)阶段性。物流需求会因时间、空间的变化而异,如销售的增长或下降、季节性变化的波动等。物流需求的这种阶段性,要求企业认真把握物流需求的规律。

(3)多样化。物流需求的多样化特征是物流发展的一个重要趋势,即从对基本常规项目的需求向增值性延伸服务发展。有关方面曾对我国物流费用进行过调查,我国物流费用主要由运输、仓储、包装三个环节产生,约 70% 的企业干线运输占物流费用的 40% 以上,48.1% 的企业采取铁路运输方式。

西方发达国家企业对物流需求已不仅仅停留在基本物流功能上,已发展到增值性延伸服务,如物流系统设计、物流代理、物流咨询等。

(4)扩展性。对于物流客户,只要双方合作愉快,随着物流需求者的业务扩展,物流企业比较容易得到扩展后的物流业务和派生需求。所以,客户关系管理在物流系统特别重要。

【小资料 7—2】

中外运公司代理摩托罗拉物流

摩托罗拉公司和中外运公司是合作伙伴,其良好的合作伙伴关系建立在中外运公司很好地满足摩托罗拉公司的物流需求的基础上。

1. 摩托罗拉公司的服务要求

一是要提供 24 小时的全天候准时服务。主要包括:保证摩托罗拉公司业务人员、天津机场、北京机场两个办事处及双方有关负责人通讯联络 24 小时畅通;保证运输车辆 24 小时运转;保证天津与北京机场办事处 24 小时提货、交货。

二是要求服务速度快。摩托罗拉公司对提货、操作、航班、派送有明确的规定,时间以小时计算。

三是要求服务的安全系数高。要求中外运公司对运输的全过程负全责,要保证航空公司及派送代理处理货物的各个环节都不出问题,一旦某个环节出了问题,将由服务商承担责任,赔偿损失,而且当过失达到一定程度时,服务商将被取消业务资格。

四是要求信息反馈快。要求中外运公司的电脑与摩托罗拉公司联网,做到对货物的随时跟踪、查询,掌握货物运输的全过程。

2. 中外运公司的主要做法

(1)制定科学规范的操作流程。摩托罗拉公司的货物具有科技含量高、货值高、产品更新换代快、运输风险大、货物周转以及仓储要求零库存的特点。为满足摩托罗拉公司的服务要求,中外运公司从 1996 年开始设计并不断完善业务操作规范,并纳入了公司的程序化管理。对所有业务操作都按照服务标准设定工作和管理程序,先后制定了出口、进口、国内空运、陆运、仓储、运输、信息查询、反馈等工作程序,每位员工、每个工作环节都按照设定的工作程序进行,使整个操作过程井然有序,提高了服务质量,减少了差错。

(2)提供 24 小时的全天候服务。针对客户 24 小时服务的需求,实行全年 365 天的全天候工作制度,周六、周日(包括节假日)均视为正常工作日,厂家随时出货,中外运公司随时有专人、专车提货和操作。在通讯方面,相关人员从总经理到业务员须保持 24 小时的通讯畅通,保证了对各种突发性情况的迅速处理。

(3)提供门到门的延伸服务。普通货物运输的标准一般是从机场到机场,由货主自己提货,而快件服务的标准是从门到门、桌到桌,而且货物运输的全程都在有效监控之中。

> (4) 提供创新服务,从货主的角度出发,推出新的更周到的服务项目,最大限度地减少货损,维护货主的信誉。
>
> 为保证摩托罗拉公司的货物在运输中减少被盗,中外运公司在运输中间增加了打包、加固的环节;为防止货物被雨淋,又增加了一项塑料袋包装;为保证急货按时送到货主手中,还增加了手提货的运输方式,解决了客户的急、难问题,让客户感到在最需要的时候,中外运公司都能及时快速地帮助解决。
>
> (5) 充分发挥中外运公司的网络优势。经过 50 年的建设,中外运公司在全国拥有了比较齐全的海、陆、空运输与仓储、码头设施,形成了遍布国内外的货物营销网络,这是中外运公司发展物流服务的最大优势。中外运公司通过其网络,在国内为摩托罗拉公司提供的服务网点已达 98 个城市,实现了提货、发运、对方派送全过程的定点定人,并进行信息跟踪反馈,满足了客户要求。
>
> (6) 对客户实行全程负责制。作为摩托罗拉公司的主要运代理之一,中外运公司对物流的每一个环节负全责,即从货物由工厂提货到海、陆、空运输及国内外的异地配送等各个环节负全责。对于出现的问题,积极主动协助客户解决,并承担责任和赔偿损失,确保了货主的利益。
>
> 资料来源:黄中鼎,《现代物流管理》,复旦大学出版社 2005 年版。

(二) 确定物流管理目标

目标的确定,关系到物流管理的全局,决定着管理流程具体内容的确定和实施。因此,管理目标的确定需要综合考虑多方面因素,慎重对待。

一般来说,企业物流管理的目标有以下几种:

(1) 距离短。物流是物资资料的物理性移动,这种移动包括运输、保管、包装、装卸搬运、流通加工、配送等活动。凡是"移动"都要产生距离,移动的距离越长、费用越大。所以物流策划的首要目标就是缩短距离。

以运输为例,如果产品在产地消费,能大大节省成本,减少能源消耗;采用直达运输,尽量不中转,避免或减少交叉运输、空车返回,也能做到运距短;大中城市常采取大批量运输方式,在城市外围建立配送中心,由配送中心向各类用户进行配送,就能杜绝重复运输,缩短运距。现在一些发达国家实行"门到门""线到线""点到点"的送货,进一步缩小了运输距离,大大减少了运输上的浪费。

(2) 时间少。物流时间主要指产品从供应地到达接收地的时间。产品在途时间越少,费用越省,效益则越好。物流时间少包括运输时间少、保管时间少、装卸搬运时间少和包装时间少等。在保管方面,如能尽量压缩保管时间,就能减少库存费用和占压资金,节约生产总成本;在装卸、搬运方面,实现机械化、自动化作业后,不仅大大缩短了时间、节约了费用、提高了效率,而且通过装卸、搬运环节的有效连接,还可以激活整体物流过程;在包装环节,使用打包机作业可大大提高工作效率。

(3)整合好。物流是一个整体性概念,是运输、保管、包装、装卸搬运、流通加工、配送以及信息的统一体,是这几个功能的有机组合。物流是一个系统,强调的是综合性、整合性,只有这样,才能发挥物流的作用,降低成本,提高效益。否则,单一发展、一枝独秀并不可取。可是,商品包装差,经常散包、破损,托盘尺寸和包装尺寸不统一,造成物流过程混乱,窝工现象不断,物流整体效率还是没有太大的提高。

(4)质量高。所谓质量高,既包括物流各环节质量高,也包括为客户服务质量和企业内部物流管理的质量都要高。

在运输环节,送货数量不能有差错,中途不能出交通事故,保证按时到达;在库存保管方面,要及时入库、上架、登记,做到库存物品数量准确,货位确切,还应将库存各种数据及时传递给有关部门。

同时,由于客户是物流的服务对象,物流企业要按照客户要求的数量、时间、品种、安全、准确地将货物送到指定的地点。所有这一切必须依赖物流管理质量,没有高水平的物流管理质量,质量高的物流目标就成了一句空话。

(5)费用省。物流费用省和质量高,虽然是一对矛盾,但是企业可以通过改善管理来解决这一矛盾。比如,减少交叉运输和空车行驶会节约运输费用;利用计算机进行库存管理,可以大幅度降低库存,加快仓库周转,也会大大节省费用;采取机械化、自动化装卸搬运作业,既能大幅度削减作业人员,又能降低人工费用。

(6)安全、准确、环保。物流活动必须保证安全,货物在物流过程中不能出现被盗、抢、晒、雨淋的现象,不能发生交通事故,确保货物准时、准点、原封不动地送达。同时,又要实现绿色物流,即在物流各环节采用先进的物流技术,最大限度地降低对环境的污染、提高资源的利用率等。

(7)增值服务。随着人们对物流科学的认识不断发展,物流系统的目标也会随着市场、环境变化而做出调整。为了能够直观地分析增值服务的内容,我们构造了"物流业服务水平—收费水平"矩阵图(见图7—2)。

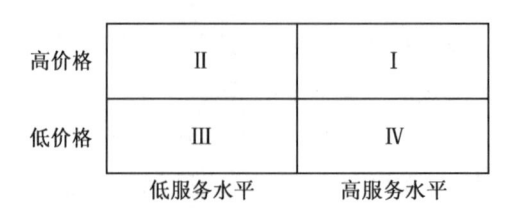

	低服务水平	高服务水平
高价格	II	I
低价格	III	IV

图7—2 物流业"服务水平—收费水平"矩阵图

传统物流服务往往集中在第Ⅲ象限,其特征可以概括为"层次低、领域窄、盈利方式单一和效益差"。

低层次竞争造成物流服务供应过剩和效益不明显。造成传统物流服务效益不明显的原因之一,即长期以来传统物流仅仅定位于运输、仓储等领域,服务水平不高。在这些狭小领域提供低层次服务,很容易导致服务的同质化。而在同质化的条件下,客户一般更关注价格,没有明显选择偏好的客户往往会根据价格频繁更换供应商。低层次市场竞争愈加激烈,效益差也是一个必然的结果。

国际上一些著名物流企业看好我国物流市场,陆续进入我国,在我国许多地方建立了物流网络及物流联盟。如果国内物流业不转换经营方式,不努力缩小与国际大型跨国公司的差距,其生存空间将受到严重挤压。

近几年物流企业逐渐对传统模式进行了变革,增值模式是其中重要内容。增值模式主要包括以下形式:

● 个性化服务。现代物流能按客户要求定制服务,如仓库管理、运输管理、订单处理、信息系统、产品安装装配、谈判、报关等,还能为客户制定和实施物流整体方案。

● 延伸服务。物流服务向上可以延伸到市场调查与预测、采购及订单处理;向下可以延伸到配送、咨询、物流方案的选择与规划、库存控制决策建议、教育与培训、规划方案的制作等。

● 便利性服务。一切能够节省手续、简化操作的服务都是增值性服务。便利性服务包括一条龙门到门服务,提供完备的操作或作业提示、自动订货、业务跟踪、代办业务等。

● 快速反应服务。快速反应已经成为物流发展的动力之一。随着市场竞争越来越激烈,需求方对物流速度的要求越来越高。因而,必须通过经常性的物流流程重新设计等措施来实现这一目标。

确定物流管理目标的过程,就是要确立物流变革的指导思想和灵魂。应该指出的是,物流管理的目标往往是多元的,但不同的物流系统的目标排序有较大的差别。例如,煤炭配送的目标排序是:时间、成本和环境(避免造成客户环境遭受污染);而蔬菜配送直销服务是为了通过减少流通环节,降低蔬菜储运销售成本,稳定市场价格,因而其目标排序一般是:成本、服务、效益。

另外,物流系统的目标不是一成不变的,目标会随着人们对物流认识的深入而不断发展,物流企业应根据环境变化把握正确的目标。

(三)确定物流服务水平

物流服务水平是物流内容的核心和前提,不同的服务水平决定了库存、运输、设施分布的水平和内容(见图7—3)。

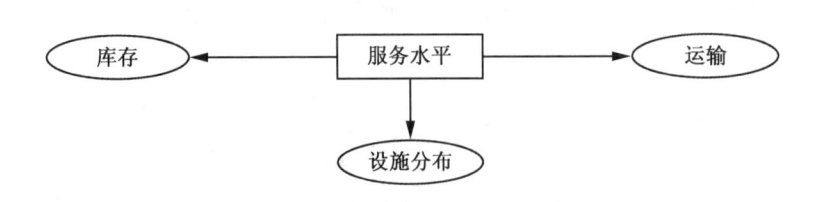

图 7—3　物流服务水平三角决策

(1)确定物流服务水平。确定物流服务水平是物流策划中应重点关注的问题,因为不同的服务水平定位,决定了应采取不同的物流策略。

若将服务水平定在较低的水平,企业可以使用较便宜的运输方式和在较少的地方设置库存;若较高的服务水平,则要求运输、库存等都有足够的保障。

在确定物流服务水平时,应注意以下问题:

第一,要从实际出发。在一般情况下,较高的服务水平能赢得客户的赞誉。但是,有的服务项目对某些企业是多余的,反而会增加他们的费用,造成他们的不满。所以确定服务水平应从实际出发,区分情况,分别决策,有选择、有重点地适应不同的顾客需要。

第二,要充分沟通。确定某项物流服务的水平时,应善于通过各种手段与客户沟通,引导他们对服务水平的期望,努力使他们的期望值略低于企业所能提供的水平,最终使他们感受到他们得到的服务水平高于他们的期望,从而获得更大的满足。

$$客户满意 = \frac{实际效果}{客户期望}$$

正如上述公式所表示的,当客户接受物流服务的实际效果等于他们的期望时,他们会满意;当实际效果大于期望时,他们很满意;当实际效果低于期望时,他们就不满意。

为了提高客户的满意度,首先要严格履行自己的服务水平承诺,并使各种承诺尽可能明确和量化,而不仅仅做一些笼统的规定。这样既有利于企业和客户评价与监督物流服务水平,也有利于服务水平的稳定和连续,便于操作。其次要实事求是地制定和公布服务水平,使客户期望值处在一个合理的位置上。最后要和客户充分沟通,不要隐匿有关信息,也防止有意或无意地误导客户,造成各种不必要的误解。

第三,要统一认识。企业对所规定的服务水平,要在企业内统一认识,要得到各部门的理解和支持,使物流服务水平能始终如一地保持确定的水平。

(2)物流设施分布。物流设施分布是指产品从工厂、中间商到客户的整个商品运动过程中,存货和分销地点的地理分布。由于选择何种分销方式直接影响到物流的费用,于是物流设施分布要解决的问题就是找到费用最小或获利最大的商品分销方式。

(3) 库存管理。库存管理指的是存货采取何种管理方式。其中,将总的存货分配到不同的分销地点还是通过持续供货的方法是两种不同的存货方式,采取不同的库存管理方法决定了物流设施的分布决策。

(4) 运输管理。运输管理包括运输方式的选择、运输批量、运输路线和运程安排。这些决策受物流设施分布的影响,同时在进行物流设施分布决策时也应该考虑到运输的问题。

(四) 优化物流系统

优化物流系统的步骤主要有:

(1) 明确企业在分销渠道中的最佳位置。由生产商、中间商、辅助商及消费者组成的分销渠道,其竞争力不仅取决于每一个成员的实力,还取决于每一个成员能否在分工协作中充分发挥自己的专业优势。因此,企业在进行市场物流管理的过程中,必须根据自己的相对优势来确定其在分销渠道中的位置,并依据自身在渠道中的地位和作用制定相关的发展战略。如对自己的业务进行调整和取舍,对某些业务实行外包,集中力量培养自己的核心竞争力。

(2) 建立物流配送网络。分销渠道中的物流配送网络的构建,是实现仓储、运输、配送等物流活动在渠道中高效运作,从而有效地满足目标市场顾客需求的物质基础。在组建物流配送网络时,企业一方面要最大限度地利用社会上闲置的物流资源,另一方面还要同时考虑与专业物流公司合作,实现物流基础的低成本快速扩展。

(3) 广泛采用信息技术,实现物流自动化。物流自动化涵盖物流管理的多个环节,需要多种技术支撑,这些技术包括:条码技术、销售点管理系统、管理信息系统、战略信息系统、地理信息系统、电子数据交换和电子订货系统、分销需求计划系统等。

(4) 优化物流系统。一般来说,每一个特定的物流系统都是由仓库数目、区位、规模、运输政策、存货政策及顾客服务水平等构成的一组决策。因此每一个可能的物流方案都隐含着一套总成本,这样,衡量企业物流系统总成本就可用如下的数学公式:

$$D = T + S + L + F_w + V_w + P + C$$

式中:D 为物流系统总成本;T 为运输成本;S 为存货维持费用,包括存货管理费用、包装费用以及返工费用;L 为批量成本;F_w 为固定仓储费用;V_w 为变动仓储费用;P 为订单处理和信息费用;C 为顾客服务费用,包括缺货损失费用、降低损失费用和丧失潜在顾客的机会成本。

这些成本之间往往存在着二律背反的关系。例如,在考虑减少仓库数量时,虽然可降低保管费用,但会造成运输距离变长,运输次数增加,从而导致运输费用增大。如果运输费用增加超过了保管费用的减少,总的物流成本反而增加,这样,减少仓库数量的措施就没有意义了。因此,在选择和设计物流系统时,必须对系统的总成本加以检验,从物流在企业的战略地位出发,在考虑企业物流能力的基础上,进行成本评价,选择成本最小的物流系统。

三、供应链管理

(一)供应链的含义及特点

所谓供应链,是指从采购原料开始,到制成中间产品,再到最终产品,最后由分销网络把产品送到消费者手中的完整过程中所涉及的由供应商、生产商、中间商、辅助商以及最终消费者或用户所构成的供需网络。供应链不仅是连接供应商到用户的物流链、信息链与资金链,而且是一条增值链,物料在供应链的每一环节增值,给相关的企业带来收益。

供应链具有以下基本特点:

(1)复杂性。供应链由多个、多行业甚至多国家的企业组成,其结构模式远比单个企业的结构模式复杂。

(2)动态性。由于企业战略的调整、企业竞争力的变化和消费需求的变化,供应链的组成在不断变化,这使供应链具有明显的动态性。

(3)交叉性。一个企业可以同时属于多个不同的供应链,众多的供应链形成交叉结构,增加了协调的难度。

(4)不确定性。在复杂而动态变化的供应链系统中,存在着各种不确定性。这些不确定性主要来源于供应商供货的不确定性、生产过程的不确定性、客户需求的不确定性以及物流过程的不确定性。

(5)长鞭效应。1961年福雷斯特教授基于系统动力学原理,首先发现了供应链具有"需求波动放大效应",即当供应链上的各节点企业只根据来自其相邻的下级企业的需求信息进行生产或者供应的决策时,需求信息的不真实性会沿着供应链逆流而上,产生逐级放大的现象。后来人们把这种现象称为"福雷斯特飞轮效应"或长鞭效应。

(二)供应链管理的含义

供应链管理是指人们在认识和掌握了供应链各环节内在规律和相互联系的基础上,利用管理的计划、组织、指挥、协调、控制、激励和创新职能,对产品生产和流通过程中各个环节所涉及的物流、商流、信息流、促销流、付款流以及业务流进行的合理调控,以期达到最佳组合,发挥最大的效益,以最小的成本为客户提供最大的附加值。

供应链管理是在现代科技高速发展和产品极其丰富的条件下发展起来的管理理念,它涉及各种企业及企业管理的方方面面,是一种跨企业、跨行业的管理,相关企业之间作为合作伙伴,为追求共同经济利益的最大化而共同努力。

(三)供应链管理的关键因素

要成功地实施供应链管理,不仅要全面考虑影响供应链管理的各种因素,而且要对下列关键因素进行有效管理。

(1)对顾客的关注。要努力识别和理解最终顾客的需要和期望,将其作为决策的主要依据。如一家医药公司改变了以往根据销售量和利润向销售代表发奖金的方法,转而以评价其顾客是否满意为标准。这样,销售代表就不会不管顾客是否需要而不择手段地推销产品。强调对顾客的关注,旨在通过提升顾客价值以促进企业供应链在市场中的竞争力。

(2)对绩效进行定量管理。为了提高企业供应链管理水平和效率,企业应当以供应链产品产出循环期作为主要指标,对供应链绩效进行定量管理。

(3)建立跨职能部门的高效工作团队。为客户提供完整的产品和服务,需要来自相关职能部门员工的协作,而这种团队成员的紧密协作,有利于打破组织界限,提高整个供应链的运作效率。因此,企业应当以适当的形式(如项目小组、战略业务单位等),在企业文化和相关制度的支持下,建立跨职能部门的高效工作团队。

(4)强化人力资源开发与管理。企业人力资源的整体素质和整体协作能力是企业内部供应链效率提高的前提,又是改进企业外部供应链运作效率的基础。因此,企业应当从提升供应链竞争力的角度,通过多种方式(如职业生涯规划、能力提升计划、团队效率提升计划等),加强人力资源的开发和管理。

(5)设计和完善柔性供应链。企业营销环境处于不断的变化之中,当变化达到一定程度时,要求企业供应链也能随之进行相应的变革,以保证供应链运营的有效性。因此,企业在设计和完善供应链时,要考虑供应链组织结构和运行机制的可调整性,以确保企业供应链能够对变化的环境做出快速反应。

(四)供应链的管理内容

(1)供应商管理。供应商管理包括以下内容:企业业务外包、供应商评估、供应商数量的关键点控制、供应市场竞争分析、供应商阶段性评价体系和战略伙伴关系的建立、供应商的网络化管理、体系的维护(见图7-4)。

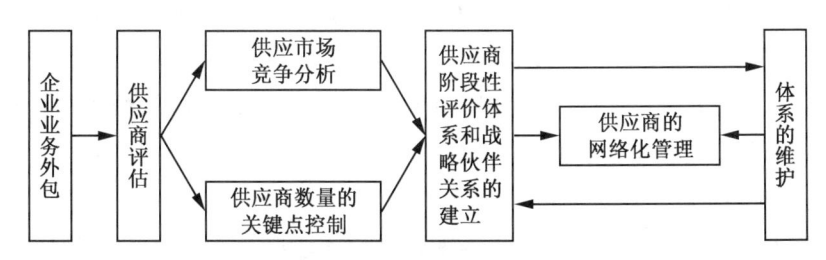

图7-4 供应商管理策划流程

第一，企业业务外包。业务外包是供应商管理的起点，企业在内部资源有限的情况下，为了取得更大竞争优势，仅保留其最具有竞争优势的功能，而其他功能则借助于外部最优秀的资源。业务外包在企业供应链中是指企业整合利用外部最优秀的专业化资源，从而达到降低成本、提高效率、充分发挥自身核心竞争力和增强企业市场竞争力。

业务外包可以利用的资源还有时间和资金。传统的企业往往拥有全过程自我投资和建设的部门，从基建部门到制造车间，到装配、验收部门，再到包装车间都是自己的。这通常导致项目完工的时候，就是经营面临困难的时候，企业负债累累，产品延期交货，一系列问题相继涌来。而业务外包可以获得多个联盟企业的协作，缩短产品周期，在最短的时间内推出最新的产品，并且它还可以利用联盟企业的资金，降低自身的风险，从而更轻松地获得竞争优势。

第二，供应商评估。在这个步骤中重要的是对供应商做出初步的筛选。建议使用统一标准的供应商情况登记表来管理供应商提供的信息。这些信息应包括供应商的注册地、注册资金、主要股东结构、生产场地、设备、人员、主要产品、主要客户、生产能力等。通过分析这些信息，可以评估其供应能力、供应的稳定性、资源的可靠性，以及其综合竞争能力。在这些供应商中，剔除明显不适合进一步合作的供应商后，就能得出一个供应商考察名录。

接着，要安排对供应商的实地考察，这一步骤至关重要。必要时在审核团队方面，可以邀请质量部门和供应工程师一起参与，他们不仅会带来专业的知识与经验，共同审核的经历也会有助于公司内部的沟通和协调。

在实地考察中，应该使用统一的评分卡进行评估，并着重对其管理体系进行审核，如作业指导书、质量记录等，要求面面俱到，不能遗漏。在考察中要及时与团队成员沟通，在结束会议中，总结供应商的优点和不足之处，并听取供应商的解释。如果供应商提供改进措施报告，则需要做进一步评估。

第三，供应商数量的关键点控制。关键点控制包括门当户对原则和半数比例原则。

门当户对原则体现的是一种对等管理思想，它与"近朱者赤"的合作理论并不矛盾。在非垄断性货源的供应市场上，由于供应商的管理水平和供应链管理实施的深入程度不同，应该优先考虑规模、层次相当的供应商。不一定行业老大就一定是首选的供应商，如果双方规模差异过大，采购比例在供应商总产值中比例过小，则采购商与供应商在谈判时往往处于不利地位。

第四，供应市场竞争分析。供应商数量原则指实际供货的供应商数量不应该太多，同类物料的供应商数量最好保持在2～3家，且有主次供应商之分。这样可以降低管理成本、提高管理效率，保证供应的稳定性。采购商与供应商建立信任、合作、开放性交流的供应链长期合作关系，必须首先分析市场竞争环境。通过分析现在的产品需求、产品的类型和特征，确认是否有必要建立供应链合作关系。对于公开和充分竞争的供应商市场，可以采取多家比价、控制数量和择优入围的原则。而在只有几家供应商可供选择的有限竞争的市场和垄断货源的独家供应市场，采购商则需要采取战略合作的原则，以获得更好的品质、更紧密的伙伴关系、更低的成本和更多的支持。

对于实施战略性长期伙伴关系的供应商，可以签订"一揽子协议/合同"。在建立供应链合作关系之后，还要根据需求变化，确认供应链合作关系是否也要相应地变化。一旦发现某个供应商出现问题，应及时调整供应链战略。

第五，供应商阶段性评价体系和战略伙伴关系的建立。采取阶段连续性评价的方式，将供应商评价体系分为供应商进入评价、运行评价、改进评价及供应商战略伙伴关系评价几个方面。供应商的选择不仅是入围资格的选择，而且是一个连续的可累计的选择过程。

建立供应商运行评价体系，则一般采取日常业绩跟踪和阶段性评比的方法。采取QSTP加权标准，即供货质量（quality，35%评分比重）、供货服务（service，25%评分比重）、技术考核（technology，10%评分比重）、价格（price，30%评分比重）。根据有关业绩的跟踪记录，按照季度对供应商的业绩表现进行综合考核。

供应商战略伙伴关系评估是通过供应商的进入和过程管理，对供应商的合作战略采取分类管理的办法。采购中心根据收集的信息由专门的商务组分析讨论，确定有关建立长期合作伙伴评估，提交专门的战略小组进行分析。伙伴关系不是一个全方位、全功能的通用策略，而是一个选择性战略。是否实施伙伴关系和什么时间实施，要进行全面的风险分析和成本分析。

第六，供应商的网络化管理。网络化管理主要是指在管理组织架构配合方面，将不同的信息点连接成网的管理方法。多事业部环境的采购平台，需要满足不同事业部的采购需求，需求的差异性必须统一在一个更高适应性的统一体系内。而对于产品相关的差异性需求，则应由各事业部的质量处和研发处提出明确的要求。

网络化管理也体现在业务的客观性和流程的执行监督方面。监督机制体现在工作的各个环节，应尽量减少人为因素，加强操作和决策过程的透明化和制度化。可以通过成立业务管理委员会，采用ISO9000的审核，检查采购中心内部各项业务的流程遵守情况。

第七，体系的维护。供应商体系的运行需要根据行业、企业、产品需求和竞争环境的不同而采取不同的细化评价。细化的标准本身就是一种灵活的体现。短期的竞争招标和长期的合作与战略供应商关系也可以并存。此外，供应链中的供应商一旦确定,就要相互建立信息交流与信息共享机制,企业也应该建立有效的供应商激励机制,这有利于双方的长期合作。

(2)合作伙伴关系管理。供应链合作伙伴关系是指供应商与制造商为了实现某个特定的目标,在一定时期内共享信息、共担风险、共同获利的协议关系。

管理供应链合作伙伴关系,要注意把握以下三个重要环节:

第一,建立健全委托代理机制。委托代理是一方委托另一方代理某种行为的有效社会分工,是权利的重新配置。口头或成文的合约是对这种分工或权利配置的确认,也是相关义务的承诺,合约稳定地维系着这种分工。委托代理合约只能根据可以感觉和预计到的有限事实,建立当事人行为与绩效补偿之间的对应关系,并且只能在既定的时限之内有效,因而委托代理机制是显性激励的。完善委托代理机制必须处理好两种代理问题:一是对代理人而言的信息不对称带来的悖论选择;二是对代理人而言的败德行为。这两个要通过建立代理人激励机制和企业间的信任机制来加以解决,从而减少对供应链整体利益的影响;否则,会导致过高的供应链运行成本,最终导致委托代理机制的失败。

第二,建立健全基于供应链合作伙伴关系的质量保证体系。基于供应链合作伙伴关系的质量保证体系以全面质量管理模式为指导,能将客户实际需求反映到企业制造的全过程中,通过产品质量功能的配置满足客户的需求,实现"双零"目标,即保证客户满意的产品零缺陷和令企业满意的零库存。

第三,建立知识联盟。强化基于供应链合作伙伴关系的技术扩散与服务协作,使企业成为价值链的一部分,实现了知识的优化重组,使企业注重那些能显著提高企业创新能力的知识与信息的合理运用和扩散作用,达到强强联合,也就是"用最小的组织实现了最大的权能"。

(3)联合库存管理。联合库存管理是一种基于协调库存管理中心的库存管理方法,该方法集中体现了这样一种思想:通过加强供应链管理模式下的库存控制来提高供应链的系统性和集成性,增强企业的敏捷性和响应性。由于供应链各节点企业只根据来自相邻的下游企业的需求信息进行生产和决策,这就使需求信息的不真实性会沿着供应链逆流而上,产生逐级放大的现象,即长鞭效应。由于长鞭效应的影响,上游供应商往往维持比下游供应商更高的库存水平。这种现象反映了供应链上需求的不同步现象,同时也说明供应链库存管理中的一个普遍现象:"看到的是非实际的。"因此,联合库存管理主要是为了解决独立库存运作模式导致的长鞭效应,同时也是为提高供应链的同步化程度而提出的,它体现了战略供应商联盟的新型企业合作关系,是一种风险分担的库存管理模式。

实施联合库存管理,可以从以下几个方面着手:

第一，建立协调管理机制。为了发挥联合库存管理的作用，供需双方从合作的精神出发，建立供需协调管理机制，明确各自的目标和责任，建立合作沟通的渠道，为供应商的联合库存管理提供有效机制。具体做法是：以互利互惠的原则建立共同合作目标；建立联合库存协调控制方法，如需求预测、库存调节与分配、确定安全库存水平、最大库存量和最低库存水平等；将条码技术、扫描技术和电子数据交换（EDI）集成起来，并充分利用互联网的优势，在供需之间建立一种信息沟通的渠道或系统，实现需求和库存信息的共享；建立公平有效的利益分配和激励机制，调动供应链成员的协作积极性。

第二，建立快速响应系统。快速响应系统是一种供应链策略，目的在于减少供应链中从原料到用户过程的时间和库存，最大限度地提高供应链的运作效率。快速响应系统经历了三个发展阶段：第一阶段为商品条码化，通过对商品的标准化识别处理加快订单的传输速度；第二阶段是内部业务处理的自动化，采用自动补给库存与 EDI 系统，提高业务自动化水平；第三阶段是采用更有效的企业间合作，消除供应链企业之间的障碍，提高供应链的整体效率，如确定库存水平和销售策略等。快速响应系统需要供需双方的密切合作，因此协调库存管理中心的建立为快速响应系统发挥更大的作用创造了有利的条件。

第三，有效利用第三方物流。第三方物流是供应链集成的一种技术手段。把库存管理的部分功能委托给第三方物流系统管理，可以使企业能够更加集中精力于自己的核心业务。

（4）供应链成本管理。供应链的成本管理体现供应链的价值增值水平，即"价值增值＝用户价值－用户成本"。而用户成本的降低应从整个供应链的角度去考虑，即"用户成本＝供应成本＋制造成本＋销售成本"。这三部分成本分别对应于供应链的上游成本、企业内部成本和供应链下游成本。因此，降低产品进入市场的成本（即用户成本）应从上述三方面着手。

供应链成本管理中通常采用的基于活动的成本核算方法（Activity-Based Costing, ABC 法），是一种基于价值链分析的成本核算法。在用 ABC 法核算供应链成本以及用倒推法确定目标成本的基础上，可采用以下策略对供应链成本进行控制：

第一，多级库存优化策略。在供应链结构中，以核心企业为分界点，分上游供应链和下游供应链。在传统的供应链管理模式中，成本优化主要是针对下游成本供应链进行的。在现代的供应链管理模式中，要对整个供应链的多级库存进行优化控制，即全面考虑多级库存控制中发生的运输费用、仓储费用和服务费用，经过成本考核后，采取建立联合储运中心或第三方后勤服务协作体等方式，实现多级库存的优化。

第二，信息成本控制策略。多级库存中最严重的问题是长鞭效应。长鞭效应是由于供应链中的信息扭曲造成的,其结果自然是库存成本的增加。实际上,长鞭效应是因为供应链中活动作业链过长的缘故。供应链过长,不但信息传递慢而失真,而且耗费更多的信息成本。为了控制信息成本,一方面要防止供应链过长;另一方面,在为消除长鞭效应而增加信息共享程度的同时,要努力实现信息系统投资的科学化、合理化,避免陷入 IT 黑洞。

第三,成本中心后移。以顾客需求为中心常常导致供应链成本的上升,这是因为在满足不同需求而生产差异化的产品时,不但生产成本增加,而且库存和运输成本也增加了。解决这一问题的办法是成本中心后移。通过成本中心后移,把原来的生产作业活动移到最靠近需求的地方,这样不仅有效降低了成本,而且提高了供应链对市场的响应能力。

第四,同步化战略。即通过在供应链范围内实施并行工程,使供应链活动并行进行,从而提高各项作业活动的协调性和同步性,减少不必要的浪费。在供应链管理中,同步化战略是一项重要的战略。

第二节　分销渠道中的商流

一、商流的概念

分销渠道中的商流是指商品从生产领域向消费领域转移过程中的一系列买卖交易活动和所有权转移活动,所以分销渠道中的商流又称所有权流。

在市场经济条件下,人们为了支配商品必须取得商品的所有权。对于消费者来说,由于他本身不能生产供自己消费的商品,因此,他要消费由生产者生产的商品,首先必须取得这种商品的所有权,在最短的分销渠道中,至少有一次所有权转移——商品所有权由生产者向消费者转移,究其实质,是生产者支配的商品与消费者支配的货币的交换行为。

在间接分销渠道中,生产者的销售活动与消费者的购买活动是通过中间商的购买和销售活动联结的。这时,中间商并非单纯地联结生产者和消费者的购销活动,相反,他首先要作为购买者从生产者那里购买商品,取得商品所有权,然后再作为卖者把商品销售给消费者,将商品所有权转移给消费者。当然,在间接分销渠道中,商品所有权的转移是经过一个环节还是两个以上环节,取决于商品的种类与性质、生产与消费的方式以及生产与消费的时间或空间特性。

二、商流的特征

分销渠道中的商流,其运行具有以下特征:

(一)合理组织和运行是商流的本质要求

在社会经济活动中,商流的合理组织和运行十分重要。第一,从消费要求的角度看,合理的商流才能保证消费者在其所希望的时间、地点以其所希望的方式获得其所需要的商品,而不至于由于渠道不畅而使需求得不到满足,也不至于由于分销渠道组织的不合理而使消费者在获得商品时支付过高的代价。第二,从生产者的角度看,只有合理的商流,才能使其商品很快地进入流通领域,最大限度地同消费者广泛接触,促使商品尽快销售,减少滞留和积压。合理的商流还能保证企业以适当的流通费用来完成其商品销售工作,而不至于因商流不合理而提高销售成本。第三,从社会经济的角度看,合理的商流才能形成合理的市场体系,才能准确反映各种市场信息,促使社会资源合理流通与分配。

合理的商流应当是怎样的呢?从全社会角度分析,商流的组织和运行应主要表现为"畅通、经济、高效、适应"等几个方面。

(1)畅通。所谓畅通,即商流应在沟通产销方面充分发挥作用,保证进入分销渠道的商品能畅通无阻地进入消费领域,保证商品分销渠道能延伸分布到每一个需要商品的区域与市场。其不合理往往表现为:由于商流衔接的中断或中间商销售的不力,造成一方面商品积压滞销,另一方面需求得不到满足的状况。

(2)经济。所谓经济,即商流应在保证商品分销活动正常运行的前提下,尽可能节约分销资源和降低分销成本。这一方面可以促使经济运行效益的提高,另一方面也能促使商品价格的下降,以满足消费者的利益。其不合理性经济表现为:增加不必要的分销环节,采用不合理的分销规模和使用不适当的交易方式,从而导致分销成本不必要的上升。

(3)高效。所谓高效,即商流活动的组织和运行应尽量促使商品分销效率和效益的提高。在分销路线和方式的选择上应贯彻"优先"的原则,尽可能选择速度快、成本低、满足度高的分销渠道。高效的另一层含义也包括分销主体的产出应高于其投入,即尽可能做到花费较少的分销费用达到同样的流通目的,或花费同样的分销费用,产生较高的流通效率。其不合理性经济表现为:对分销渠道缺乏认真的比较选择和精心的组织,相对成本过高或相对效率较低;分销主体管理水平差,投入产出效率低。

(4)适应。所谓适应,即商流的组织和运行应能够同分销渠道其他活动相适应。由于商品分销渠道主要是对生产和消费进行中介和沟通,所以商流的规模、结构、方式都应符合物流、信息流、促销流、付款流的实际需要。其不合理性经济表现为:商流的规模、结构、质量等不适应其他活动的需要。

(二)从"合一""分离"到"融合"是商流发展的轨迹

商品分销的过程不仅是商品的所有权转移和商品使用价值的转移过程,而且还伴随信息流、促销流和货币流。商流和其他四流的关系,经历了一个"合一"到"分离"再到"融合"的过程。

(1)四流合一。在物物交换的条件下,由于生产力水平极为低下,人们交换的愿望和行为是偶然的,这时商流、物流、信息流、促销流是在同时、同地发生的,此时,货币还没有出现,也不存在货币流。

(2)五流分离。由于生产力的发展和交换的频繁发生,作为交换媒介的货币出现了,货币的出现使得交换过程中的"五流"分离成为可能。因为货币的出现使买卖行为可以在时间和空间上产生一定的距离,为"五流"分离的产生提供了前提条件。但是,在商品经济不发达的条件下,"五流"的分离并不是必然的,只是在商人出现以后,"五流"分离才有可能成为现实。尤其是在发达的商品经济条件下,随着商品流通规模的扩大,社会化、专业化程度的提高,五流分离和与此相适应的机构的分立也就成了客观必然。

(3)五流融合。在五流分离的背景下,出现了不同的经营机构,相对独立地分别执行商流、物流、信息流、促销流和付款流的职能。信息技术的飞速发展,迅速拉近了生产与消费的时空距离,大大推动了决策的科学化以及商流、物流、信息流、促销流和付款流的现代化进程。现代信息技术的广泛运用,加快了商品分销过程中供应链一体化趋势,生产、销售、物流、售后服务等不同职能被统一到共同的有效成本和效益的基础之上。生产商、中间商、辅助商等被有效地组织起来,形成一个真正为市场和消费者服务的新型的系统。从"四流合一"到"五流分离"再到"五流融合",这绝不仅仅是形式的转换,而是一个质的飞跃。

在上述的演变过程中,商流具有灵活性的特征,商流与其他"四流"相比较,宜合则合,宜分则分。作为一个运动过程,商流与其他"四流"是同时进行的;而作为一个流通过程,商流又是独立的。

(三)市场是商流活动的基础

商流的主要任务是规划与结算以及调节和实现供求的一致性,而商流的规划、结算、调节和实现等活动都是以市场为基础进行的。因而,市场性是商流的重要特征。

与计划相比,商流的市场特征至少有以下两点优势:

(1)信息优势。因计划对资源进行配置时,由于信息不对称的存在和信息传递过程中的失真和丢失,信息往往不充分、不及时;而通过市场竞争,信息能够得到充分交流,有利于企业根据市场前景和盈利预期进行自主选择,目标明确,方式选择得当。

(2)创新优势。现代经济增长的历史表明,除了极少数特殊情况,大量的创新活动是创新者自主和分散进行的。市场体制较计划体制的优越处在于,它允许并且鼓励更多的市场主体参与创新活动,并且通过市场使那些符合社会需要的新事物不断取代旧事物。

第三节　分销渠道中的信息流

【小资料7—3】

宝供公司的信息管理系统

广州宝供储运公司是一家中型物流企业,与一些著名的物流公司相比只是一个小兄弟。自从引进和采用了先进的信息管理系统之后,其客户数由原先的不到10家发展到50家,其中不乏如宝洁、雀巢、安利等跨国集团。对于宝供公司而言,信息系统已经不仅仅是实现业务自动化的手段,而且也成为企业的核心竞争力。

一、系统简介

该系统采用互联网网络构架的信息交流系统,把运输系统分解为接单、发送、到站、再发送、再到站、签收等环节进行操作;在运输方式方面分为短途、公路、铁路、内河、海运和空运;针对物流企业仓库面积大、分布广的特点,把仓储部分分为仓库管理和货品仓储管理两大部分。

具体模块及功能是:

(1)接单模块。互联网上的EDI,货主只要将托运或托管的货物的电子文档E-mail给物流服务公司,即可完成双方的交接单工作。

(2)发送模块。完美的配车功能和备货功能,辅助管理人员完成发送前烦琐的准备工作。

(3)运输过程控制模块。包括货物跟踪和甩货控制,可以实时反馈货物的在途运输情况,跟踪被甩货的状况。

(4)运输系统管理模块。是对承运人、承运工具的管理信息系统。

(5)仓位管理模块。根据优化原则,自动安排每种进仓货物的存放位置,自动提示出仓时应到哪个仓位提货,并可以提供实时仓位图。

(6)库存及出库管理模块。自动计算仓库中每种货品的库存量及存放位置,并按先进先出原则提货。

(7)客户服务模块。为客户提供所有质量评估信息和与其货物相关的所有信息。

(8)储运质量评估模块、统计报表模块、查询模块。

系统采用集中数据存储,各个分公司对于数据的保有权是有时效限制的。所有数据的维护均由公司的信息中心负责进行。

二、系统特色

(1)开放性。基于互联网技术,采用标准浏览器,客户端无须开发、培训,将系统维护的工作量降到最低。

(2)标准性。WEB 上的 EDI 在互联网环境中实现标准的 EDI 交换。

(3)安全性。使用 SET 技术保证信息传递过程中的安全性。

(4)平台无关性。使用 Java 技术实现系统的跨平台运作。

(5)低费用。企业内部各分支机构之间、企业和客户之间都使用互联网进行通信,实现信息的发布、业务的协作,不必再进行投资。

三、系统实施后的好处

(1)有效地组织了跨地区的业务。作为物流企业,其核心业务在于对物流业务进行有效的管理,提供优质服务。该物流信息系统能把业务各环节科学地衔接起来,各环节可清晰地了解上一环节的信息,及时做好工作安排。

(2)充分利用资源。仓库系统可以随时对货品进行排库和盘点,同时提供智能化的货品先进先出功能,极大地提高了工作效率。

(3)提高客户服务水平。对于客户来说,交运之后最需要了解的是物品的流通过程以及物品要安全准确地到达指定的地点。通过这套信息系统,客户可以随时在线查询所交物品的状态。

(4)加速资金周转。通过本系统,无论是分销企业还是客户都能够及时了解每一批物品的签收情况,可以尽早制定资金的运作计划。

(5)节约通信费用。传统的联系方式主要是采用电话和传真进行信息沟通,但是电话不能存底,传真件不能用于数据处理,尤其是这些方式费用很大。本系统是采用互联网网络构架的信息交流系统,大大节约了通信费用。

资料来源:张广玲等,《分销渠道管理》,武汉大学出版社 2005 年版。

一、信息流的概念

信息流可以从两个方面来定义。从狭义范围来看,信息流是指企业内部商流、物流、促销流、付款流有关的信息,其对四流活动起着支持保证作用。从广义范围看,信息流不仅包括企业内部的信息,而且包括分销渠道中与其他企业的关系。广义的信息不仅能起到连接、整合从生产商、中间商、辅助商到消费者的整个供应链的作用,而且在应用现代信息技术基础上实现整个供应链活动的效率化。

二、分销信息系统的功能

分销信息流的功能主要体现在以下几个方面:

(一)收集功能

市场营销活动的延续,不断地更新着分销的内容。分销的环境也不可能一成不变,环境的每一次小小的波动都会对分销产生新的影响,都会产生新的环境信息。所有这些都要求分销信息系统具有高度的灵敏性,及时收集、捕捉这些情报,进行信息反馈,使分销系统成员能依据市场信息的变化适时调整商流、物流、促销流、付款流。

(二)加工功能

对收集到的分销信息需要进行分类、分析、整理,以反映分销活动的全过程,使分销渠道管理者能及时掌握分销变化的情况,提出对策,保证分销活动的低成本和高效率。

(三)存储功能

分销信息日积月累,数量巨大。连续、全面的数据信息资料不仅可以给日后的分析、预测、研究工作提供极大的方便,而且井然有序的存储信息资料为传输和检索提供了方便。如分销信息系统中,作为连接生产过程与库存配送需求计划的 DRP 系统(分销需求计划)常利用已建立的商品库存信息资料,结合需求预测、订货量等情况对未来的需求做出计划。

(四)传输功能

在分销过程中,由于系统成员所处的地理位置不同,作业场所的不断变更,产生了信息传输的要求:传输途中的运输工具的信息,如火车、汽车、飞机等交通工具的发出、到达的预报与确保,票据、凭证、通知单、报表、文件、法规、规章等的传送以及物流系统成员的信息共享与交流等都需要信息传输。

(五)检索和输出功能

为了解决因信息数量的增加与积累给查找信息带来的麻烦,信息系统一般具有检索功能。同时,为适应系统成员的多样化需求,信息系统还具有输出功能,将系统收集、加工、存储等的各类信息资料以表格、报告、数据、文字、图形等形式提供给需要者。

三、现代分销信息技术

先进的信息技术是加强和改善商品分销活动的重要工具和手段。这些信息技术主要有：

（一）EDI系统

国际标准化组织(ISO)将EDI定义为"将商业或行政事务处理按照一个公认的标准，形成结构化事务处理或信息数据格式，从计算机到计算机的数据传输"。在供应链管理的策划中，EDI是供应链中连接节点企业商业应用系统的媒介。通过EDI，可以快速获得信息，提供更好的服务，减少纸面作业，更好地沟通信息，提高生产率，降低成本，并且能为企业提供实质性的、战略性的好处，如改善运作，改善与客户的关系，提高对客户的响应，缩短事务的处理周期，减少订货周期，减少订货周期中的不确定性以及增强企业的市场竞争力。基于EDI技术的企业供应链集成模式如图7-5所示。

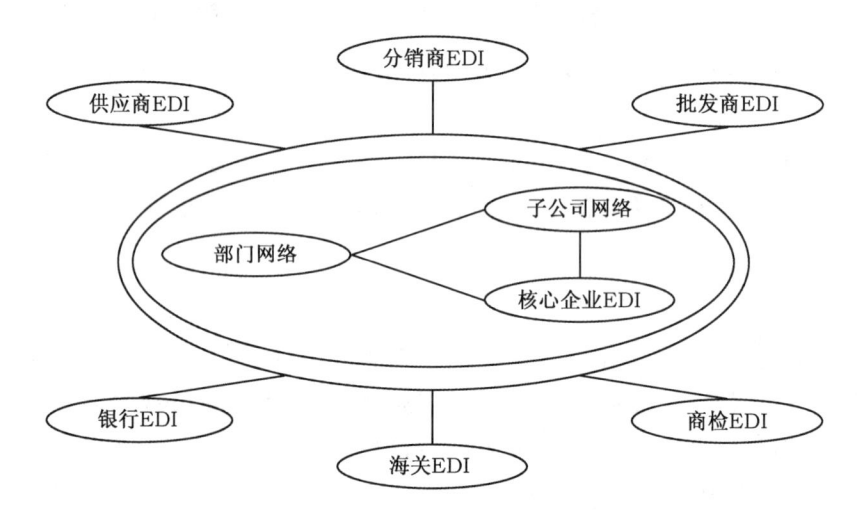

图7-5 基于EDI技术的企业供应链集成模式

EDI系统一般由以下四个方面构成：关于信息传送方式的规定、关于信息表示方式的规定、关于系统运行操作的规定以及关于交易业务的规定。这些规定或称议定书，是通过EDI系统的各分公司达成的，这些规定实际是对这四个方面涉及的内容进行标准化工作。由于数据交换在不同企业、组织之间进行，不同的组织必须使用统一的标准才能使这种交流有效。类似于社会上的交流，计算机通信也需要一种共同的语言或一个翻译系统。一种共同的语言，即公用的EDI标准就是数据交换的翻译。目前，最普遍接受的通信标准是ASCX.12(America Standards Committee X.12，即美国标准委员会X.12)和UN/EDIFACT(United Nations/Electronic Data Interchange for Administration,Commerce and Transport，即联合国/商业和运输电子数据交换管理)。两者中，ASCX.12被升格为美国标准，而UN/EDIFACT更多地被视为全球标准。每一个组织根据需要都明确规定了在供应链的伙伴之间交换共享数据类型的结构。

（二）条形码技术

对于分销信息管理的控制来说，信息的收集和交换是至关重要的。典型的应用包括仓库的入库跟踪和零售店的销售跟踪，过去主要通过手工程序进行信息的收集和交换，既费时又容易出错。条形码和电子扫描属于识别技术，有助于物流信息的收集和交换。尽管这种自动识别系统需要用户大量的资金投入，但是，国内、国际的激烈竞争促使托运人、承运人、仓库、批发商以及零售商等开发和利用自动识别技术，以便更好地参与世界竞争。

条形码技术是在计算机技术与信息技术的基础上发展起来的一门集编码、印刷、识别、数据采集和处理于一身的新技术。其核心内容是利用光电扫描设备识读条码符号，从而实现机器的自动识别，并快速准确地将信息录入到计算机进行数据处理，以达到自动化管理的目的。条码技术主要包括符号(编码、设计和制作)技术、识别(扫描和识别)技术和应用系统(由条码、识读、计算机和通信系统组成)设计技术。

所谓条形码，是一种利用光电扫描阅读设备识读并实现数据输入计算机的特殊代码。它是由一组粗细不同、黑白(或彩色)相间的条与空白组成的图形。按使用目的不同，条形码可分为商品条形码和物流条形码。商品条形码是以直接向消费者销售的商品为对象，以单个商品为单位使用的条形码，是一种商品的识别标记，已成为商业自动化的主要技术。当前，国际上有通用于欧洲的 EAN 条形码和通用于北美的 UPS 条形码两大系统，两者可以兼容，分别属于国际物品编码委员会(EAN)和美国统一编码委员会。物流条形码是物流过程中的以商品为对象，以集合包装为单位使用的条形码。

条形码是有关生产厂家、批发商、零售商、运输者等经济主体进行订货和接受订货、销售、运输、保管、出入库检验等活动的信息源。目前这项技术仍在不断地发展进步，多维码的出现是突出表现之一。一般条形码在每英寸上持有 20～30 个字符，而新的二维码、三维码在小于一张邮票的区域内可容纳几百个字，几乎可以包含任何信息，并可与 EDI 等其他技术一起使用。

（三）电子订货系统

电子订货系统(Electronic Ordering System，EOS)是指企业间利用通信网络(VAN 或互联网)和终端设备，以在线连接方式进行订货作业和订货信息交换的系统。EOS 的应用范围可以在企业内(如连锁店经营中各个连锁分店与总部之间建立的 EOS 系统)，也可应用于零售商与批发商之间或者零售商之间、批发商之间。

EOS 系统的优点是订货由一线人员负责，订货品种、数量直接反映商店各商品品种的销售情况，实际的含义是将商品各品种的缺货量补足到规定数量，实现以销定进。这样，EOS 就可以节省店铺的采购费用，降低供货商的发货成本，最终降低商品价格，提高客户的满意度。EOS 系统是企业物流信息系统的重要组成部分,它能及时准确地交换订货信息。改变了传统的订货方式,有利于准确判断畅销商品和滞销商品,提高了企业的库存管理效率和物流信息系统的效率。

企业应用 EOS 系统必须具备一定的基础条件,如订货业务作业的标准化、商品代码的设计、订货商品目录账册(Order Book)的制定和更新、计算机以及订货信息输入和输出终端设备的添置和 EOS 系统设计等。运行 EOS 系统,其订货作业的步骤如图 7-6 所示。

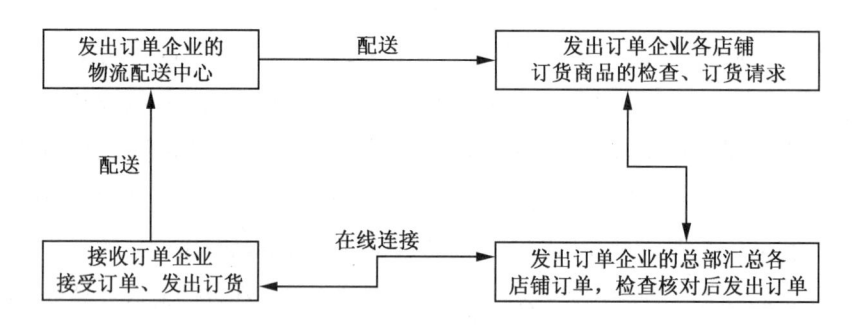

图 7-6 EOS 系统框架

首先,发出订单企业各店铺检查商品,通过在线连接向总部发出订货请求。其次,发出订单企业的总部汇总各店铺订单,并检查核对,通过在线连接发出订单。最后,接收订单企业接受订单,向订单企业的物流配送中心发出订货。

(四)销售时点信息系统

销售时点信息系统(Point of Sale,POS),是指通过自动读取设备(如收银机)在销售商品时直接读取商品销售信息(商品名、单价、销售数量、销售时间、销售店铺、购买顾客等),并通过通信网络和计算机系统传送至有关部门进行分析加工以提高经营效率的系统。POS 系统最早应用于零售业,以后逐渐扩展至其他如金融、旅馆等服务性行业,利用 POS 信息的范围也从企业内部扩展到整个供应链。

POS 系统由主机、显示器、输入设备(键盘)、输出设备(打印机、顾客显示屏)等组成,还有发票打印机、条码扫描器、电子秤、磁卡读入机、供电子转账用的智能信用卡读出设备、通信接口等外设接口以及连接专用设备。通常一套简单的 POS 系统包括一部 PC 个人电脑、两台收银机及连线、数据解码器、条码扫描器等。

POS 系统的作业功能主要有以下几项:在收银结算时,收银机会自动记录商品销售的原始资料和其他相关资料并记忆一段时间;POS 系统能自动储存、整理所记录的全日销售资料,可以反映每一个时点、时段和即时的销售信息;可以打印出各种收银报表、读账、清账和时段账、部门账、时段部门账;总部信息中心可利用通信网络了解各分部的情况,作为决策的依据,同时向分部下达管理指令、配送信息等。

POS 系统还具备以下管理功能:一是有助于调整产品结构和订货进货数量,降低营业成本;二是有助于企业的价格管理;三是合理配置企业作业人员,节省人工和编制报表的时间,提高企业经营效率;四是可实现对商品销售的动态分析,适时做出决策。

POS 系统的运行由以下五个步骤组成:

第一步,商品的条码化。店头销售商品都贴有表示该商品信息的条形码或 OCR 标签。

第二步,在顾客购买商品结账时,收银员使用扫描读数仪自动读取商品条形码标签或 OCR 标签上的信息,与店铺内的微型计算机连接,在确认商品单价的基础上计算顾客购买总金额等,同时将信息返回给收银机,打印出顾客购买清单和付款总金额。

第三步,总部或物流中心通过增值网在线连接方式收集各个店铺的销售时点信息。

第四步,总部、物流中心和店铺利用收集的销售时点信息来进行库存调整、配送管理、商品订货等活动,对销售时点信息进行加工分析来掌握市场需求动向,找出畅销商品和滞销商品,以便及时补充畅销商品存货,防止脱销,防止滞销货积压,减少库存,加快资金周转。

第五步,把销售时点信息即时传递给供应商,便于他们进行计划和决策。

(五) EIP 系统、ERP 系统和电子供应链管理系统

EIP 系统是企业的电子门户系统,建立在协同商务的概念之上,它支持一个供企业的员工、客户以及合作伙伴进行交流的平台,还支持与其他管理系统的连接。ERP 系统是企业内部的供应链管理系统,集中了企业内部价值链的所有信息,合理调配企业各方面的资源。电子供应链管理系统则充分利用电子数据交换、ERP 等技术手段,集中协调供应链上不同企业的关键数据,包括订货、预测、库存状况、生产计划、运输安排、销售分析、资金结算等数据,并让管理人员迅速、准确地获得这些信息,达到各个过程的自动管理,协助降低成本。

企业实现了电子化以后,就可以通过搜集大量信息来指导生产,真正实现客户需求拉动产品和供应链的运作,对整个供应链进行有效整合,在降低成本的同时提高服务水平,形成有效的竞争优势。

(六)基于 Internet/Intranet 的信息网络系统

Internet 面对的是全球的用户,是企业走向全球化的"桥梁"。Intranet 是企业内部所形成的"蜘蛛网"。通过 Internet/Intranet 的集成实现企业的完整信息网络,提高企业的运行效率。企业从传统管理信息系统向 Internet/Intranet 集成模式的转变如图 7—7 所示。

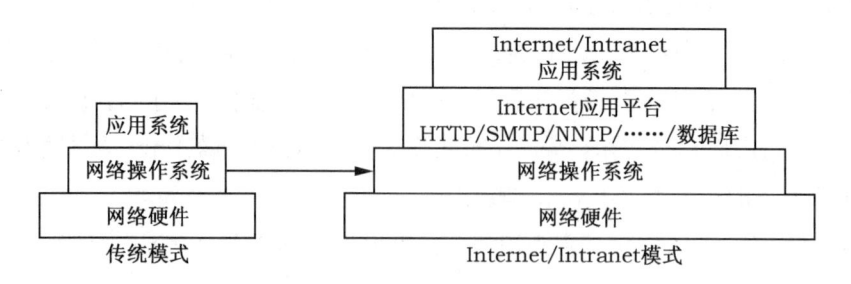

图 7—7　企业从传统管理信息系统向 Internet/Intranet 集成模式的转变

第四节　分销渠道中的促销流

一、促销流的概念

在商品分销渠道中,企业通过对信息的收集和处理来适应市场环境的变化,生产并销售符合市场需求的产品,通过把企业的产品在适当的时间、适当的地点以适当的方式送到顾客的手中来获得顾客的最大满意。而顾客如何才能得知企业的产品,如何才能为企业的产品所吸引并采取购买行动呢？这就要靠企业向目标市场准确、及时地传递关于自身及其产品的信息,以获得顾客的认知。这就是我们所要讨论的分销渠道促销流管理的问题。促销流是产品在分销渠道转移过程中,企业通过各种传媒进行的一切促销努力。促销流的流动是由企业流向顾客的,它的流动方向与分销渠道的物流流动方向相同,与企业与外部环境之间的信息流流动方向相反。

二、促销组合

分销渠道中的促销流又可称为促销组合。

(一)促销组合的构成要素

促销组合的构成要素可以从广义和狭义两个角度来考察。

(1)广义的构成要素。就广义而言,分销渠道中的各个因素都可以纳入促销组合,诸如产品的功能、式样、包装的颜色与外观、价格、品牌等,因为它们都从不同角度传播产品的某些信息,推动产品的需求。

(2)狭义的构成要素。就狭义而言,促销组合只包括具有沟通性质的促销工具,主要包括各种形式的广告、展销会、商品陈列、销售辅助物(目录、说明书等)、劝诱工具(赠品券、赠送样品、彩券)以及宣传等。

企业的促销要素主要包括广告、人员推销、销售促进、公共宣传四种。

(二)促销策略组合

促销策略组合研究的是对各促销手段的选择及在组合中侧重使用某种促销手段，一般有以下三种类型：

(1)推式策略。推式策略是指利用推销人员与中间商促销，将产品推入渠道的策略。这一策略需利用大量的推销人员推销产品，它适用于生产者和中间商对产品前景看法一致的产品。推式的策略风险小、推销周期短、资金回收快，但其前提条件是须有中间商的共识和配合(见图7-8)。

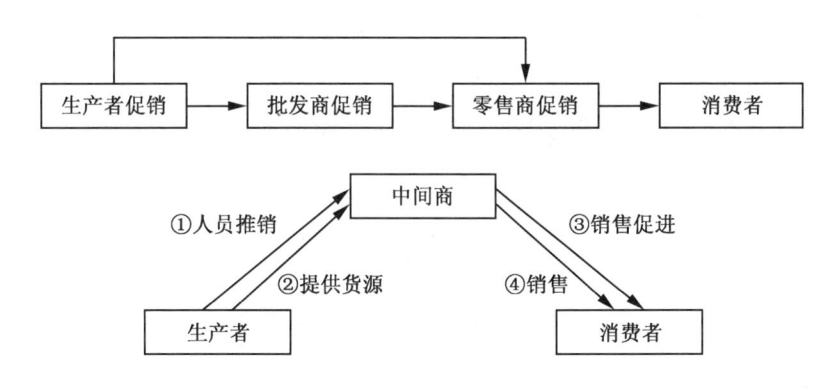

图7-8 推式策略

推式策略常用的方式有：派出推销人员上门推销产品，提供各种售前、售中、售后服务促销等。

(2)拉式策略。拉式策略是企业针对最终消费者展开广告攻势，把产品信息介绍给目标市场消费者，使人产生强烈的购买欲望，形成急切的市场需求，然后"拉引"中间商纷纷要求经销这种产品(见图7-9)。

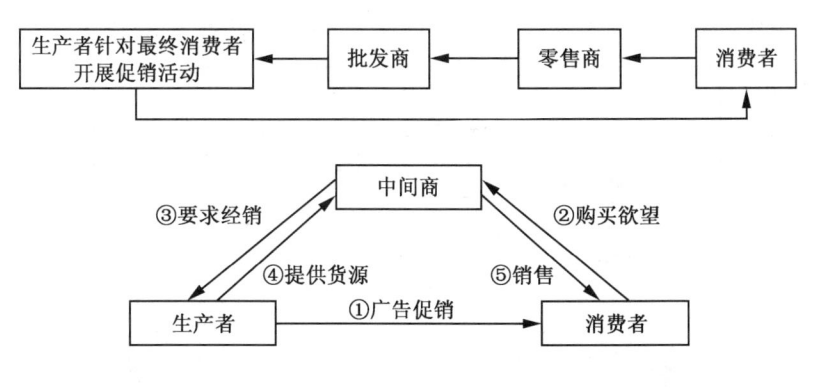

图7-9 拉式策略

在分销过程中,由于中间商与生产者对某些新产品的市场前景常有不同的看法,因此,很多新产品上市时,中间商往往因过高估计市场风险而不愿经销。在这种情况下,生产者只能先向消费者直接推销,然后"拉引"中间商经销。

拉式策略常用的方式有:价格促销、广告、展览促销、代销、试销等。

(3)推拉结合策略。在通常情况下,企业也可以把上述两种策略配合起来运用,在向中间商进行大力促销的同时,通过广告刺激市场需求。其程序如图7—10所示。

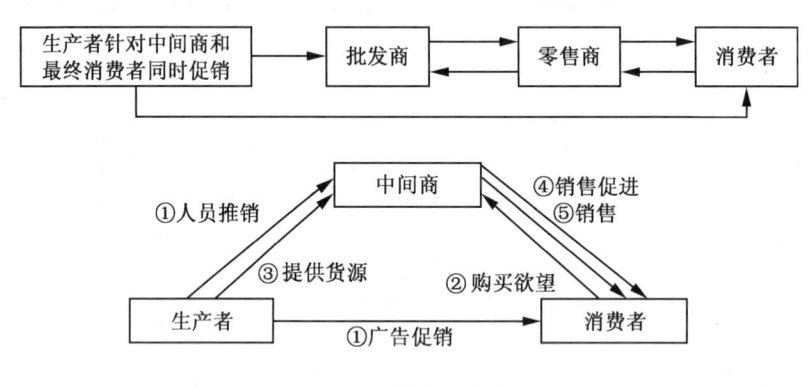

图7—10 推拉结合策略

在"推式"促销的同时进行"拉式"促销,用双向的促销努力把商品推向市场,这比单独利用推式策略或拉式策略更为有效。

(三)促销流决策

由于不同的促销手段具有不同的特点,企业要想制定出最佳组合策略,就必须对促销组合进行选择。企业在选择最佳促销组合时,应考虑以下因素:

(1)产品类型。产品类型不同,购买差异就很大,不同类型的产品分销时应采用相应的促销策略。一般来说,消费品主要依靠广告,然后是销售促进、人员推销和宣传;生产资料主要依靠人员推销,然后是销售促进、广告和公共宣传(见图7—11)。

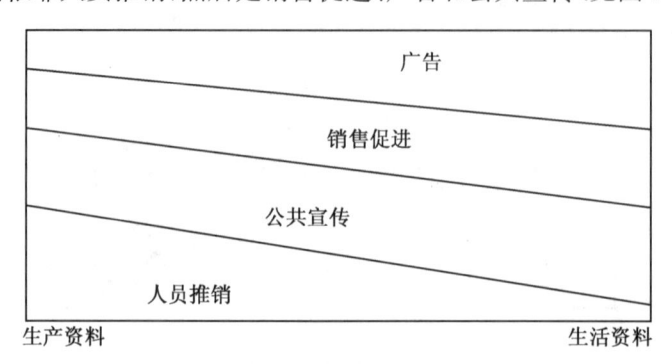

图7—11 不同产品类型各种促销方式的相对重要程度

(2)产品生命周期。处在不同时期的产品,促销的重点目标不同,所以采用的促销方式也有所区别(见表7—1)。

表7—1　　　　　　　　　　产品生命周期与促销方式

产品生命周期	促销的主要目的	促销的主要方法
导入期	使消费者认识商品,使中间商愿意经营	广告介绍,对中间商用人员推销
成长期 成熟期	使消费者感兴趣,扩大市场占有率,使消费者成为"偏爱"	扩大广告宣传,搞好销售促进和公共宣传
衰退期	保持市场占有率,保持老顾客和用户,推陈出新	适当的销售促进,辅之广告,减价

从表7—1可以看出,在导入期和成熟期,促销活动十分重要,而在衰退期则可降低促销费用支出,缩小促销规模,以保证足够的利润收入。

(3)市场状况。市场需求情况不同,企业在分销时应采取的促销组合也不相同。一般来说,市场范围小、潜在顾客较少以及产品专用程度较高的市场,应以人员推销为主;而对于无差异市场,因其用户分散、范围广,则应以广告宣传为主。

【小资料7—4】

促销:演变、实质及运作误区

改革开放以来,随着卖方市场向买方市场转变,各种促销方式层出不穷、争奇斗艳。其涉及面之广、持续时间之长、手段力度之强、理性与非理性交织之复杂,值得我们思考和研究。

一

20世纪80年代后,我国市场出现的主要促销方式有:

(一)活动营销

20世纪80年代,跨国巨头纷纷来华投资办厂。他们不仅带来了先进的科学技术,更引进了现代的营销理念和管理经验,其中,有代表性的是以品牌管理、促销方式著称的宝洁公司。

1990年2月,宝洁公司举办了"飘柔美发亲善大行动"活动,同年5月推出了"海飞丝南北笑星、歌星光耀荧屏活动",1994年又举办了"飘柔之星全国竞耀活动"等。

当时,活动营销已成为最贴近消费者的一种促销方式。

(二)巨奖销售

20世纪80年代末,政府为了解决通货膨胀问题,出台了一系列宏观调控政策,国内市场骤然降温。同时,生产企业和商业企业产品积压严重,商品难卖现象也随之出现。为了摆脱困境,工商部门纷纷采取了五花八门的促销手段,最后演变成为一场横扫中国城乡的"巨奖销售"。

这一时期的促销方式跟进之风盛行。一个企业搞有奖销售,就会引起许多企业竞相模仿,随着一些有实力的大企业参与,奖金数额直线上升,"有奖销售"很快演变成"巨奖销售""送汽车""送家电"是其主要形式。这一时期的典型代表是郑州市七大商场的著名商战,当年摆在亚细亚商城门口的那辆红色桑塔纳轿车,至今让郑州人记忆犹新。

(三) 赞助

早在20世纪80年代中期,广州白云制药厂以企业身份承包了广州足球队,开创了新时期我国企业赞助的先河。同年,健力宝饮品和海鸥手表赞助中国体育代表团进军奥运会。之后,越来越多的企业认识到赞助的魅力所在,纷纷赞助体育赛事,大大推动了体育产业市场化的进程。

(四) 央视标王

1994年,央视广告部把中央电视台的黄金广告段推向市场,在全国进行招标。孔府家酒、秦池、爱多、步步高、娃哈哈、熊猫、蒙牛、宝洁等品牌,以几千万元到几亿元的广告费,分别获得第一届到第十四届"标王"。对"标王"的各种议论至今褒贬不一,人们见证了宝洁和蒙牛的成长,更看到一些品牌因"标王"而一夜走红,又很快因经营不善而昙花一现。

(五) 打折

1996年后,我国市场整体进入买方市场阶段,据调查,市场上供求平衡或供大于求的产品占98.4%。于是,打折风潮成为商家司空见惯的促销手段。1997年元旦,北京市责友大厦全部商品一律八折优惠,当天其营业额是平时的10倍。那时全国无处不打折,一家发动,百家跟进,让利幅度越来越大、持续时间越来越长,形成恶性循环,许多商家几近无利乃至亏本销售。

(六) 积分计划

步入新世纪,市场进入微利时代。在这一背景下,以保留顾客和建立顾客长期关系为主旨的促销方式开始流行,"积分计划"开始在零售、电信、交通等行业得到广泛运用。

(七) 直播带货

利用网红直播来带动销售这种促销方式,已有多年。2020年新冠肺炎疫情使这一促销效应急剧放大。从网红、企业家、影视明星到政府官员,从快销品、家电、汽车到房产,其涉及面之广、增长速度之快,前所未有。

(八)购物节

利用购物节促销的成功案例,首推2009年举办的"淘宝商场购物狂欢节"活动,由于采取强有力的网络造势和力度很大的降价措施,"双十一"已成为中国电子商务行业的年度盛事。

如今造节成风,"双十二节""女王节""油菜花节""夜生活节"等,曾经一年一度的购物节变成"全年都是节,各行各业都造节,大节套小节,节节相连,全节无休"。

二

对改革开放以来主要的促销形式进行复盘,可以有以下几点思考:

(1)上述促销形式在时间上是继起的,在空间上又是并存的。有奖销售、打折、积分计划、活动营销等促销活动在今天不仅没有消失,反而更普遍和更经常地被商家使用。

(2)认清促销的本质。一些企业家认为,所谓促销,就是向消费者让利,并通过让利加快产品销售。这是一个影响很广、危险很大的错误观念。美国西北大学唐·舒尔茨早就指出"促销即传播",即"以各种有效的方法向目标市场传递有关信息,以启发、推动对企业产品的需求,引起购买行为"。

如果把促销仅仅理解为"让利",有可能使促销工作走偏方向。常见一些品牌的促销活动花费巨资却达不到预期目标,究其原因:一是信息传播内容(促销目标)不明确;二是信息传播对象(促销目标市场)不清晰;三是信息传播手段(促销形式)不科学;四是信息传播要素(促销的时机、规模、力度)不匹配等。只有在"有效传播和沟通"理念的指导下,促销设计的思路才会更广阔,效果才会更好。

(3)根据"促销即传播"的论断,促销形式的不断创新是必然的趋势。促销的主体、客体、方式等均受一系列因素制约,当制约因素变了,促销内容不能不变。新冠疫情期间,人们都宅在家中,各种线下活动不再可行,而线上直播带货则应运而生。

三

对于促销的作用,国内企业往往寄予厚望,其地位高于产品策略和分销策略,并愿意为此投入巨资。为此,认清促销策略的作用机制十分重要。

(1)一般来说,促销在新店开业、新产品推广、品牌庆典、年末大促销等时候,以及吸引品牌转换者和追求交易优惠者时有一定作用。

(2)大多数促销效果持续时间较短。例如,一个品牌在促销前有6%的市场份额,在促销期间突升至10%的市场份额,促销后往往又跌至5%的市场份额。促销后未能回到促销前水平,这是因为消费者存货导致的,促销仅仅改变了需求的时间,并没有改变需求量。

(3)单纯的折扣、巨奖、优惠券、赠品等促销手段并不能建立消费者长期的忠诚度。著名品牌必须慎用这些促销手段,否则,会损害其品牌形象。

(4)有关研究表明,实际促销费用往往高于计划费用。因此,约 1/3 的促销活动是亏损的、1/3 是收支相抵的,赢利的不足 1/3。

(5)慎用打折手段。打折,使消费者对品牌的认识停留在打折前的价值和价格水平上。打折的效果往往不如积分制,后者至少可以吸引顾客再次光临。

四

随着促销活动常态化,各种促销手段越来越复杂,套路也越来越多,如先提价后打折、使用虚假宣传方式误导消费者等。为了规范经营者的促销行为、保护消费者的合法权益、维护公平竞争的市场秩序,政府通过制定法律法规等方式来管理市场,并随着促销行为的变化,不断对有关法律法规予以调整。最近公布的"规范促销行为暂行规定",对有奖销售、价格促销等行为进一步予以规范,如免费赠品不能是不合格商品、有奖销售前应公布相关信息、抽奖促销价格不能超过 5 万元等。该规定自 2020 年 12 月 1 日起施行。

第五节　分销渠道中的付款流

一、付款流的概念

分销渠道中的付款流是指消费者通过现金或银行转账方式将货款付给中间商,再由中间商扣除佣金之后转交给生产商,而生产商再把货款支付给不同供应商的流向。

二、付款流管理内容

付款流管理主要包括以下内容:

(一)付款时间

付款时间主要以提货为标准划分付款时间的先后,其中包括:先款后付(先付款后提货)、款货同清(一手交钱一手交货)、先货后款(先提货后付款)、分期付款等。

(二)付款方式

付款方式主要有三种:现金、易货、银行支付。现金主要见于零售业,银行支付则多见于批发、代理等业务,易货结算则有一定的局限性。

(1)现金结算。企业的现金是为了日常支付零星款项而保管的现款。现金是流动性最强的一种货币资产,可以随时用其购买所需的物资,支付有关费用,偿还债务,也可以随时存入银行。

(2)易货结算。易货交易又称对销交易,其基本特征是在国内市场交易中将进货与销货、在对外贸易中将进口与出口紧密结合起来的一种方式。买卖双方必须互相购买或交换对方的产品,或者一方提供产品或技术时,另一方必须用另外的产品、劳务等给予支付,因而无须支付货币或者使用外汇。

易货交易的作用是:有利于发挥交易双方各自的商品优势,有利于地区、国家和企业之间的贸易平衡,可以不动用人民币或外汇进行交易,基本上不受货币波动和国际金融的影响。

同时,易货交易也有明显的缺点,即难找交易对象(即买卖双方不仅要买进商品,而且还要同时卖出商品,在这样的条件下,不容易找到适合的交易对象);难找交易的商品(在通常情况下,交易双方经营商品的范围是有限的,因此,往往由于难以找到适合的商品而做不成买卖);难以等值交换(交易双方的商品之间的价值并不一定等值,所剩之余额,或者必须用一定的货币或外汇偿还,或者形成赊销或拖欠)。

综上所述,易货结算是一种有局限性的结算方式,它只是在一定条件下才适宜采用。

(3)银行支付结算。银行存款是企业存放在银行或其他金融机构的货币资金。根据国家有关规定,每个独立核算的企业,都必须按规定在当地银行开设存款账户。企业在银行开设存款账户后,除按核定的限额保留库存现金外,超过限额的现金必须按规定存入银行,除在规定范围内可以用现金支付的款项外,其他一切货币收入业务都必须通过银行存款账户进行结算。

银行支付结算方式很多,其中主要有:

第一,支票。支票是出票人(单位或个人)签发的,委托其办理支票存款业务的银行或其他金融机构,在见票时无条件支付确定的金额给收款人或者持票人的票据。支票实际上是存款人开出的付款通知。

支票依其支付票款方式的不同可分为普通支票、现金支票和转账支票。普通支票既可用来支取现金,也可用来转账。现金支票只能用于支取现金。转账支票只能用于转账。

支票结算方式有如下特点:手续简便、灵活,支票只适用于同城或一定区域范围内的货币收支结算;收款单位把支票送交银行后,必须待银行收妥对方款项方能入账用款。

第二,银行汇票。银行汇票是汇款人将款项交存当地开户银行,由银行签发给汇款人持往异地办理转账结算或支取现金,由签发银行见票时按照实际结算金额无条件支付给收款人或持票人的票据。

银行汇票在实际中使用较为广泛,其优点很多:适用范围广,单位、个人向异地支付各种款项都可使用;使用灵活方便,持票人既可将汇票转让给其销货单位,也可以通过银行办理分次支付或转汇,用款及时,票随人到,有利于急需用款和及时采购,安全可靠,企业和个人可以持填明"现金"字样的汇票到兑付银行支取现款,避免因长途携带现款而带来的风险。

第三,商业汇票。商业汇票是收款人或付款人(或承兑申请人)签发,由承兑人承兑,并于到期日向收款人或持票人支付款项的票据。

商业汇票按承兑人不同,可分为商业承兑汇票和银行承兑汇票两种。商业承兑汇票是由收款人或付款人签发,经付款人承兑的票据。银行承兑汇票是由收款人或承兑申请人(付款人)签发,并由承兑人向开户银行申请,经银行同意承兑的票据。

商业汇票有以下特点:便于开展商业信用,商业汇票适用于企业先发货后付款或双方约定延期付款的商品贸易,在购货单位资金暂时不足的情况下,可凭承兑的汇票销售或购买商品;安全可靠,商业汇票一般都经承兑人承兑,承兑人即付款人,负有到期无条件支付票款的责任,汇票具有较强的信用,能保证销货单位收回货款;经贴现可获取现金;允许背书转让。

第四,委托收款。委托收款是收款人委托银行向付款人收取款项的结算方式。它适用于同城或异地各企业、各单位之间的商品交易、劳务供应及其他应收款项的结算。无论是单位还是个人,都可以凭已承兑的商业汇票、债券、存单等付款人债务证明,委托银行办理收取款项的业务。

委托收款结算方式有以下特点:委托收款在同城、异地均可办理,且不受金额起点限制;委托收款的使用范围较广,既适用于在银行开户的单位和个体经营户各种款项的结算,也适用于水电、邮电、电话等劳务款项的结算,便于单位主动收款。

第五,托收承付。托收承付是指由销货单位向银行托收,而向其开户行承付的一种结算方式。其中托收就是购货单位根据经济合同发运产品或者提供劳务后,委托开户行向指定的购货单位收取款项;承付就是购货单位根据经济合同核对单证或验货后,向开户银行以默许方式承认付给款项。

托收承付结算方式有以下特点:只适用于有经济合同的商品贸易,不适用于非商品贸易性质的结算;银行可监督销货单位按期发货,购货单位按期付款。

本章小结

物流管理流程包括把握物流需求、确定管理目标、确定物流服务水平、优化物流系统等。

供应链具有复杂性、动态性、交叉性、不确定性以及长鞭效应等特征。至今,已经历了实物管理、物流管理和同步一体化供应链三个阶段。供应链管理的主要内容是供应商管理、合作伙伴关系管理、联合库存管理、供应链成本管理等。

商流又称所有权流,其运行要求合理化,即畅通、经济、高效和适应。商流和其他"四流"关系的发展轨迹是"合一—分离—融合"。

信息流系统具有收集、加工、存储、传输、检索和输出信息等功能。现代分销信息处理技术日新月异,目前被采用的有 EDI 系统、条形码技术、电子订货系统、销售时点信息系统、EIP 系统、ERP 系统、电子供应链管理系统以及基于 Internet/Intranet 的信息网络系统等。

促销流又称促销组合,可分为推式促销组合、拉式促销组合和推拉结合组合。促销流决策应综合考虑产品类型、产品生命周期、市场状况等因素。

付款流管理主要包括付款时间和付款方式。

重要术语

物流　供应链　供应链管理　商流　信息流　EDI 系统　条形码技术
EOS 系统　POS 系统　EIP 系统　促销流　推式策略　拉式策略

复习思考题

1. 物流管理要经过哪些流程?
2. 供应链管理的关键因素是什么?
3. 供应链管理的内容有哪些?
4. 商流的本质要求是什么?
5. 什么是商流发展的轨迹?
6. 什么是分销信息流?其功能是什么?
7. 促销流决策要考虑哪些因素?
8. 付款有哪些方式?

案例分析

索芙特的分销网络整合[①]

1998 年,远东索芙特集团股份有限公司(以下简称"索芙特集团")大举进入日化行业,仅用 1 年

---

① 李敬:《渠道营销》,西南财经大学出版社 2007 年版。

左右时间,以极少的促销费用实现了全国市场销售 1.1 亿元的营销奇迹,并在全国市场上掀起一股"木瓜"热潮(索芙特系列产品以"木瓜"为卖点,创造性提出了"木瓜白"概念),令众多同行纷纷注目。其中原因除产品概念好、报纸广告很有特色外,分销网络是其制胜的重要法宝。

1998 年,索芙特木瓜白肤香皂投入生产,进行全国市场推广的任务已迫在眉睫,怎样把产品从企业仓库摆在零售商的货架上,是公司营销部要迈出的第一步。为此,公司营销部迅速在全国设立六个大区,从而打响了远东索芙特集团分销网络建设的第一枪。

(一)建大网

六个大区分别是华东、华南、华中、华北、西南和东北,下辖 28 个省、自治区和直辖市。六大区是根据市场特性和消费特性的相近而划定的,是远东索芙特集团营销网络大厦的柱梁。各大区拥有自己的行政和营销班子,是一个受公司营销总部控制的"诸侯国",更是营销总部的"手足"和"眼睛"。六大区担负起服务、管理和指导的重任,监控指导更为细化的网络建设工作。

(二)巧借网

六大区相当于营销网络的主干,要进行"光合作用",还须枝繁叶茂。为了更好地实现产品的销售,远东索芙特集团采取了巧借各地中间商的分销网络策略。在对中间商的选择上,企业的策略是"一个原则,分两步走"。"一个原则"就是要求中间商商业信誉良好,有较强实力,分销网络细密而畅通。"分两步走"是指企业推出新产品伊始,消费者和中间商没有认同感,优秀的中间商门槛太高甚至对新品牌不予理睬,此时暂且降低中间商的选择标准,通过一段时期的市场推广,消费开始大面积"解冻",足以引起优秀中间商的兴趣时,再适时更换网络更大、能力更强的中间商。当然,这种更换是指产品试销合同已到期,而该中间商的网络不适应市场成长时所做出的选择。有的区域市场负责人选择中间商时抱着一条宗旨"选择中间商,跟着宝洁走",可谓快而准。

(三)网络的再建设

中间商给企业提供的是一个与其他品牌资源共享的分销网络,在这个网络中,不同品牌会有不同的销售结局,该结局很大程度上取决于企业在中间商网络的基础上能否进行自己科学完善的分销网络体系再建设。中间商注重维系的是同网络内客户的客情关系,以保证货款回笼的及时与顺利,而对其代理的多个品牌更为细化的网络建设工作没有精力也没有能力做到更好。比如在广东市场,日化行业进行品牌推广的业务人员大多是企业自己的品牌专员,由中间商代为管理,对于一个刚进入中间商网络的新品牌来说,靠别人的品牌(甚至是竞争品牌)专员为自己的品牌构建分销网络,无异于痴人说梦。企业要保证产品分销最根本的竞争力,必须构建一个集客户网络、服务网络、商情网络和宣传网络为一体的分销网络体系。

另外,中间商网络的特长取向也不一定适合它经营的所有品牌或一个品牌的所有品种,不同的品牌有它自己独具特色的网络渠道,渠道也可能是中间商以往较少到达的。远东索芙特集团的减肥香皂,在药店的渠道就是中间商网络的空白。这些问题需要企业自己解决,解决的方式是在中间商网络的基础上进行企业分销网络的再建和修缮。

1. 服务网络的建设

设定企业服务的对象是中间商、消费者。远东索芙特集团为保证对中间商和客户的服务工作,在当地吸纳了业务人员,利用"本土化"的人才协调同中间商的关系。协助化解中间商的经营风险,帮助中间商开发新的网点,修缮中间商网络中的脆弱部分,维系网络交错地带朝秦暮楚的客情关系。

远东索芙特集团还在当地建立一支训练有素的促销小姐队伍，深入零售商场推介产品，指导消费。促销小姐在服务中严格遵守"三不原则"，即"不强拉顾客，不虚夸产品，不中伤其他品牌"，诚实服务，热情适度。促销小姐在介绍公司的减肥香皂时，不迎合消费者的浮躁心理（诸如一块见效的承诺），耐心地解释"减肥理论"，须经调节—生产—显效三大过程，从而获得消费者的信任，也为索芙特其他产品赢得了忠诚度。

零售商场内的促销小姐还担当理货员的角色，落实营销部下达的商品计划，保持陈列场所的清洁以及陈列商品的醒目和丰满，并做到及时跟单补货。

2. 多层级的商情网络

中间商是多个品牌的练兵场，是商业信息的集散地。而素质较高的促销队伍也是商情网络最有力的支撑。消费者最真实的意见、各品牌目前的销售动态、竞争对手的一举一动，都尽收促销人员的眼底，这些信息是企业进行产品改进和市场营销决策的重要依据。在推出索芙特木瓜白肤护手霜后，企业非常关心消费者的反应，正是通过促销小姐的信息反馈，远东索芙集团搜集了南北两大顾客群两种截然不同的评价。尤其是广东、海南的消费者认为护手霜过于油腻，而北方的消费者却恰恰相反，认为护手霜不够油腻，不能更好地呵护暴露在寒冬中的双手。企业根据南北消费者的不同需要改进护手霜，以适应不同地域的推广。

3. 行之有效的宣传网络

远东索芙特集团的产品宣传不是铺天盖地狂轰滥炸。根据区域市场的不同，制定行之有效、独具特色的宣传策略是区域经理们慎之又慎的选择。根据市场的消费特征，在消费表现十分集中、大中型商场较多的区域市场，以报纸广告为主；而在消费表现较分散的区域市场，除报纸广告外，适当地运用电视媒体。一些通信设施较发达的地区，公用电话亭的内壁也可选作媒体，使有限的促销费用最大效率地投入在市场的成长上。

（四）修缮营销网络，规范网络秩序

企业的分销渠道既不能一蹴而就，也不能一劳永逸，它受内外环境的影响。企业的分销渠道随时有可能出现断裂或扭曲的情况，修缮分销渠道始终是网络建设过程中的重要一环。分销渠道断裂或扭曲的基本原因有：

(1)中间商的脆弱性。中间商同网络内的客户关系不是上令下行的关系，维系他们之间关系的纽带是共同的利益。由于这些客户处于分销渠道的下游，是各竞争对手争夺的对象，客户"跳槽"现象屡见不鲜。

(2)产品利益引诱。当中间商面对更诱人的报价时，没有理由不"投怀送抱"，因此中间商的网点很容易萎缩。

(3)服务不到位。不能为客户提供及时满意的市场服务，对客户的意见不能认真对待，长此以往将导致客情关系恶化。

对于日渐成熟的品牌来说，企业分销网络出现了问题，会带来两个严重的后果：一是市场份额下降；二是区域市场发生"动乱"，串货成为既成事实。解决以上问题，除从整体上规范价格体系，保证网络秩序外，各区域市场还应制定相应的措施，主要操作方法包括：

● 公关和服务。如果网络断裂是内部因素造成的，如服务不到位、补货不及时、客情关系紧张等，则通过公关和服务的手段解决，重新修补恶化的客情关系，使双方在互相谅解的基础上达成共识，从而树立客户经营公司产品的信心。将服务落到实处，公关才能显出力度。

● 促销。如果网络扭曲是外部因素造成的,则应通过促销手段解决。这里所说的促销主要指终端促销,即陈列展示、人员促销等。一方面,规模化的陈列展示是一种很好的广告,其造成的强烈的视觉冲击力直接激发消费者的购买冲动,是宣传网络中最贴近消费者的促销手段;促销小姐既能直接推动商品的销售,又能搜集商业信息。

正是这样一张疏密有致的营销大网,使得纷纷跟进的索芙特系列产品——索芙特木瓜白肤洗面奶、沐浴露、护手霜得以铺向全国的零售卖场,迅速实现了产品的广度和深度分销。

思考与讨论

1. 试分析索芙特的商流、物流、信息流、促销流得以协调发展的原因。
2. 分销渠道中的五流为什么会"断裂"?如何修补?

第八章　分销渠道控制

学习目标和要点

- 了解分销渠道控制的内容、结构、控制方式和程序
- 了解分销渠道绩效评估的概念
- 掌握分销渠道评估的内容、标准及方法
- 掌握分销渠道控制力获取的方式和途径

【引例】

俊洁食品公司掌控分销渠道的历程

俊洁食品公司是饮料行业近年来大起大落的一个中型企业：2003年创业伊始，其主打产品绿茶、橙汁、碳酸饮料等进入了公司所在地N市传统的多级（一级、二级、终端）流通渠道，但因为企业资源所限，品牌传播投入较少，品牌力不强，终端缺乏拉动。因此，一级商、二级商库存积压严重，不仅铺出去的产品退货率高（许多已经过期），而且仅卖掉的一点产品也是价格乱得一团糟，企业和经销商都亏损严重。首战失利，俊洁公司意识到，按照当前的实际情况还不具备掌控N市流通多级渠道的能力。因此，俊洁公司决定另辟蹊径，改造渠道模式。

（一）自控终端，有效掌控渠道

2003年10月，就在饮料进入淡季的时候，俊洁公司却已开始谋划2004年的分销战略发展规划，并决定在对N市分销渠道体系重新调研和定位后，采取一种全新的分销渠道操作模式，那就是直控终端渠道模式，以提升渠道控制力。

2004年1月，"俊洁公司N市市场'沙漠之狐'营销企划案"正式出台，它包括如下内容：

(1) 区域划分。根据行政区划分，把N市按照东南西北四个方位划分为四个片区，每个片区建立一个配送站。

(2)人员布局。通过人才市场,招聘有潜力的终端业务代表50名,进行拓展训练和潜能激发后上岗,具体分布是每个配送站12人,分别是站长1人、内勤1人、终端业务代表10人。

(3)工作流程。制定"配送站岗位设置及岗位职责描述""配送站终端业务代表每日工作流程""配送站终端业务代表每日工作报表",明确当前的工作任务,即大规模地扫街式铺货,并量化了具体的工作标准和要求。

(4)市场策略。产品突出差异化,以易铺货的俊洁Y牌绿茶为产品的切入点,规格为市场上所没有的1×12塑膜家庭型包装,并在塑包上印有"买10送2特惠装的字样",给消费者直观上便宜的感觉。产品海报和标签上印有"只选用上乘无公害信阳雨前毛尖";价格定为终端进货价16元/件,比原来渠道模式终端进货价每件低2元,终端零售价为20元/件,与原来零售价持平,终端利润大大增长,积极性大大提高;在渠道结构上,撇开一级经销商、二级经销商,通过釜底抽薪,直接运作终端;促销策略,即通过一次性进货奖、终端堆头奖、销量累计奖,给予奖励小雨伞或大遮阳伞、电动自行车等。针对消费者,实施开盖有奖,分别为再来一瓶、再来一包,奖Nokia手机等,刺激消费者重复消费和提高口碑传播意识;其次,俊洁公司还通过人海战术,以及统一服装、统一标准、统一广告宣传等方式,营造浩大的推广声势,达到先发制人的效果。

(5)激励考核。按照低底薪、高绩效考核的薪酬设计原则,对终端业务代表进行考核,考核的指标有:零售终端的开发、管理与维护,产品的陈列、理货与补货,产品配送的及时程度与服务水平等。同时,每月进行综合评比,对先进的配送站及优秀个人,通过颁发流动红旗、荣誉证书、奖金等表彰形式,打造有爆发力、战斗力的销售团队。

2004年,俊洁公司通过以上方案的实施,终于厚积薄发,在N市实现了从量变到质变的重大突破:不仅顺利将产品打入了市区的12 000家零售终端,使市区旺季每天的销售量达到了40 000~60 000件,并还就势将其生产的方便面、调味料等产品推入了终端市场,俊洁公司终于咸鱼翻身,打了一场漂亮的终端伏击战。

(二)尝试开店,中途折戟

在经历了2004年的翻身仗后,俊洁公司正在享受满意的市场回报,放松心情的时候,严峻的市场形势已经来临。竞争对手开始模仿俊洁公司直控终端的操作模式,纷纷建立配送站或设立具有配送功能的办事处,并以更低的价格、更大的促销冲击俊洁的终端,终端开始纷纷反对。

形势极为严峻,如果俊洁采取降价策略进行比拼,肯定会中圈套、吃大亏,因为俊洁公司的直销站模式巨大的人员、仓储、运输成本,使其必须依靠较高的毛利来支撑,否则渠道会很快崩溃。

俊洁公司为了应对竞争产品的跟进与冲击,决定反客为主,再出奇招,从而将竞争产品抛到身后,这个招数就是要在维护现有终端的同时,开设一定数量的俊洁直营店。为此,俊洁公司提出"千店工程",即在两年之内在本市开设1 000家直营店,逐渐取代现有终端,完全摆脱竞争对手冲击。

春节刚过,仿佛一夜之间,在N市的很多大街小巷,就如雨后春笋般地出现了20家"俊洁食品直营店"。它是如何操作的呢?

(1)导入CI形象视觉识别系统。通过统一的门头装潢、统一的产品陈列、统一的店内装修、统一的服装、统一的业务流程,给消费者最大的视觉冲击力。

(2)每个门店安排店员两名,负责直营店的所有方便面、饮料、调味料等产品的售卖和收银工作。产品的售价与原有的零售店保持一致。

(3)直营店一般开在大型家属区、单位聚集的地方。

俊洁公司本来想全面展示企业生产的所有产品,给消费者提供购买便利,从而更好地掌控零售和消费终端。但三个月后,俊洁公司的直营店没有再增加,因为现有的20家直营店经营效益很差,甚至连最基本的门店费用都保不住。因此,俊洁直营店在运行了三个月、赔了30多万元后,终于以亏损、关门而告终。

(三)深度分销,掌控渠道

直营店的败笔让俊洁公司猛醒,直营终端的开店模式是行不通的。在一家资深咨询公司的帮助下,他们才更加清楚地认识到,在目前开店条件还不具备的情况下,必须抓住终端及分销渠道这根救命稻草。

但是,究竟采取哪些措施可行而有效呢?俊洁公司的决策层陷入了深思。竞争对手的直观操作模式模仿以及价格战、促销战的打压,让俊洁公司的渠道掌控陷入"沼泽地",而渠道链条之所以如此脆弱并快速断裂,其实还是源于渠道利润的无法保障、渠道的忠诚度不够高。但是,如何更好地摆脱竞争对手的跟随,反击竞争对手的价格战、促销战呢?此时,他们决定采用深度分销模式,并从操作层面构建渠道壁垒。

首先,俊洁公司将配送站重新合理布局,并新增了六个配送站,以使分销的触角能够延伸到市区的角角落落。

其次,根据N市俊洁公司已建的1万余家零售终端的便利条件,俊洁公司制定了"追求卓越计划——N市市场深度分销方案"。其主要内容如下:(1)建立巡访制度,制定:定人、定点、定域、定线、定期、定时、定标准"七定法则",明确职责与标准,完善服务功能;(2)制定工作流程,明确拜访步骤;(3)实施深度分销,建立战略联销体。

深度分销实施后,二级分销商的积极性被极大地调动了起来,他们按照企业的要求,对自己的"一亩三分地"进行精耕细作。但出乎意料的是,俊洁公司N市的销量仍然徘徊不前,一些终端零售商仍旧抱着不冷不热的态度。这到底是怎么回事呢?经过俊洁公司市场部人员的深入调查后发现,虽然服务细致了,但由于企业市场管控不力,对深度分销理解不够,出现了一些分销商低价销售的现象,这使渠道成员的产品利润仍旧得不到保障。为此,俊洁公司快速出手,出台了如下措施:

(1)承诺最低利润保障,但分销商必须缴纳 3 000 元的保证金以对自己的市场行为做个保证,对敢于越"雷池"、触"高压线"低价销售或跨区销售者一律按照规定给予严厉的经济处罚,并取消分销商资格。

(2)坚持模糊返利、市场刚性监管原则,明确开票价即进店价,实行月返、季返或年返方式;但返利根据市场表现,比如配送及时程度、能否遵守企业政策等进行考核。

通过以上方式的调整,市场秩序得到了保障。但时间不长,在市场的分销运作中,竞争产品厂家又开始骚扰和捣乱,他们以更低的价格来拉拢一些分销商和核心终端,借机破坏深度分销的进行,对此,俊洁公司决定采取"釜底抽薪"的方式予以回击。

2月份的一天,在 N 市的某四星级大酒店,俊洁食品公司终端商联谊会隆重举行,该大会不仅灌输了俊洁公司深度分销的运营理念与宗旨,而且还有大动作出现,即附以较大政策的奖励力度,举行了终端商订货会,这次订货会共有 370 名核心终端参加,现场订货 208 万元。不仅让他们明白了低价格操作市场的弊端——让市场秩序和利润无法保证,而且还让他们懂得了深度分销对于保证渠道利润特别是长期获利的重要性,从而只卖价格稳定的,而不一味地去卖价格低的。

后来,为了进一步加强厂商关系,改善客情,变交易营销为伙伴营销、关系营销,俊洁公司还邀请营销实战专家对经销商进行分阶段培训,比如针对分销商的赢利模式、终端商管理、库存管理等内容的培训;对终端商进行了终端生动化、陈列管理、理货、门店管理等相关内容的培训。由于这些内容实用有效,因此,深得零售商的好评,增强了俊洁产品的竞争力。

为了避开竞争产品的跟随和模仿,后来,俊洁公司还建立了资信评估体系,即对表现较好的分销商,在旺季可以给予一定额度的赊欠制度,避免因为货款问题影响销售,同时制定"市场联销体服务手册",明确具体服务标准与流程,并把终端消化率、分销率等作为终端业务代表的考核项目,借此提高服务水平。

俊洁公司通过在 N 市系统化地全面实施深度分销,终于扳回颓势;2005 年,俊洁公司仅在市区就实现近 2 000 万元的销售额,销售队伍也急速扩大,达到 100 多人,从而成为 N 市饮料界名副其实的销量老大。

资料来源:《渠道控制力的源泉到底在哪里?》,中国酿造网 http://www.niangzao.net。

分销渠道在运作过程中的各环节、各成员之间,甚至同一企业内部各部门之间的矛盾是不可避免的。在分销渠道管理过程中对这些矛盾要摸清原因,对分销渠道运行状况及渠道成员进行评估,并采取切实措施,纠正所发生的偏差,实现对分销渠道的有效控制,保证分销渠道的活动与渠道目标相统一,以确保计划目标的实现。

第一节 分销渠道控制概述

一、分销渠道控制的内涵

控制是指按照计划标准衡量所取得的成果并纠正所发生的偏差,以确保计划目标的实现。控制是管理的一个重要职能,管理控制是控制论原理在管理活动中的应用,它指的是为确保组织目标按计划实现而对组织活动进行监督,并在发生明显偏差时进行纠正的程序。

分销渠道控制与一般意义上的管理控制略有不同,它主要是一种跨组织控制——施控者与受控者分属于不同的企业或组织。因此,分销渠道控制往往不是基于层级系统的命令、指挥与规范,也不是一方使另一方不出现越轨行为,而是指下述这样的状态:一个渠道成员成功地影响了另一个渠道成员在某些方面的决策。从生产商的角度看,生产商希望对渠道进行有力的控制,中间商能够遵从生产商对渠道总体的设计意图和系统安排,但渠道其他成员有其独立的利益,有时会脱离生产商的掌控,甚至反过来控制生产商,使分销渠道体系服从自己的利益和安排,分销渠道系统中谁能够获得控制力,取决于渠道成员拥有权力的大小。

(一)分销渠道控制的特点

(1)渠道成员之间各自独立,这表现在法人资格、利益、文化、企业战略行为方式等。

(2)相互依赖、互惠互利是分销渠道得以建立、发展和维持的基础,也是分销渠道控制的前提。

(3)渠道成员常常互为施控者与被控者,一个渠道成员往往在一种或几种渠道功能上有较大的话语权,是施控者,而在另一种渠道功能上少有或没有话语权,是被控者。

(4)渠道成员之间的控制,介于市场控制(通过市场机制控制)与组织控制(通过组织内的层级制度控制)之间,是二者的混合,有时组织控制较强(如特许经营渠道中),有时市场控制较强(如一般的贸易渠道中)。

(5)一个渠道成员对于另一个或一些渠道成员的控制更多的是建立在平等原则上的沟通或影响,而不是建立在层级制度上的命令和指挥。

(二)渠道成员关系的特点

分销渠道控制的特点决定了渠道成员关系具有以下特点:

(1)在分销渠道控制中,控制者与被控制者之间的关系在本质上是平等的,基于企业层级系统的控制方法或手段往往很难使用,或者即使用了效果也不好。

(2)控制者与被控制者的目标是同中有异,"同"促其合作,"异"产生矛盾与冲突。

(3)双方为了各自的利益而进行的影响与控制是交互的。因此,分销渠道控制的成效不仅仅取决于某一方的努力,而是需要双方或多方的协调努力。

二、分销渠道控制的内容

分销渠道控制的内容非常广泛,可以从不同的角度来分析。如根据控制的程度来划分,可以分为绝对控制和低度控制;根据控制的重点来划分,可以分为目标控制和过程控制;根据控制的对象来划分,可以分为对分销商的控制和对终端的控制;根据控制的主体来划分,分为生产商的渠道控制、批发商的渠道控制和零售商的渠道控制;按照渠道功能来划分,分为对渠道信息的控制、对所有权转移过程的控制、对资金流的控制和对物流的控制。

分销渠道控制的内容还可以根据营销组合因素分为对产品和服务的控制、对价格的控制、对促销活动的控制和对分销过程与分销区域的控制。表8—1从生产商和中间商两个角度,列举了在分销渠道中控制营销组合因素的具体内容。

表8—1　　　　　　　　分销渠道中对营销组合因素的控制

控制内容	控制者	
	生产商	中间商
对产品与服务的控制	(1)控制产品的生产制造过程,保证产品质量 (2)企业的产品相关策略能够在渠道中得到实现。如培养渠道成员对新产品的认识,接纳新产品;企业产品差异化策略在渠道中得到实现;产品的品牌管理和品牌形象能够在渠道中得到贯彻;在产品生命周期的不同阶段,对渠道进行必要的调整等 (3)通过对中间商的监督和管理,保证能够为产品提供各种服务的数量和质量 (4)通过与中间商合作和对中间商加强监督,杜绝与本企业产品有关的假冒伪劣产品通过中间商入市	(1)控制某一产品的订购数量、品种、规格和质量 (2)产品质量保证的落实。与厂家明确关于产品质量的保证,产品的安装、维修、破损产品的处理等责任 (3)提供合格产品的售前、售中和售后服务 (4)严把进货关,杜绝假冒伪劣产品进入市场

续表

控制内容	控制者	
	生产商	中间商
对价格的控制	(1)监督和控制自己产品的批发价格和零售价格,确保企业的定价策略在渠道中得到贯彻落实 (2)监督和控制中间商对于企业折价政策的落实情况	(1)根据市场情况和供销合同,确定或建议产品的批发与零售价格 (2)落实生产商的折价政策 (3)防止生产商制定对自己不利的价格歧视政策,谨防返利制度对渠道价格政策的不利影响
对促销活动的控制	(1)根据与中间商合作协议的规定,从事产品的促销活动,或根据竞争等的需要推出产品促销活动 (2)对促销活动的计划、实施过程和实施结果进行控制,以保证促销活动完成预定的目标 (3)监督中间商对自己产品的促销活动和促销方式,保证生产商的促销活动得到中间商的贯彻和落实 (4)对中间商自主安排的本产品促销活动进行监督,尽量避免自己的产品成为商家打折的牺牲品	(1)根据与生产商合作协议的规定,实施销售地点的促销活动 (2)根据竞争的需要,自主安排促销活动 (3)对销售地点的促销现场进行管理 (4)向生产商提出安排促销活动的建议
对分销过程与分销区域的控制	(1)控制分销区域,避免不同区域渠道成员之间发生串货等冲突 (2)控制分销过程,避免不同渠道成员之间发生冲突 (3)控制物流过程,保证物流通畅	(1)在自己的分销区域内建立分销网络 (2)在自己分销区域内进行分销过程的控制 (3)防止生产商的串货行为和其他投机行为

三、分销渠道的控制结构和控制方式

分销渠道有多种不同的结构,一般有直接分销渠道、长渠道。对于不同结构的分销渠道,控制的内涵和方式有很大区别,也意味着不同的渠道控制水平(见表8—2)。

表8—2　　　　　不同结构分销渠道控制的内涵与方式

项　目	直接分销渠道	长渠道
权　威	规章制度、政策,监督指导	渠道权力
合　约	激励机制和报酬制度	合同条款、特许加盟条款
规　则	公司文化	关系规则,如信任与承诺
控制水平	高	从高到低,差别很大

(一)直接分销渠道及其控制方法

直接分销渠道由一个企业名下的生产部门和销售部门构成,在实践中,很多生产

商喜欢使用这种渠道治理结构，尤其是那些规模不大、销售区域不广的公司。

在这种渠道结构中，施控者与被控者同属一个组织，二者之间是组织内的控制关系。因此，直接分销渠道的控制与一般管理中的组织内控制没有区别。直接分销渠道控制的手段有以下三种：

(1) 权威。使用权威机制来进行控制，比如制定严格的规章制度和渠道政策，严加督导和实施；掌握全面的渠道信息（尤其是掌握企业内部的各种机密），实施严密的监控，要求有关人员定时或不定时汇报情况等。

(2) 合约。使用合约机制来进行控制，比如设计有效的奖罚体系，微妙的奖励方法——派送到更好的岗位或销售区域，严厉的惩罚——开除。如果管理者能设计出一种使被控者与组织的利益紧密联系的报酬制度，使被控者的投机行为会伤及自己，那么渠道控制既会更加有效，也会更加经济。

(3) 规则。使用规则机制来进行控制，比如塑造共同遵守的组织文化——公司价值观与公司规范、营销人员岗位规范手册。

直接分销渠道的控制水平一般比较高，是保护生产商交易专有资产的一种最好的形式。当生产商需要严密保护自己的交易专有资产，并且市场覆盖面不是很大时，可以采用这种渠道治理结构和相应的控制方法。

(二) 长渠道与控制方法

长渠道的治理或控制结构有很大的变异，包括很多不同的形式，控制方式虽然也可以按照权威、合约和规则三种手段来分，但根据生产商与中间商的互依程度和权力结构，控制这种渠道的具体方式和力度则有很大的差别。

互依程度高、权力平衡的渠道成员之间通常有比较高的合作水平，相互之间也有比较大的影响力，彼此对对方都有较高的控制水平；在互依程度高但权力不平衡的渠道成员之间，权力较大的渠道成员通常有较大的影响力和控制力，如名牌生产商会在很大程度上控制自己产品的销售；在互依程度低的渠道成员之间，渠道成员彼此间的影响力都不大，因此每一个成员对于渠道的控制水平也比较低。

长渠道的控制是渠道控制问题的重点，也是特点和难点所在。渠道控制的方式也有权威、合约和规则三种基本手段，但含义有所不同。

(1) 权威。利用权威机制进行控制，指一个渠道成员通过权力和权力的使用来控制其他成员，比如使用奖励权力、强迫权力、法定权力、认同权力、专家权力或信息权力来施加影响力，或者应用许诺策略、威胁策略、法定策略、请求策略、信息交换策略或建议策略等使一个渠道成员去做他本不想做的事情。权力本身就有控制的作用，比如一个权力强大的渠道成员常常不需要用强制的办法，别的渠道成员会根据他的意思采取配合行动而不敢轻易去从事有损于他的投机活动。

(2)合约。利用合约机制进行控制,指一个渠道成员与另一个或一些渠道成员通过合同形式进行相互控制。通过签订合同,签约各方实际上都获得了法定权力,如果某一方违反了合同,其他各方均可以通过法律途径对他进行起诉,并最终使它受到惩罚。签订合同的过程是一个讨价还价、相互试探与相互了解的过程,中间涉及互依与权力结构,也涉及权力和权力的使用。合同中的功能安排,反映着长渠道中不同的治理结构。

(3)规则。在长渠道中,使用规则机制进行控制,指渠道成员之间达成默契,通过互信、承诺、合作等关系进行相互控制。这是一种较高级的渠道控制方法,只有在渠道成员之间有了较高水平的互信以后,才有比较好的效果。考虑到环境的不确定性和长渠道存在严重的信息不对称问题,签约时很难将未来可能发生的事情都预见到;另外即使签订了合同,一方违约,另一方也难以起诉(或打官司成本很高),所以采用合约的形式进行渠道控制,只能在很小的程度上抑制渠道中的投机行为。使用规则手段进行控制,如果在渠道成员之间建立起互助双赢的关系,则可以在更大程度上抑制投机行为。因为这时,渠道成员之间会有更大的共同利益,他们也更看重共同利益,再加上彼此之间有着更高水平的互信和承诺,他们会自觉地维护合作伙伴的利益,不从事有害于合作伙伴的投机行为。

四、分销渠道控制程序

根据管理控制的一般程序,分销渠道控制程序可以分为设计渠道控制标准、对分销渠道运行情况进行监测与评价、纠偏三个步骤。

(一)设计渠道控制标准

渠道控制标准是渠道管理者希望分销渠道能够达到的状态或完成的任务,一般根据控制者的要求(渠道目标和渠道策略)、市场环境、目标市场的情况、竞争者情况和控制者的控制力等因素确定。

渠道控制标准的设计与渠道控制目标和内容密切相连,也与渠道成员的评价标准相关,可以从不同的角度来分类。一般来说,渠道控制标准基本包括以下方面:终端客户的渠道满意度标准;不同渠道之间的关系标准;渠道成员功能发挥标准;渠道成员完成任务和努力程度标准;渠道成员的合作态度和成效标准;渠道成员之间关系发展标准;渠道的覆盖程度标准;渠道总体经济效益标准等。

渠道控制标准可以分为两大类,一类是定性标准,另一类是定量标准。

(1)定性标准。定性标准包括:消费者或用户的渠道满意度;不同渠道之间的关系与互动(如不同渠道之间的互补关系,不同渠道之间的冲突及其程度);渠道成员的角色与功能发挥;渠道成员完成渠道任务的努力程度与成效;渠道成员合作态度与成效;

渠道成员之间的关系发展。控制者从这几个方面考察,做出定性判断,看被控制者(某个渠道成员或某条渠道)是否满足了要求,以及还有什么地方需要改进。

(2)定量标准。定量标准包括:销售业绩(产品、中间商或渠道的销售量与销售额);盈利能力(产品、中间商或渠道带来的利润及利润率);渠道费用(整个渠道或某一个环节的费用及费用率);增长潜力(产品、中间商或渠道的销售增长率);竞争性(竞争性产品或竞争性渠道之间比较);渠道成员的货款返还情况。控制者从这几个方面进行考察,做出定量判断,看被控制者(某个渠道成员或某条渠道)是否满足了要求,还有什么地方需要改进。

在分销渠道控制中,定量标准的测量比较客观,大多是渠道运行的可观察的结果,比较容易量化;而定性标准的测量则比较主观,很多情况下只是人们的感觉,比较难以量化。但是,如果只控制定量标准而不控制定性标准,由于信息的不对称性,渠道成员会根据控制标准做得使自己"看起来很好",而在实际上采取投机取巧的行为。

在理论研究中,学者们采用了许多量表测量这些定性标准,如对渠道依赖的测量、对渠道冲突的测量、对渠道合作的测量、对渠道信任和渠道承诺的测量、对渠道满意的测量等。这些量表可以作为企业设定定性标准的参考。

(二)对分销渠道运行情况进行监测与评价

对分销渠道运行情况进行监测,就是收集与渠道运行情况有关的数据或资料。只有对渠道运行情况有一个全面、真实、及时的了解,才能对分销渠道控制做到胸中有数。监测方法有许多,包括对销售业绩进行数据统计、对顾客进行调查、在现场进行观测以及通过中介组织进行调查等。

收集到适用的数据或资料以后,就要着手进行渠道运行情况的分析和评价。这一步的目的在于发现问题。控制者需要通过实际执行情况与控制标准的比较,发现哪里出现了偏差以及分析偏差的性质;分析偏差的大小及容忍度;分析偏差形成的原因,要特别注意把问题的表象和问题的根源区别开,真正找到偏差形成的根源,对症下药,制定出切实可行而又富有成效的纠偏措施。

(三)纠偏

根据偏差形成的原因,纠偏一般有两个方面:

(1)修改或调整生产商自己的渠道目标和渠道策略,适应环境的变化。偏差有可能是因为环境变化而使生产商以前制定的渠道目标和渠道策略不再适用;也可能是因为生产商在制定渠道目标和渠道策略时,对于未来过于乐观或过于悲观的估计;还可能是因为生产商的渠道政策设计不当,留下了太多的漏洞给投机者钻空子。不管是哪种情况出现,都意味着生产商原有的渠道目标和渠道策略不再适用,需要做出修改或调整。随着渠道目标和渠道策略的改变,渠道控制标准也要做出相应的修改或调整。

(2)影响或指导渠道成员改变某些不当行为,采用合理、先进的工作方法,提高渠道效率与合作水平,努力使渠道工作达到控制标准。如果偏差确属渠道合作伙伴的行为不当所致,那么就要通过各种手段或策略,对他们施加影响,改变他们的某些不当行为。如果偏差为某一渠道合作伙伴的恶意投机行为所致,企业又无法通过重新设计渠道政策解决这一问题,就要严厉地惩罚他或与他中断合作关系。

第二节 分销渠道评估

随着营销环境的变化、竞争对手策略的更新、企业自身资源条件和地位的变化,企业必须对分销渠道进行评估。对分销渠道运行状况及渠道成员进行评估,是分销渠道管理的重要内容。分销渠道评价的目的,是为了对企业整合分销渠道、调整渠道结构和增减渠道成员提供决策依据。通过渠道评估工作,了解渠道运行的各方面情况,获得足够的信息数据,并在此基础上对渠道的结构和渠道政策进行必要的调整和修改,做出科学的决策,对渠道体系实施更有效的管理手段,从而提高渠道绩效,增进渠道成员的活力,确保整个营销渠道的高效运转。

一、分销渠道评估概念

分销渠道评估,是指渠道管理者通过系统化的手段或措施,对其分销渠道系统的效率和效果进行客观的考核和评价的活动过程。

渠道成员一般是以独立的经济实体身份组织在一起,形成一个分销渠道系统。渠道绩效是一个多维和纵深的结构,渠道绩效包括渠道系统的绩效和单个层级渠道成员或单个渠道成员的绩效,因此渠道绩效评估包括分销渠道运行情况评估和分销渠道成员评估。从渠道层面上评价渠道效率,主要为采用多渠道策略的企业使用,一般需搞清楚下述问题:多渠道策略的总体效率如何?不同的渠道之间是否互补?是否需要对企业的多条渠道进行整合?以及每一条渠道的总体效率如何?存在什么问题?需要做哪些方面的改进?从渠道成员层面上评价渠道效率,不管是采用多渠道策略的企业还是采用单一渠道策略的企业,都要分析和比较企业每一条或某一条渠道内的渠道成员执行渠道功能的效率如何。

渠道效率就是渠道的投入产出比,在投入(或产出)一定时,产出越大(或投入越小),渠道效率就越高。对渠道绩效评估的内容和标准,一些学者进行了专门的研究,形成了一定的理论成果。在进行渠道效率评估时,既要看可量化的产出指标,如销售额(或零售额、批发额)、销售量、市场份额和利润额等,还要注意不可量化的因素,如消费者或用户的满意程度、渠道便利度、渠道忠诚度和渠道氛围等,评估也具有一些不可量化指标,从而形成较为完整、科学的评价指标体系。

二、分销渠道系统的评估

(一)分销渠道系统评估的基本标准

本部分内容请参阅本教材第二章第五节。

(二)分销渠道系统评估的非量化指标

通常情况下,对分销渠道系统的评估主要包括以下方面:

(1)渠道系统管理组织评估。一个企业的渠道网络是否健康,很大程度上取决于企业内部渠道管理的有效性和效率。渠道系统管理组织的评估包括两个方面的内容:一是要考察渠道系统中销售经理的素质和能力;二是要考察生产商分支机构对零售终端的控制能力。评价的主要标准是:企业的自销比重、零售商或中间商对企业的依赖程度、企业针对零售商或中间商的渠道权力。

(2)客户管理评估。客户管理评估包括三个方面的内容:一是最终客户;二是组织客户,或称商业客户;三是渠道成员的业务人员。对于最终客户的管理,需要考察是否建有最终客户数据库。在客户管理评估方面,主要看两个指标:一个是生产商分支机构中的最终客户和组织客户数量分别占该地区同类客户的比例;另一个是生产商分支机构掌握多少渠道成员的业务员档案。第一个指标的比例越高,第二个指标的数量越大,那么表明生产商分支机构工作做得就越深入细致,生产商渠道系统抗风险的能力就越大。

(3)渠道成员铺货管理评估。渠道成员铺货管理的评估分为两个步骤:第一步是对构成渠道系统相关层级的渠道成员的信用状况进行评估,这一步至关重要,直接关系到后面的铺货风险问题。根据对评估下来的渠道成员信用等级情况,确定是否铺货或者铺多少货等。第二步是控制铺货金额。对于一般的零售终端来说,要确定合适的铺货量,不能太低,太低了可能造成缺货或断货;也不能太高,太高了可能会增加风险。对于规模大一些的主要负责分销的渠道成员,需要根据其信用状况确定另外的铺货量。

在渠道成员铺货管理的评估中,有一项很重要的指标,那就是看整个渠道系统的渠道成员质量状况。如果在综合评定后,拥有较高信用级别的渠道成员数量所占比例较高的话,那么说明该渠道系统具有较高的质量,否则认为质量一般或较差。

(4)渠道成员沟通评估。渠道成员沟通评估,主要通过生产商对渠道成员的培训来间接考察。一般情况下,生产商的渠道系统都是由与生产商在资本上分离的不同渠道成员构成,因此,生产商需要通过培训,将分散的渠道成员统一于生产商的企业文化之中。

在该项评估上,可以通过考察中间商接受企业理念及文化的程度;企业与中间商面对面沟通的频率与效果;企业与中间商边际人员之间的关系水平;中间商参与企业培训次数及效果;企业与中间商联合活动的次数与效果等项指标来衡量。如果这几项指标都比较高,则反映生产商与渠道成员沟通比较有效、合作比较融洽;否则,生产商与渠道成员在有效沟通上存在不足或有问题。

(5)市场促销活动评估。无论是由生产商自身组织、渠道成员辅助实施,还是由渠道成员自身组织、生产商辅助实施的市场促销活动,通常情况下,一般需要从五个方面考察,即促销目的是否明确、促销原则是否正确、促销中间环节是否把握好终端顾客的拉力、渠道成员的推力以及生产商的引力、促销切入点是否找好并达到一定的要求。

在理解了市场促销的上述要求后,就可以实施对市场促销的评估。主要有两个评价指标:一个指标是考察生产商促销活动持续天数占当月或当年有效工作天数的比例;另一个指标是考察生产商万元促销费用所带来的销售额。这两个指标越高,促销拉动效果越好,就越有利于渠道系统的健康发展。

(三)分销渠道效率评价的量化指标

分销渠道效率评价的量化指标,是以分销渠道产出的可量化因素为基础计算而来的,主要包括:

(1)销售增长率。销售增长率,即用过去某一渠道或某一渠道成员的销售量作为评价的基准,对目前这条渠道或渠道成员的商品流量水平做出评价。销售增长率的计算公式为:

$$销售增长率 = \frac{本期销售量 - 前期销售量}{前期销售量} \times 100\%$$

销售增长率实际上是使用历史比较法来评价企业某一渠道或企业某一渠道中的某一成员的效率。在使用这一指标评价渠道效率时,既可以进行纵向比较,如企业直销渠道本期的销售增长率与企业直销渠道以前销售增长率的比较,以便了解企业某一渠道或某一渠道成员发展变化的趋势;也可以进行横向比较,如某一渠道成员与同一渠道内其他成员在销售增长率上比较,以便掌握企业某一渠道或某一渠道成员在企业产品销售中未来可能的地位变化。

(2)渠道市场占有率。渠道市场占有率又称为渠道市场份额,是指在同一市场一定时期内,一条分销渠道销售产品的数量占该时期内同类产品销售总量的比重,其计算公式如下:

$$渠道市场占有率 = \frac{经由某渠道的产品销售量}{市场上同类产品的销售量之和} \times 100\%$$

这一指标用来评价不同渠道在某一商品的销售中所占的地位。一条渠道在某一种产品的销售中市场占有率越大,说明这条渠道对于这种产品的销售越重要;反之,则反是。

实际上,对于使用多渠道策略的企业,有一个更有用的渠道市场占有率指标,即企业渠道市场占有率。它指的是在同一市场一定时期内,一条分销渠道销售企业产品的数量占该时期内同类产品销售总量的比重,其计算公式如下:

$$企业渠道市场占有率 = \frac{企业产品经由某渠道的销售量}{企业同类产品的总销售量} \times 100\%$$

这一指标用来评价不同渠道在企业销售某一产品中的地位。一条渠道的企业渠道市场占有率越大,说明这条渠道对于企业产品的销售越重要。

(3) 渠道计划执行率。渠道效率的分析判断,也可以通过比较计划期的销售量与实际的销售量来进行。渠道计划是企业根据市场的变化规律、竞争状态、各渠道的优劣势分析和销售预测而制定的,是对企业、企业的某一条渠道以及某一渠道中的某一成员争取的销售业绩的规定。因此,渠道计划执行率可以在一定程度上反映出企业的渠道管理水平,也可以反映出企业的渠道管理人员和渠道成员的努力程度,其计算公式如下:

$$渠道计划执行率 = \frac{某一渠道或渠道某一成员企业产品的实际销售量}{某一渠道或渠道某一成员企业产品的计划销售量} \times 100\%$$

由这一公式可以看出,渠道计划执行率可能大于、等于和小于 100%。如果计划制定本身没有问题,当渠道计划执行率大于和等于 100% 时,就说明企业的某一条渠道或某一个渠道成员达到较高的渠道效率;当渠道计划执行率小于 100% 时,就说明企业的某一条渠道或某一个渠道成员的渠道效率较低,需要找出问题的根源所在,加以解决。

(4) 平均误差。在统计学中,平均误差指标主要用作分析一组样本值偏离样本平均值的程度。在评价渠道效率时,平均误差可用来分析渠道运行和渠道成员经营的稳定性。在计算过程中,需要把一个时期分成若干阶段,然后先计算每个阶段的平均销售量,再计算实际销售量与平均销售量之差的平方和,最后得到平均误差。例如,把企业某一条分销渠道全年的销售量按 12 个月来划分,那么就有:

$$各月平均销售量 = \frac{全年销售量}{12}$$

$$平均误差 = \sqrt{\frac{\sum_{i=1}^{12}(第 i 月实际销售量 - 平均销售量)^2}{12}}$$

因为平均误差的大小一方面受到有关商品销售季节性因素的影响,另一方面也受到分销渠道的合作和渠道成员管理水平的影响,所以这一指标在一定程度上能够反映渠道合作状态和渠道成员的经营管理水平。一般而言,在其他方面相同时,平均误差越小,说明渠道成员之间合作越默契,渠道成员的经营管理水平越高。

(5)销售额。销售额是指企业的产品经由分销渠道销售而产生的现金额,也称为销售收入。一般而言,销售额与销售量呈正比,即销售量越大,销售额也越大,可以用下面的关系式表示:

$$销售额=商品平均销售价格×销售量$$

从这一公式可以看出,价格上升或销售量增加都会使分销渠道的销售额增加。因此,企业可以通过一定的价格策略和促销策略来提高分销渠道的销售额,例如,增加服务内容或改善服务方法,使消费者得到更多的附加利益,支付更高的价格;或降价促销,刺激消费需求,以增大产品销售量,增加销售额。

另外,从这个公式还可以看出,销售额和销售量有可能产生背离——销售量最大的渠道或渠道成员并不一定销售额最大。有的渠道或渠道成员的销售量可能是由"低价冲货"冲出来的。虽然量最大,但被低价抵消了。

销售额既可以是渠道销售额,也可以是企业销售额。渠道销售额特指企业的产品经由某一条分销渠道销售而产生的现金额,用于评价某一分销渠道的效率;企业销售额则指渠道成员经营某一个产品而产生的销售收入,评价某一渠道成员的效率。

注意,用销售额或其他现金流量指标评价某条渠道的整体效率时,应以最后销售环节的销售额为准,并且要计算这条渠道中所有最后环节的成员在各细分市场上的销售总额。

(6)销售费用和费用率。分销渠道在运行过程中,需要支付各种费用,包括员工的工资、经营管理费用、商品运输费用、包装费用、储存费用以及占压资金给银行支付的利息等。从投入产出关系上分析,销售费用是投入。在产出不变的情况下,投入越小,渠道效率越高。从销售费用角度评价渠道效率,可以用以下具体指标来进行综合分析:

第一,单位商品销售费用。即在一定时期内销售费用总额与该时期内商品销售量的比值,可以是某一条渠道的单位商品销售费用,也可以是某一渠道成员的单位商品销售费用。其计算公式如下:

$$单位商品的销售费用=\frac{销售费用总额}{商品销售量}$$

第二,销售费用率。即一定时期内销售费用总额与该时期内销售额的比值,可以是某一渠道的销售费用率,也可以是某一渠道成员的销售费用率。其计算公式如下:

$$销售费用率=\frac{销售费用总额}{商品销售额}×100\%$$

第三，销售投入产出率。即在一定时期内商品销售额（量）与销售费用之间的比值，可以是某一条渠道的销售投入产出率，也可以是某一渠道成员的销售投入产出率。其计算公式如下：

$$销售投入产出率 = \frac{产品销售总额（量）}{销售费用总额} \times 100\%$$

一般而言，销售费用与商品销售额应保持一个合理的比例关系。然而，在实践中，经常会出现费用在大幅度增长，而销售额增长速度缓慢或不增长的现象。在市场竞争十分激烈的情况下，这种现象可能会经常发生，因为费用支出的效果会被竞争所抵消。当然，也可能是企业的分销渠道出了问题。一般来说，在不削弱分销渠道功能的前提下，渠道费用的增长幅度低于销售额的增长幅度是较理想的情况。

(7)销售利润额和利润率。取得利润是企业最重要的目标之一，也是企业区别于非营利性组织的根本特性。以现代市场营销观念来理解，利润是企业对消费者满意程度的标志，也是消费者对企业经营活动的奖励。因此，对于利润和利润率的分析，历来为企业所高度重视，在渠道效率的评价中具有非常重要的地位。如果一个企业或一条渠道只是得到了很大的销售量或销售额，而没有得到足够大的利润，那么就是"只赚吃喝不赚钱"。

对于生产制造企业，利润就是企业的销售收入减去制造成本、经营费用和税金等项目之后的余额，即：

$$利润 = 销售收入 - 制造成本 - 经营费用 - 税金$$

对于中间商，利润就是企业的进销差价减去经营费用和税金等项目之后的余额，即：

$$利润 = 销售收入 - 进货成本 - 经营费用 - 税金$$

销售利润率是利润与销售额之比，可以用来显示单位销售额中利润的比例。其计算公式如下：

$$销售利润率 = \frac{利润额}{商品销售额} \times 100\%$$

利润和销售利润率也可以按照分销渠道和渠道成员两个不同的层面进行计算和分析。分销渠道层面上的利润和销售利润率，以企业的渠道为单位，计算不同渠道给企业创造的利润和渠道效率；渠道成员层面的利润和销售利润率，则是以企业某一条渠道的渠道成员为单位，计算不同渠道成员的利润和经营效率。

三、中间商绩效评估

对中间商绩效的测量有许多指标，一般采用两种：一种是以行为为基础的定性测量,如服务部门的工作质量、产品保证、顾客投诉处理能力、中间商竞争能力和中间商的适应能力等;另一种是以产出为基础的定量测算,如销售额、利润、利润率和存货周转等。

(一)对中间商评估的特定量化指标

分销渠道系统评价的量化指标通用的是渠道效率评价指标。该指标既可在渠道层面上对渠道系统的不同渠道效率进行评价,也可用于对渠道中各不同渠道成员的效率进行评估。但是由于中间商所承担的渠道功能差异较大,要全面地判断中间商的经营效率,还需要采用一些特定的效率指标,主要包括货款支付率、存货周转率、资产使用效率等。

(1)货款支付率。货款支付率,指中间商应付货款与其平均采购额之比。这是用来评价中间商能否快速支付货款的指标。其计算公式为:

$$货款支付率 = \frac{应付货款}{平均采购额} \times 100\%$$

在生产商规定的期限内,中间商对生产商的货款支付率越高,说明中间商是一个可以依赖的合作者;反之,就需要对中间商的合作诚意、素质及经营效率进行更进一步的分析,看是否存在问题。

(2)存货周转率。存货周转率是指中间商的存货销售速度与存货的补充更新速度,一般用年采购次数或存货平均周转天数测算。其计算公式为:

$$存货周转率(年采购次数) = \frac{年度销售额}{平均存货量}$$

$$存货周转率(周转天数) = \frac{平均存货量}{日均销售量}$$

平均存货量和存货周转率一方面反映了中间商的经营能力,另一方面也反映了中间商的经营管理水平。一般而言,在存货周转速度一定时,中间商的平均存货量越大,说明他的经营能力越强;而在平均存货量一定时,中间商的存货周转速度越快,则说明他的经营效率和管理水平越高。

(3)资产使用效率。资产使用效率是指一个企业单位资产实现商品销售额的多少,主要用于显示中间商在承担渠道功能时投入资产的利用情况,也可称为资产使用效率。其计算公式为:

$$资产使用效率 = \frac{年度销售额}{总资产额} \times 100\%$$

一般而言,资产使用效率越大,说明中间商经营效率越高,用相同的资产实现了较大的年度销售额,或用较少的资产实现了相同的年度销售额。

(二)对中间商评估的非量化指标

评价中间商的非量化指标是在评估中间商的绩效时,以行为为基础的定性测量方法,可以根据下面一些问题对各方面因素进行描述。

(1)对销售额的贡献。关于销售额的贡献可从以下几个方面进行调查:在上一年,中间商在所处市场领域的经济增长水平和竞争条件下,为生产商创造的销售数量是否高于平均水平;比较本地区的其他竞争对手,此中间商是否已经为生产商争取了一个较高的市场渗透度;在上一年,此中间商从生产商那里获得的销售收入比本地区的其他竞争对手获得的高。

(2)对利润的贡献。依据生产商向中间商提供支持和服务的成本是否合理,确定此中间商从生产商获取的业务总量;中间商持续要求生产商对其提供支持,结果给生产商带来不充足的利润;由于生产商在上一年里为支持中间商而投入的时间、精力、人力数量使生产商从中间商那里获取令人不满意的利润。

(3)中间商的竞争能力。中间商是否充分了解生产商的产品和服务的特性;中间商是否具备成功经营生产商产品所必需的经营技能;中间商及其员工对其他竞争对手的产品和服务的知识是否了解以及销售队伍情况。

(4)中间商的应变能力。中间商能否察觉出市场领域的长期发展趋势,并不断地调整自己的销售行为;中间商能否适应市场领域的竞争变化;中间商在销售生产商的产品和服务时是否具有很强的创新能力。

(5)中间商的服从度。中间商是否经常拒绝生产商的一些合理要求;中间商是否经常违反与生产商签订的合同或协议中的条款;中间商是否总是服从生产商规定的各种工作程序和步骤。

(6)中间商对销售增长的贡献。中间商是否会继续成为或很快成为生产商的主要收入来源;在将来的几年里,生产商预期从中间商那里获得的收入是否比本地区内的其他中间商获得的收入增长得快;过去,生产商与此中间商的业务量或从其获得的市场份额是否一直平稳增长。

(7)顾客的满意度。生产商是否经常收到从顾客那里针对中间商的投诉;中间商是否经常争取努力使顾客达到满意;在解决与生产商的产品和服务有关的问题中,中间商能否为顾客或最终的用户提供良好的支持和帮助。

四、渠道绩效评估的方法

生产商应定期对渠道系统或渠道系统中的中间商进行绩效评估,以确保整个渠道系统或渠道系统中的渠道成员能够按照生产商制定的相关管理措施高效运转。生产商根据其制定的绩效评估标准来对中间商进行考评时,主要采用的方法有:独立绩效评估法、正式的多重标准组合评估法、非正式的多重标准组合评估法。

(一)独立绩效评估法

独立绩效评估法是指生产商通过一项或多项指标对中间商进行评估。这种方法适用于密集分销的渠道体系,即当生产商的渠道成员数目较大时,而且生产商所采取的是销售业绩、存货维持和销售能力指标时,这种方法更适用。生产商将这三项指标用于绩效评估时,各项具体指标是分别单独进行考核的,一旦生产商获得了某项考评指标所需的数据信息,就可以对该指标独立进行考核。这种方法的优点是生产商对渠道成员的考评相对简单、及时、快捷和更有条理。这种方法也有缺点,因为在追求条理和快捷等效率的同时,必然会使绩效评估的综合性有所下降,不能很好地提供综合绩效的深入分析,特别是当中间商在各项评估指标方面的表现不平衡时更为突出。

(二)正式的多重标准组合评估法

运用多重标准正式的考评系统对每个中间商的综合绩效的各项进行评分,然后再根据这些综合绩效的得分,较客观地对中间商的绩效进行评估。该方法的实施首先要求生产商为考评制定相关的标准和操作方法;其次根据各个指标的重要性分别定出相应的加权数;最后将各项指标的加权分数加起来,就得到了每个中间商的综合绩效总分。表8-3展示了加权标准法的具体应用情况。

表8—3　　　　　　　　　用加权标准法评估渠道成员的绩效

标　准	标准的权数	得　分
销售绩效	0.3	7
财务绩效	0.2	6
竞争能力	0.1	8
应变能力	0.05	8
销售增长	0.05	7
顾客满意	0.1	6
合约遵守	0.1	6
存货定量	0.1	5
综合得分		

用以上方法对每位中间商进行打分评估以后,就可以用综合得分的情况对中间商的绩效进行排序分析。如果在中间商数量较多的情况下,也可以对综合得分进行频率分布分析,以了解整体渠道成员绩效水平。如假设有100名中间商,其综合绩效得分情况如表8—4所示。综合得分在6分以上的中间商占中间商总数的68%,综合得分在4分以下的中间商占中间商总数的14%,说明中间商总体绩效水平尚可,但也有需

要改进的中间商。

表8—4　　　　　　　　100名中间商综合绩效分值的频率分布

综合绩效分值范围	中间商数量(家)	累计百分比(%)
8~10	13	
6~8	55	
4~6	18	
2~4	9	
<2	5	
总　计	100	

该方法的主要优点是对每一个标准的各项指标的绩效衡量都做了明确的权重分析,解决了非正式的标准组合的缺陷。但是也有不足之处,如果生产商对中间商的绩效评估采用多种标准,而且每个标准中有很多操作条款,那么用这种方法就会给渠道管理者带来很大的工作量。

(三)非正式的多重标准组合评估法

多重标准组合评估法与独立绩效评估法相比更为科学,它是将各类标准组合起来对中间商的绩效进行综合考核。这种方法中每个标准之间不同绩效的考评是以非正式的形式组织起来的,其优点是:简单而且灵活。当根据不同的标准进行绩效考评后,再也不需要将它们正规地组合起来,以后渠道管理者再根据自己对渠道管理的经验来决定它的权重,而不需要对每个标准的考核做明确的权重分析,所以这样就使考评工作简单化。而这种方法的灵活性表现在当这个标准的相对重要性发生变化时,权重也可做相应的调整来反映这种变化。这种方法的缺点是,首先是渠道管理者在给中间商打分时,当中间商有一些方面做得很好而另一方面做得不好,由于渠道管理者在打分时并没有正式对每一个指标分别打分,这样就会在综合绩效考核评分上出现很大的主观性和任意性。其次,这种非正式的多重标准组合评估法最终也仍然不能提供反映综合绩效的定量指标。

第三节　分销渠道控制力的来源

分销渠道控制与一般意义上的管理控制略有不同,它主要是一种跨组织控制——施控者与受控者分属于不同的企业或组织。因此,分销渠道控制的前提是一定的渠道权力,对分销渠道的控制,依赖于对渠道权力的运用。分销渠道控制与渠道权力及其运用密切相关。渠道权力是渠道影响力,渠道权力的运用是影响力的使用,而分销渠道控制则是影响力的成功使用。

一、渠道权力的概念

渠道权力是一个渠道成员对渠道中其他成员的行为和决策变量施加影响的能力,是一种潜在的影响力。从渠道控制的角度看,渠道权力就是渠道控制力。例如,一个生产商可以运用渠道权力迫使一个零售商储备其全部产品线的产品,尽管该零售商只对生产商的畅销产品有兴趣。相反,一个零售商可以运用其渠道权力迫使一个生产商提供给他货源紧缺的急需型号产品。科兰等人认为,社会学中的权力概念是:随着B对A的依赖性增加,A对B的权力也相应增加。如果对A有所依赖,B就会改变他通常的行为以适应A的需求。B对A的依赖性赋予A潜在的影响力。

由于渠道成员是在各自的领域里提供专业化的服务,从而共同完成渠道工作,因此,渠道成员之间实际上存在着相互依赖的关系,每个渠道成员都拥有一定的权力,但由于不同的渠道成员所提供效用的大小及其可替代程度的不同,产生了渠道成员权力大小的不同,这种差异使渠道系统的运行表现出在某一个或几个成员主导下运行的不同形态。

二、渠道权力的种类

(一)奖赏权

奖赏权就是渠道成员A服从渠道成员B的影响时,B回报A的能力。回报通常以实际的经济效益的形式体现,在渠道合作中,各成员都能够获得利益,因此,渠道成员之间能够相互提供奖赏,各自具有奖赏权。在渠道关系中,奖赏权也是最有效的权力的运用。奖赏权的获得主要体现在提高实力和渠道成员的信任度方面。

奖赏权力来源于一个渠道成员能够给予另一个渠道成员某种有价值的东西以帮助他们实现其目标的能力。

(二)强制权

强制权与奖赏权相反,是指一个渠道成员在另一个渠道成员不服从自己的影响时,对其进行制裁的能力。这种制裁包括削减利润、撤销原本承诺的奖励等。

强制权常常被看成是一种攻击,会导致渠道成员的自我防卫和对立,往往不利于渠道关系的建设。但也并不是说渠道成员永远不能使用强制的方法,有时运用强制权的收益会大于成本。

(三)专长权

专长权是指一个渠道成员对其他渠道成员充当专家的职能,它来源于一个渠道成员具有其他成员所不具有的某种特殊知识和有用的专长。

渠道管理中的专长权常常难以长久存在,因为一旦其他成员获得了专长,专长发生了转移,初始的专长权就会被削弱。要在既定渠道中长期保持专长权可以采取以下措施:

(1)要一部分一部分地转移其专长,在转移专长的同时,保留足够多的重要数据,这样其他渠道成员将不得不依赖他。

(2)要持续地投资于学习,使自己不断有新的和重要的信息提供给渠道合作伙伴,持续专长权。如公司可以收集有关市场趋势、威胁和机会的知识,而这些知识是其他渠道成员难以依靠自身获得的。

(3)只转移定性化的信息。这意味着鼓励渠道合作伙伴投资于特定的专长,这种专长非常特殊,以至于这些合作伙伴不能轻易地把这种专长转移到其他产品或服务上。

中间商可能常常要依赖生产商在产品技术方面拥有的专长权,而生产商可能会高度依赖其他中间商以获得有关消费者需求的信息,中间商作为信息的收集者和处理者,就具有了专长权。

(四)合法权

合法权来自渠道的行为准则,这些规则规定一个渠道成员有权影响另一个渠道成员的行为,而后者有义务接受这种影响。有时渠道成员会认为按照通常和既定的准则,遵从是正确的。当其他渠道成员感到有责任去做或必须响应影响者的要求时,影响者就具备了合法权。

合法权来自法律、契约和协定,以及行业规范和某一具体渠道关系中的规范和价值观。合法权主要包括法律上的合法权和传统的合法权。

法律上的合法权由政府授予,来源于国家的合同法和商法。传统的合法权来源于渠道成员按照他们在关系中确定的标准行事,依靠工作中的相互理解和形成的一些渠道规范和渠道文化。

(五)认同权

认同权来源于一个渠道成员的形象,其形象对其他成员具有较大的吸引力,获得其他成员的尊重和认同。在分销渠道中,某个组织希望被公众与另一个组织联系起来的重要原因是威望。下游渠道成员愿意支持享有较高地位的品牌以抬升自己的形象;上游渠道成员也会利用声望很高的下游公司的名声。

(六)信息权

信息权产生于一个渠道成员提供某一类信息的能力。

三、分销渠道控制力的获得

从渠道控制的角度看,渠道权力就是渠道控制力。生产商与中间商对于分销渠道控制力的获得和建立有不同的方式和途径。

(一)生产商渠道控制力的获得

(1)规模经济和市场份额。实力是渠道权力的根本保证,生产商资金雄厚,生产规模大,销售量大,市场份额高,就能够具有很强的讨价还价的能力。因为销售量大,市场份额高,渠道成员流量大,盈利空间大,具有强的奖赏力。

(2)高的品牌忠诚度。顾客对品牌忠诚度高,顾客需求拉动销售量的上升,一方面能够提高对其他成员的奖赏权,另一方面能够提高认同权。

(3)提供较大数量的折扣和较高的销售费用。获得奖赏权。

(4)提供较好的渠道培训和支持。获得奖赏权和专长权。

(5)对中间商进行分级管理。对紧密的中间商提供紧缺商品;对表现不佳的中间商威胁终止合作关系;对大客户进行直接交易。获得奖赏权和强制权。

(6)严格合同管理。获得合法权。

(7)采取特许经营的方式销售。通过授予特许权的方式销售,在销售指导、采购、店址选择等方面获得更大的发言权,从而获得奖赏权、强制权、合法权、专长权和感召权。

(8)建立竞争渠道或增加渠道内竞争,在同一销售区域建立新类型的渠道,增加了现有渠道与新渠道之间的竞争,或者在现有的渠道内部,增加同类型渠道成员的数量,增加渠道内的竞争,能够使生产商减少对单一渠道和少数渠道成员的依赖,获得控制权。

(9)实施垂直一体化战略。生产商通过实施垂直一体化战略,自建渠道或合并和兼并现有渠道,获得渠道强制权。

(10)建立渠道信息系统。获得奖赏权、专长权和信息权。

(二)批发商渠道控制力的获得

(1)规模经济、实力强的批发商通过规模经济,能够提高与生产商讨价还价的能力,同时对零售商能够获得奖赏权、认同权。

(2)客户网络和客户忠诚度。发展客户网络,培养客户忠诚度,对生产商获得控制权。

(3)提供大批量订货折扣。对零售商获得奖赏权。

(4)成为生产商的独家代理。获得合法权。

(5)发展自有品牌。使供应商提供批发商品牌产品,运作自有品牌,获得渠道感召权、合法权。

(6)实施垂直一体化战略。通过前向一体化或后向一体化战略,获得渠道强制权。

(7)控制信息。批发商掌握客户的信息及厂家的信息,通过信息控制,能够获得专长权。

(8)提供资金。批发商通过给生产商提供预付款,帮助生产商解决资金周转问题,通过给零售商提供商品信贷,帮助零售商解决资金周转问题,获得奖赏权和专长权。

(三)零售商渠道控制力的获得

(1)顾客忠诚度。通过零售商的特色经营,获得顾客忠诚度,从而对批发商或生产商获得强制权。

(2)大量销售。通过大量销售,获得一定的市场份额,获得强制权和奖赏权。

(3)品牌建设。通过商店、超市品牌的建设,获得感召力。通过发展自有品牌商品以及自有品牌商品的销售,对供应商获得奖赏权和认同权。

(4)连锁经营。通过发展连锁经营,扩大商品销售,获得奖赏权和感召权。并且通过连锁企业的集中采购,获得强制权。

(5)签订协议,获得专项权力。一些大的终端销售商,通过签订专项协议,如与生产商签订直接供货协议,保证从厂家获得直接供货,从而保证销售中的价格优势。或签订提供专销品协议,保证独家销售某些商品。这些专项权力的获得,保证了终端的竞争优势,同时获得了渠道中的合法权。

(6)实施垂直一体化战略。通过实施垂直一体化战略,控制商品的批发或生产,从而获得对渠道的全面控制。

(7)收取陈列费或其他费用。通过陈列费、新产品上市费等费用的收取,对上市的商品进行筛选,获得强制权。

(8)信息控制。通过对终端顾客信息的控制和研究,获得专长权。

(9)参加零售商行业协会。通过参加零售商行业协会,参与行业协会的活动,分享行业协会集体争取的成果以及行业协会对行业研究的成果,获得渠道中的强制权、合法权和专长权。

本章小结

分销渠道控制是一种跨组织控制——施控者与受控者分别属于不同的企业或组织,是指一个渠道成员成功地影响了另一个渠道成员在某些方面的决策。渠道控制的内容可以根据营销组合因素划分为对产品与服务的控制、对价格的控制、对促销活动的控制和对分销过程与分销区域的控制。根据不同结构的分销渠道,控制的内涵和方式也有很大区别,意味着不同的渠道控制水平。分销渠道控制程序可以分为设计渠道控制标准、对分销渠道运行情况进行监测与评价、纠偏三个步骤。

分销渠道评估是生产商通过系统化的手段或措施对其分销渠道系统的效率和效果进行客观的考核和评价的活动过程,它包括分销渠道运行情况评估和中间商评估。在进行分销渠道效率评估时,既要看可量化的产出指标,还要注意不可量化因素,从而形成较为完整科学的评价指标体系,保证评估的客观性。

分销渠道控制的前提是一定的渠道权力,对渠道的控制,依赖于对渠道权力的运用。渠道权力是一个渠道成员对渠道中其他成员的行为和决策变量施加影响的能力,主要包括奖赏权、强制权、专长权、合法权、认同权、信息权等。生产商与中间商通过不同的方式和途径获得对渠道的控制力。

重要术语

分销渠道评估　　渠道效率　　渠道控制　　渠道权力

复习思考题

1. 分销渠道的控制有哪些特点?它与一般意义上的管理控制有什么区别?
2. 分销渠道中对营销组合因素的控制包括哪些方面?
3. 对于不同结构的分销渠道,应采用怎样的控制方式?
4. 如何正确实施渠道控制?
5. 对分销渠道系统评估的基本标准是什么?
6. 怎样理解和把握分销渠道系统评估的非量化指标?
7. 分销渠道效率评价的量化指标体系包括哪些内容?
8. 如何理解对中间商评估的特定量化指标?
9. 对渠道成员进行考评时主要采用哪些方法?
10. 渠道权力包括哪些内容?生产商与中间商分别通过哪些不同的方式和途径获得渠道控制力?

案例分析

失控的营销[①]

A厂是我国北方一家生产电工产品的大型企业,也是"一五"期间我国156个重点工程项目之

---

① 孙宪法:《失控的营销》,《企业管理》2000年第8期。

一,一直列在全国 500 家最大工业企业和 500 家利税大户之中。20 世纪 90 年代初,企业主要经济指标一直居同行业之首,生产的产品是名牌产品,产品主要用在电力、铁路、矿山系统和大型基建项目中。这样一个企业,目前经营却陷入困境,明亏潜亏达 7 亿元,到了资不抵债的边缘。究其原因是多方面的,有领导决策失误、低水平盲目扩张、企业历史包袱沉重、产品科技含量低等,但分销环节管理失控也是其重要原因之一。

1. 病急乱投医——遍地设点

90 年代以前,A 厂产品国家计划订货量每年就有 3 亿元～4 亿元,国家物资部门根据订货以计划价格向其供料,在当时,中小企业和乡镇企业是无法与之匹敌的。90 年代以后,随着我国经济体制逐步由计划经济向市场经济转变,市场全面放开,A 厂面临着严峻的形势。

为了适应新的形势,厂领导采取了很多措施,其中之一就是成立了专门的销售总公司,统一销售 A 厂的产品。但由于观念陈旧和根深蒂固的"老大"思想,销售公司的工作远不能适应市场竞争的需要。这时,厂领导受相邻一个厂家实行"全员销售"经验的启发,也搞起了全员销售,除销售总公司的直属门店之外,又陆续办了大批销售门店。这些销售门店有以下四种类型:

(1)厂里投资在各中心城市办的销售处或公司。

(2)各分厂、车间办的集体性质的销售门店,解决部分富余人员就业问题,厂里给予优惠条件。

(3)本厂职工合伙或个人办的销售门店,人员停薪留职或是业余时间销售。

(4)各地其他单位或个人挂 A 厂的牌子办的门店,每年向 A 厂交管理费。

这些销售公司和门店销售形式各异,或是厂里下达任务,或是承包,或是代销,还有的做中间人牵线。一般是先交一部分定金,由厂里按出厂价供货,货售完后,货款返回厂里,高出出厂价部分(费用加利润)归个人或单位。

2. 彻底失控

经过几年的运营,A 厂的销售门店几乎失去控制,总厂、分厂、各部门、三产、个人和其他单位在各地办的大大小小的门店近 1 000 个,具体有多少谁也说不清,这些分销环节出现了严重问题。

(1)各销售门店普遍拖欠货款,每年有上亿元收不回来,到 1998 年底,账面反映有 162 户门店欠 A 厂货款共达 1.5 亿元。

(2)厂里投资的销售公司有的大量占用货款挪作他用,其中,本厂所属的南方一家销售公司,1992—1998 年间销售 A 厂产品 4 亿元,有 1.6 亿元货款没有直接返回厂里,而是无偿地占用这笔货款与他人共同投资兴办了一个股份公司,还打时间差,不间断地用货款做流动资金,发展起了一个 3 亿多元净资产的企业。

(3)由于分销组织没有统一规划,分散、重复设置,出现各销售门店争夺市场的情况,破坏了统一的价格体系,使客户有机可乘,压低产品价格。

(4)本厂职工或三产办的门店公开赖账,有钱不还。

(5)外单位和个人以 A 厂名义办的门店,拿到货款后,人走店空,无处追寻。有的根本不卖 A 厂的货,而卖其他厂家的货。

厂领导针对这种情况,曾绞尽脑汁想了一些对策。比如,简单地要求客户先交款后提货,但这样做又赶走了一些大的客户;再有就是让中间商直接带客户到厂里签订合同,给予一定的返利,结果有些有推销手段和固定客户的门店感到利少而不愿做。两种方法都影响了产品的销售。更致命的是有些门店已控制了 A 厂的部分销售渠道,使 A 厂处于想清理这些门店又不能清理的境地。

3. 难咽的苦果

由于A厂分销环节管理出现了问题,A厂的整个营销活动也受到了严重的影响。

(1)滞留在分销中间环节的货款不能及时回收,使A厂流动资金原本不足的困难更为严重,不得不增加贷款。90年代中期,银行利率较高,贷款的增加使A厂财务费用激增,加剧了生产活动的困难。

(2)由于财务费用和原材料价格上升以及其他原因,A厂的产品成本在同行业中处于较高水平,失去了市场竞争优势,这又使困境中的A厂雪上加霜。

(3)由于许多销售门店以A厂名义注册或挂靠A厂,当这些门店发生民事纠纷后,由A厂承担连带责任,又造成一部分损失。

思考与讨论

1. 分析A厂的渠道结构及渠道类型。
2. 分析最终导致A厂分销渠道管理失控的主要原因,试评价A厂的分销渠道策略。
3. 针对目前A厂的分销渠道状况,提出调整分销渠道的建议,以增强企业的控制力。

第九章　分销渠道激励

学习目标和要点

◆ 掌握分销渠道激励的基本策略
◆ 了解渠道激励的基本原则

【引例】

海尔电脑的分销渠道激励策略

1. 两条腿走路，各擅所长

"两条腿走路，各擅所长"是海尔电脑在把 2005 年定为"个性化商务年"后对分销渠道做出重大结构调整的形象概括。2005 年初，海尔电脑借助与海尔工贸进行资源整合的大好东风，对自身的销售渠道进行了重大的结构调整，明确提出了"两条腿走路"的渠道发展战略。所谓的两条腿，是指海尔电脑把销售渠道分为了两大体系：一部分是由海尔工贸公司的分销网络组成的工贸渠道，他们将主要负责新产品、做品牌形象的产品，以及一些差异较大的产品的市场宣传和推广；另一部分是由包括各地区、各行业的中间商组成的专业渠道，他们将主要负责成熟产品的市场销售。

"两条腿"的发展体系为他们提供了不同的发展方向。海尔做这样调整的依据是：海尔工贸公司作为海尔集团的销售公司，拥有国内最大的物流、商流、资金流和信息流网络运营体系。如今，电脑产品纳入了海尔工贸公司的分销渠道中，这大大增强了海尔电脑的销售实力和产品的推广力度。与工贸渠道相比，专业渠道的中间商的市场覆盖面相对较窄，他们往往在本地区或某个行业内具有一定的影响力，具有较强的专业性，在专业渠道中的效率通常也比较高。而且由于他们长期面对最终用户，因此，对于用户的实际需求比工贸渠道了解得更为深入、细致，在产品销售过程中更能把握消费者的需求。所以，对于市场已经成熟的产品或者供不应求的产品，交给专业渠道的中间商来做效率会更高。

2. 与中间商一起成长

海尔电脑对中间商的策略也做了巨大的改变。海尔公司认为,只有根据中间商的实际需求,提供切实可行的渠道政策和相应的产品,才能真正为中间商的发展提供可靠的保证和前进的动力。因此,海尔电脑在充分考虑地区、各行业需求的情况下,提出了六大方针:"你的产品你设计、你的市场你掌控、你的利润由你定、你的质量我保证、你的服务我来做,你的发展我支持。"

(1)你的产品你设计。海尔电脑打破传统的新品发布节奏,加快了新产品推出的速度,以便为经销商提供更多的可选择产品和发展的机会。以往,新产品发布大多集中在 4 月和 10 月,各厂家推出的产品也都是大同小异。而 2005 年,海尔电脑却于年初率先推出了智能超人电脑,一下就收到了来自世界各地的 3 万多台订数。同时,海尔电脑在智能超人电脑上市的时候,又推出了模块化定制的新销售方式。这样,中间商就可以根据自己的需求,在海尔电脑基本构架的基础上,自行选择产品的外观和功能,从而真正实现了"你的产品你设计"的思想。

(2)你的市场你掌控。在市场划分上,海尔电脑加大了对中间商扶持的力度,有针对性地为专业渠道的中间商们制定了 12 种营销政策。各地中间商可以根据本地区、本行业的特点任意选择相应的分销政策。为保证各区域、各行业中间商的利益,海尔电脑明确规定,严格遵循"谁种树,谁摘果"的原则,严禁易地销售,以维护本地中间商的利益。海尔电脑对于违规操作、易地销售、影响其他地区市场销售的中间商,将坚决制止和予以严厉的惩罚,从而增强了中间商开拓市场的信心。

(3)你的利润由你定。产品的利润是中间商们最为关心的问题。海尔电脑在各地区制定了不同的价格政策,但每个渠道中间商都可以根据本地区、本行业的具体情况,在分销政策的范围内自行定价,使中间商可以自己确定利润空间,以便最大限度地调动和发挥每一个中间商的积极性和主观能动性。

(4)你的质量我保证。海尔电脑充分发挥海尔中央研究院各环境测试实验室和严格质量管理与认证体系的作用,严把质量关,保证为每个中间商提供的海尔电脑产品的质量都达到最高标准。同时,海尔保证以最快的速度无条件更换出现质量问题的海尔电脑,以保证海尔渠道运营商的良好信誉。

(5)你的服务我来做。海尔电脑的服务由海尔电脑的服务体系直接负责。海尔电脑完善的服务体系和高素质的服务队伍对渠道运营商进行全天候、多方位和高水平的主动式服务支持。海尔电脑的服务体系可以根据用户的要求提供定制的个性化服务。其拥有的全国最大的 Call Center 系统 24 小时接受用户的咨询和服务请求,接受过严格专业训练的服务人员保证 24 小时内服务到位。这一切都为中间商解除了后顾之忧。

(6)你的发展我支持。对于中间商的发展,海尔电脑给予了大力的支持。以往海尔的管理体系主要针对企业内部管理。从2005年开始,海尔电脑逐步将中间商的进销存纳入公司的运营体系,通过电子管理系统,实时掌握中间商的进销存情况,并把中间商的库存量纳入整个公司的库存管理之中,使整个渠道的库存动态保持在一个较低的水平。同时,海尔电脑还大力扶持一些具有一定实力的专业中间商,在他们所擅长的产品线上给他们提供更多的政策支持。例如,将一些成熟的产品或产品线交由他们来做。如果中间商做得好,海尔电脑甚至可以将整条产品线包给他们来做,以此帮助中间商迅速成长。

资料来源:李敬,《渠道营销》,西南财经大学出版社2007年版。

分销渠道激励,指分销渠道管理者通过对满足渠道成员的需要和动机来调动他们积极性的行为。对渠道成员的工作成绩不仅要定期评估,以便及时发现问题并采取可行的补救办法,同时为了调动他们的积极性,使其朝着所期望的目标前进,激励是必不可少的管理手段。

第一节 分销渠道激励策略

根据不同企业的性质、渠道成员的特性等因素,分销渠道管理者可以制定不同的激励策略。这些策略可以归纳为以下几类。

一、价格策略

制定分销渠道的价格政策就像将一块馅饼分割给很多人。分销渠道中不同环节的经销商都希望从总价格(最终消费者付出的价格)中分享一杯羹,借以补偿他们的开支并获得所期望的利润。各个渠道成员从总价格中分享多少份额,将形成渠道定价结构。它是分销渠道价格政策的主要内容。在制定分销渠道价格策略时要注意以下问题:

(一)防止矛盾冲突

在商品定价过程中,仅仅考虑市场、内部成本、竞争因素是不够的,还必须防止造成厂商之间的不合作甚至冲突。因此在定价方面,渠道管理人员有责任制定合理价格,借以促进渠道合作和减少渠道冲突。

(二)价格策略的类型

价格策略的类型包括交易折扣、数量折扣、现金折扣、预期补贴、免费商品、预约运费、新产品展示及广告补贴(无绩效要求)、季节性折扣、混合装载特权、降低装运费特权、商务合同。

二、支援策略

为渠道成员提供支持是指分销渠道管理者为满足渠道成员的需求并帮助其解决销售问题。如果能正确使用这种支持,就能有效地发挥渠道成员的积极性和主动性,从而产生更大的分销功能。为渠道成员提供支持的内容可以分为以下三大类:

(一)财务支持

财务支持包括传统的借贷方式和信贷延期。

(1)传统的借贷方式。传统的借贷方式包括定期贷款、提供仓储场地、票据融资、应付账款融资、设备分期付款融资、租赁及票据担保、应收账款融资。

(2)信贷延期。信贷延期包括 E. O. M. 信贷延期、季节性信贷延期、R. O. G. 信贷延期、"额外"信贷延期、后信贷延期。

(二)合作方案

在传统的松散型联盟的分销渠道中,批发与零售层面上的生产商与渠道成员间的合作性计划通常作为最常用的激励渠道成员的手段。合作性计划与合约的种类繁多,可以说是生产商"思想有多远,合作方式就可以达到多远"。生产商为渠道成员提供的合作方案五花八门,非常广泛,常见的有:

(1)合作广告津贴。

(2)内部展示支持。包括货架延伸物、"顶级"位置、过道展示的开支,争夺客户、销售人员等。

(3)为各种仓储功能所支付的津贴。

(4)为橱窗展示、陈列空间和产品安装而支付的费用。

(5)仓库检查人员,提供库存服务,建立完整的促销等。

(6)展示。

(7)发放赠券的津贴。

(8)免费商品。

(9)担保销售。

(10)店内和橱窗展示材料。

(11)实地调研工作。

(12)提供给顾客的邮费。

(13)预售。

(14)自动记录系统。

(15)零售商品或批发商各门店的发运成本。

(16)很多研究,诸如商品管理会计研究。

(17)无约束回款的特权。

(18)对店内人员偏好的捐赠。

(19)特别周年纪念日的捐赠。

(20)顾客参观展示室时的奖品,包括娱乐。

(21)培训销售人员。

(22)支付商品固定费用。

(23)新商品成本或改进费用。

(24)各种促销津贴。

(25)独家经销的特殊津贴。

(26)支付销售人员的部分工资。

(27)由制造商销售人员花费在零售区域或分销商领域内销售上的时间。

(28)库存价格的调整。

(29)制造商广告中对商店或分销商的提及。

对于分销渠道的不同层次,采用不同的合作性计划,例如对经销大量个人消费品的零售商如超市、杂货店、大众商品经销商等,生产商大量提供的是合作性广告补贴、有偿内部展示补贴;而对于批发层面的中间商,特别是那些经销产业用品的中间商,生产商通常提供销售人员竞赛及培训项目。所有的合作性支持项目都必须在平等对待的基础上提供给相同类型的渠道成员。

从生产商角度来看,所有这些合作性支持项目的基本原理都涉及提供激励,以促使分销渠道成员加倍努力。

(三)战略联盟

【小资料9—1】

张裕公司与农户建立战略联盟

1979年9月,各地葡萄酒生产厂商云集烟台地区,纷纷抢购葡萄,发生了一次葡萄价格大战。

张裕公司地处烟台市,是我国目前规模最大、历史最悠久、市场占有率最高的葡萄酒酿造公司,尽管由于天时、地利、人和皆占的缘故,使得张裕公司在抢购战中赢得一定的"胜利",但也暴露出张裕公司在整体产销战略上的不足。之后,张裕公司开始反省自己的营销观念,重新审视葡萄原料的供应问题。一方面加强对自己

> 葡萄园的管理,努力保证高产稳产;另一方面张裕公司主动派人到各县、市、区进行实地考察,选择优良葡萄园做公司的原料基地。公司与果农签订购销合同,提前预付资金,并派技术人员长期指导果农种植葡萄。在某些地方根据预测价格,采取提前买断策略。这样,张裕公司已与上百个村庄的数万农户签订了购销合同,拥有葡萄基地数万亩,完全可以保证今后的原料供应。
>
> 资料来源:张广玲等,《分销渠道管理》,武汉大学出版社2005年版。

分销渠道战略联盟,是指在同一分销渠道中两个或两个以上的企业为了实现优势互补、提高竞争力而制定双边或多边的长期或短期的合作协议,并在此基础上进行长期联合的组织形式。

分销渠道战略联盟的类型主要有以下几种:

(1)股权式战略联盟。这是由渠道各成员作为股东共同创立的,这种联盟拥有独立的资产、人事和管理权限。这种联盟又可以分为对等占有型战略联盟和相互持股型战略联盟,前者指双方公司各拥有50%的股权,以保持相对独立性。后者指双方长期地相互持有对方少量股份。

(2)契约式战略联盟。当分销渠道成员无法将其资产从核心业务中剥离出来置于同一企业内时,或者为了实现更加灵活的收缩和扩张,合作伙伴不愿建立独立的合资公司时,契约式战略联盟便出现了。契约式战略联盟最常见的形式包括:

● 技术性协议。渠道成员间相互交流信息技术资料,通过"知识"的相互学习来增强竞争实力。

● 研究开发合作协议。分享现成的科研成果,共同使用科研设施和生产能力,共同开发新产品。

● 产销协议。生产商与中间商之间通过签订协议的方式,形成风险—利益联盟,并按照商定的生产和销售策略,合作开发市场,共同承担市场责任和风险。

● 渠道协调协议。建立全面协作和分工的渠道合作体系。

契约式战略联盟由于更强调相关企业的协调与默契,从而更具有联盟的本质特征。同时,契约式战略联盟在经营的灵活性、自主性和经济效益等方面比股权式战略联盟具有更大的优越性。

> **【小资料 9—2】**
>
> **富士通与联邦快递的战略联盟**
>
> 　　1996 年,富士通公司个人电脑部 70%的业务在日本市场。为躲避激烈的竞争,富士通进入美国笔记本电脑市场。但是不久,富士通发现,美国市场竞争同样激烈。伴随着对业绩状态的失望,他们进行了彻底的反思,发现物流是导致其失败的主要原因。笔记本在日本生产,再通过海运送至美国西部海岸的几个仓库,服务速度慢且物流费用太高。
>
> 　　1997 年,富士通对分销进行了调整,将所有仓储和配送功能都转包给第三方物流企业——联邦快递。
>
> 　　在新模式运行了一段时间后,联邦快递提议,富士通只需要把笔记本电脑的部件从大阪市运到美国的孟菲斯,由一家名叫 CTI 的公司进行装配和个性化生产,并将最终产品交给零售商或终端用户。不到一年,新业务模式大大提升了富士通的服务水平,能使客户在 4 天内得到个性化的产品,其盈利水平上了一个新台阶。
>
> 资料来源:张广玲等,《分销渠道管理》,武汉大学出版社 2005 年版。

三、保护策略

渠道管理者面对激烈竞争的压力,有时会改变营销策略,借以转变自己在市场上的被动地位。可是,有时政策变化可能给渠道合作伙伴产生伤害,作为优秀的渠道管理者必须时刻考虑对渠道成员利益的保护。

(一)树立"共赢"理念

所谓"共赢"理念,指的是一种新型分销渠道伙伴关系,这种伙伴关系或战略联盟强调的是生产商与渠道成员间保持持续和相互支持的关系,其目的是建立更加主动的团队、网络或者渠道伙伴的联盟。在这种渠道伙伴关系或战略联盟中,传统的"我和你""你的、我的"的观念已经被"我们""我们的"观念所取代。正如通用电气公司前首席执行官杰克·韦尔奇所说的那样:"我们在 20 世纪 90 年代的目标是建立一个没有界限的公司,我们要拆掉阻止我们与支持者融为一体的围墙……使他们与我们更好地合作,成为我们工作过程的有机部分,为了共同的目标——满足顾客需要而努力。"具体来说,"共赢"理念包括:

- 合作伙伴双方都应得到利益
- 尊重合作伙伴
- 做出的承诺必须是能够达到的

- 特定的目标必须在建立牢固的伙伴关系之前就已确定
- 每一方都必须花一定的时间去了解对方的文化
- 每一方都必须对伙伴关系的发展提供一定的支持
- 双方交流的渠道必须保持畅通
- 最好的决策是双方共同做出的
- 保持关系的连续性

(二)防止价格策略对合作伙伴的冲击

注意到价格策略对渠道成员的影响,所以渠道管理人员必须考虑对渠道成员利益的保护。比如要保证每一个有效率的中间商得到超过其营运开支的价差;保证每一个中间商的价差必须与它在成本中所起的作用大致相当。

(三)保护策略的扩展

对分销渠道成员的保护政策还可以扩展到特许销售区域的保护,杜绝交叉授权、串货可能给该区域特许分销商带来的冲击;服务政策和技术保障政策的保护,通过提供良好的维修服务、咨询服务、技术开发支持,使分销渠道成员获得良好的市场环境,保持对目标市场的高度吸引力。

第二节 对中间商激励

对生产商来说,中间商是主要的合作伙伴,如果没有调动起中间商的积极性,没有让中间商产生与生产企业合作共同分销商品的欲望,分销渠道就难以产生预期的效率。调动中间商的积极性就是对渠道中间商进行激励。

一、渠道激励的原则

对中间商激励应遵循适应性、客观性、适度性及目的性原则。

(一)适应性原则

对中间商的激励与支持必须要与他们的需要和期望相一致。如果不了解中间商的需求,而是盲目地对中间商进行激励,不但得不到预期效果,还往往会适得其反,使良好的伙伴关系受到破坏。渠道管理者站在中间商立场上来了解中间商的需求,一般可以采取以下方法:

(1)调查研究。一般情况下,生产商在进行新产品设计时,会十分关注最终消费者的需求,但是往往会忽视中间商的需求,对中间商的调查研究是了解其需求的唯一方法。

(2) 由外部机构进行调研。为了获取完全客观的关于中间商的信息,由不属于渠道成员的第三方进行调查有时候是非常必要的。外部机构的调查不仅具有客观性,而且具有更专业的调研技能。

(3) 对中间商进行评价。对于中间商的工作成绩,企业应定期予以评估,以便及时了解中间商的需求。评估时一般要参照下列参数:销售定额完成情况、平均存货水平、向顾客交货时间、损失和遗失货物的处理、与生产商的合作情况等。

(二) 客观性原则

客观性原则指的是生产商的激励政策必须与中间商的销售业绩直接挂钩,以销售业绩作为提供激励的主要衡量标准。生产商对中间商的激励应该说是对他们已有销售成绩的一种肯定。

(三) 适度原则

适度原则可以从两个方面加以理解。一是,如果生产商对中间商的激励措施达不到一定程度,就会达不到预期的效果。二是,如果对中间商的激励过多、过重,往往会使中间商的需求欲望膨胀,而当制造商的激励不能满足他们的欲望时,他们的积极性便会消失,结果使激励效果适得其反。

(四) 目的性原则

目的性指企业的激励措施必须做到目的明确,并且要以激励所要求达到的目标来指导激励计划的制定。

二、对中间商的激励手段

生产商可以采用多种手段来对中间商进行激励,这些手段有:

(一) 提供优质产品

为使生产商与中间商的合作朝着健康方向发展,生产商应不断提高产品质量,扩大生产规模,不断满足中间商的要求。唯有如此,双方之间的关系才会长久,才会取得良好的效益。生产商产品的优质、畅销,是对中间商最好的激励。

(二) 对重要中间商给予特殊政策

重要的中间商指的是生产者的主要分销商,他们的分销积极性至关重要,对于这些中间商应采取必要的政策倾斜。

(1) 互相投资、控股。生产商和中间商通过相互投资,成为紧密利益统一体,从经济利益机制上保证双方合作的一致。

(2) 给予独家经销权或代理权。在某一时段、某一地区只选择一家重要中间商独家分销商品,有利于充分调动其积极性。

(3) 建立分销委员会。吸收重要中间商参加分销委员会,共同商量并决策商品分销政策,协调行动,统一思想。

(三)共同促销

生产商需要不断通过广告等促销手段来增强或维护产品的知名度和美誉度,否则,中间商有可能拒绝经销或代销。同时,生产商也应经常派人前往中间商处,协助安排商品陈列、举办展览会等。

(四)人员培训

随着产品科学技术含量越来越高,对中间商的培训也越来越重要,生产商应经常向中间商提供这种服务,尤其对销售人员和维修人员的培训更为重要。

(五)协助市场调查

任何中间商都喜欢得到充分的商业信息。因此,生产商应协助中间商搞好市场分析和市场调查。尤其在销售困难的情况下,中间商特别希望生产商能协助进行分析,以利推销。

(六)销售竞赛

除了销售利润,生产商还应给予销售成绩优秀者一定的奖励。奖励可以是奖金,也可以是奖品,包括免费旅游或精神奖励。

(七)物质利益保证

为了进入市场、扩大市场份额和争取中间商,生产商往往需要给中间商一个具有竞争力的销售量边际利润,这是一个最简单而直接的手段。如果中间商经销产品的利润不高,他就会缺少积极性。

有的生产商为鼓励重要中间商全心全意经销本企业产品,承诺"只要认真经销本产品,保证不让中间商亏本"。有的企业为了获取中间商的全面合作,建立了科学的报酬制度。如一家企业按以下标准支付给中间商25%的销售佣金:

保持适度的存货,付5%;

满足销售配额的要求,付5%;

有效地服务顾客,付5%;

及时通报顾客意见和建议,付5%;

正确管理应收账款,付5%。

本章小结

分销渠道激励策略包括价格策略、支援策略、保护策略等。

在分销渠道激励中,对中间商的激励特别重要。对中间商激励必须坚持适应性原则、客观性原则、适度原则、目的性原则等。激励手段主要有提供优质产品,对重要中间商给予特殊政策、共同促销、人员培训、协助市场调查、销售竞赛、物质利益保证等。

重要术语

分销渠道激励　　分销渠道战略联盟　　"共赢"理念

复习思考题

1. 分销渠道激励有哪些策略?
2. 对中间商激励要遵循哪些原则?

案例分析

山西天脊集团与中间商捆绑在同一战船[①]

近年来,不少生产厂家为产品销售找不到顾客而发愁。可是,在山西省有一个天脊集团,却连续多年保持产销两旺、产多少就能销多少的局面,而且回款率达到100%。其奥秘是什么呢? 除了天脊的产品适销对路、物美价廉,还有一个重要的因素,就是天脊建立了一个稳定的、高效率运转的分销网络。

1995年以前,天脊集团生产的高效氮磷复合肥——硝酸磷肥,主要靠中农公司和山西省农资公司统购统销,自销量很小。随着市场经济的发展,两大分销公司统购统销能力减弱,天脊集团不得不自行开拓新分销渠道,于是提出和实施了"用好旧渠道、广开新渠道"的策略。一方面,天脊努力保证向中农和省农公司供肥,以先款后货条件,最大限度地发挥计划统购的作用;另一方面,天脊着眼于自销渠道建设,将集团公司的销售处分解,裂变出几十个销售单位,先后在河南、山西、山东、安徽、陕西等广大地区设立4家办事处、23家联合销售处和10家总代理,初步形成了稳固的自销网络,自销量占的比重也从1995年前的10%扩大到1997年的65%以上,新渠道实际上成了主渠道。由于天脊集团动手早、行动快,掌握了开发市场的主动权,因此,在1996—1997年化肥市场严重疲软的不利形势下,天脊集团仍能产销两旺、高速发展。

天脊集团根据销售企业的顾客范围以及最终顾客的分布范围选择分销渠道的长度,对遥远地区的顾客以及新开发市场的顾客,采用长渠道分销;对于邻近地区的顾客和已经熟悉的老市场,采用短渠道分销,增加了开拓市场和加强市场渗透的力度。在具体操作上,天脊集团实行长渠道与代理制相结合,不让新中间商承担风险,同时减轻他们的经济负担。这样树立了集团公司形象,对于打开新市场起到了很大的帮助作用。对短渠道,则以联销制为主,由公司派人与联销单位共同进行

[①] 董湖水、高义、真棒:《产多少就能销多少》,《现代营销》1999年第4期。

市场开发、广告宣传以及售前、售中、售后服务,既增加了销售量,又加快了货款回收。1998年,天脊集团又把分销网络向二级联销、直销店、基层社或个体户延伸,直至向农民用户直销,并试办了几个专营天脊化肥的股份公司。

为增强中间商经营天脊产品的信心,同时也是为了有效地进行市场开拓和市场渗透,天脊集团首先抓住企业和产品形象建设,扩大企业知名度,提高产品影响力。天脊不仅重视保证产品质量,而且重视产品宣传。在老市场重点宣传天脊牌硝酸磷不仅做底肥,而且做追肥效果也同样好,既适用于小麦、谷子等,也适用于棉花、水果、蔬菜、烟叶等多种作物增产增值;除了大力宣传科学用肥知识,天脊还宣传企业在生产技术、质量管理、新产品开发等方面的成就和进步,使品牌形象深入人心。在新市场,天脊则大力介绍企业规模、在国内外同行业中的地位以及目前生产经营状况等,突出宣传产品主要性能、适用范围和施用方法。与此同时,天脊集团加强了分销全过程服务管理。售前侧重提供信息服务;售中主要是搞全天候供货,送货到田间地头;售后还继续了解用户施用化肥的情况,对存在的问题及时研究和妥善解决。通过宣传和强化服务,加深了用户对企业和产品的了解和信任,让许多经销商、代销商增强了分销天脊产品的积极性。

好产品还要有好分销渠道来销售。如何把经销商的主动性、积极性发挥出来,天脊公司在实践中意识到,工厂与中间商的关系不是简单的买卖关系,而应当是共同利益体,是受经济合同约束的互惠互利、共同发展的伙伴关系。为此,他们采取了一系列灵活的政策策略,用利益的纽带把中间商与企业捆绑在同一战船。包括以下四点:

(1)联销优惠。天脊实行先款后货、价格优惠的政策,要求县级联销处每月现款接货量不小于600吨,地级联销处不少于900吨。在此前提下,结算时每吨在出厂价基础上优惠40元。不能完成接货量,价格不予优惠,连续两个月完不成的,则取消联销资格。这一策略对联销单位既是压力,也是动力,促使他们努力扩大市场份额并保证货款回收。

(2)抵押储存。这是异地储存的一种方式,即中间商按存货的价值(或部分)交给工厂作抵押,工厂付其利息(利率双方协商),并承担储存期间所发生的一切费用。货入库以后,由中间商按厂家定价进行代销或一次性买断。代销费双方协商并根据代销量返还。这是为满足地区间、季节间市场调节需求,降低双方风险,调动双方积极性,同时减轻工厂库存压力和降低资金占用。

(3)四保承诺。一是保质承诺:用户按照工厂提供的方法施用化肥,若因产品质量问题造成损失,工厂负责赔偿。二是保价承诺:因市场变化,工厂出厂价下调时,对各联销处、总代理、办事处的库存进行盘点并变价,按降价后的价格对库存重新结算。三是保值承诺:实行淡季差价销售,工厂出厂价以11月份为基准,往后平均每月至少上涨10元,到来年9月,一个销售年度若月均涨价不到10元,差多少,工厂给经销商退多少,从而保证经销商所购的货不贬值。四是保利承诺:如果各联销处按照工厂的销售政策和要求经销硝酸磷造成了亏损,亏多少,工厂补多少,不让经销商赔钱。每年销售年度结束时,工厂派专门人员对各个联销单位进行全面清算。1997年某联销单位因自身失误造成亏损,工厂考虑到这个单位淡季积极回款的贡献,还是一次性补亏200万元。对一些经销硝酸磷盈利较薄的单位,工厂本着"让利不让市场"的原则,一次性补给700万元。

通过这些努力,天脊集团既赢得了农民用户的购买,扩大了市场,又赢得了中间商的分销合作,让硝酸磷产品的分销渠道网络充分覆盖市场。如果把前者比作耕种,则后者就是收获。两者同时具备,好比种豆得豆,有始有终。因此,天脊进入良性发展轨道。

思考与讨论

1. 根据上述案例,分析天脊集团所奉行的分销渠道政策的基本思想。
2. 天脊集团的分销渠道政策包括哪些类型?
3. 天脊集团的分销渠道政策是否能够迎合中间商的经营要求?

第十章　分销渠道创新

学习目标和要点

- ◆ 了解创新的含义和实质
- ◆ 理解分销渠道创新的源泉
- ◆ 掌握网络分销渠道的类型和特征
- ◆ 掌握分销渠道的五大创新趋势

【引例】

联想分销渠道的创新

联想集团的前身是成立于1984年的中国科学院计算机所新技术发展公司。1989年,公司改名为北京联想计算机集团公司,1994年在中国香港上市,是一家在信息产业内多元发展的大型企业集团。

2000年,联想集团分立成联想电脑、联想神州数码两大公司,员工总人数达到了一万多人,在北京、上海、深圳等地设有地区总部,在全国各地设有数千家代理分销网点,在欧美、亚太地区设有海外平台。联想在北京、上海和广东惠阳各建有一个现代化的生产基地,总的年生产能力达到400万台以上。

为什么联想集团能在竞争如此激烈的市场中占有先机呢?

联想在1998年以前,实行的是代理制分销体系,在全国发展了几千家分销代理商,这种模式使联想拥有了一个较高的市场覆盖率,对联想的快速成长起到了积极的作用。但随着家用电脑行业的整合,联想成为品牌电脑,其形象、信誉、服务开始变得越来越重要,原来的分销渠道模式很容易产生混乱和失控。到了1998年,联想开始了分销渠道再造和整合,这就是发展"联想1+1"特许专卖店。通过发展联盟,联想与渠道成员利益共享、风险共担,实现了渠道控制、贴近客户、服务制胜的战略。家用电脑市场变化多端,而且变化速度极快,这就需要联想适应市场变化,快速跟进。"联想1+1"

专卖店正体现着"多、快、好、省"的优势追求,与联想在转型过程中的重大战略、策略相吻合。

第一,"多、快、好、省"战略。

多。专卖店遍布各个区域的目标市场,达到了覆盖率和占有率的最大化,可以发挥规模效应。

快。联想牢牢地控制着专卖店体系,实现了新产品上市快、广告宣传快、价格调整快、数据传输快、信息反馈快等。

好。专卖店提升形象力,与品牌营销结合,加强了品牌传播的能力和亲和力。

省。联想利用了加盟方的资金,节约了自身的投资,并将节省下来的资金投入产品开发、设计、生产、营销方面上,实现了竞争优势。

第二,"联想1+1"的战略转型。"联想1+1"特许专卖店的经营宗旨就是贴近客户、最大限度地满足客户的需求,为此,联想建立了一整套规范的服务体系,着力加强服务功能,向客户提供售前、售中、售后一条龙服务。2001年,"联想1+1"专卖店推出了体验式客户服务,在专卖店开辟了数字体验专区,让用户可以方便、轻松地试用这些数字产品,如免费扫描和免费数码拍摄活动等。联想还在专卖店推出了蓝色家电,它是融合IT技术的新型家电电器,也是围绕传统家电基础产生的性能更为强大的新一代电器。

第三,联想的品牌传播。在国内电脑厂商中,联想以其高增长率成为PC的领先品牌,原先的分销代理不能充分利用这种品牌优势,又不会反过来促进品牌传播。"联想1+1"专卖店体系,统一形象、统一标志,提高了品牌渗透力,也增强了顾客的想象力。

第四,联想的关系营销。联想原来的分销代理模式存在着利益上的很大冲突,而"联想1+1"专卖店扭转了这一局面,使制造商更多地控制了通道的营销战略模式和促销手段,同时,这种特许加盟的专卖店形式使双方有了共同的目标。

正是因为联想的渠道创新,才使得联想在国内市场上不断推陈出新,一直居于IT业的领先地位。

资料来源:李敬,《渠道营销》,西南财经大学出版社2007年版。

第一节 分销渠道创新概述

约瑟夫·熊彼特于1912年出版了其名著《经济发展理论》,在该书中,他首先提出了创新的概念,界定了创新的含义,并将创新这个概念纳入经济发展理论中,论证了创新在经济发展过程中的重要作用。

一、创新含义

熊彼特认为,创新是生产要素的新组合。创新与发明不同,发明是指一种新产品、新技术或新的经营方式的初次出现;创新是指把一种发明引入经济之中,从而给经济带来较大的影响或发生较大的变革。

在这样的意义下,创新概念包括下列五种情况:

(1)采用一种新产品。采用一种消费者还不太熟悉的产品,或强调一种产品的一种新的特征。

(2)采用一种新的生产方法。这种新的方法决不需要建立在科学新发现的基础上,并且也可以存在于商业上处理一种产品的新方式之中。

(3)开辟一个新市场。这样的新市场就是某一制造部门以前不曾进入的市场,不论这一市场以前是否存在。

(4)获得一种原料或半成品的新供给来源。

(5)实行一种新的组织形式。如建立一种垄断地位或者打破一种垄断地位。

二、创新的实质

从创新的含义中我们可以理解,创新是一个经济概念,而不是技术的概念。创新者不一定是发明家,创新者只是指采用一种新产品,并把这种新产品引入经济之中;熊彼特所指出的采用一种新的生产方法,完全可以理解为采用一种对组织内资源进行有效配置的新方式、新方法;开辟新市场,获得某种原料或半成品,以及实行一种新的组织形式,可看作管理顺应环境变化而实现组织目标必须要考虑的问题和必须从事的活动。

因此,熊彼特所指创新概念的五方面含义,虽然他本意是要说明它们在经济发展过程中的功效,但实质上是含有了创造全新的资源配置方式方法的内在含义。事实上,如果从创新角度来考虑经济发展过程的话,整个经济的发展过程无非是通过不断的技术创新和观念更新,导致新的资源配置方式方法不断产生,使资源配置效率提高,从而逼近帕累托最优的过程。同样,从这个意义上看,熊彼特的经济发展理论,其实是论述新的资源配置方式对经济发展的推动。管理就是将资源有效配置的活动,创新也不例外。

三、分销渠道创新的源泉

分销渠道创新是一系列因素综合作用的结果,诱导分销渠道进行创新的因素即为分销渠道创新的源泉。

(一)不一致性

不一致性是指人们对事物想象的情况与现实的事物之间产生的不符与不协调。不一致性是创新的一个先兆,但它常常为知情者所忽视或熟视无睹。利用不一致性作为创新的机会是相对易行而有效的。

分销渠道不一致表现为多个方面:

(1)串货。无论是中小型企业还是知名大型企业,都常被串货问题搞得坐立不安。串货引发的市场问题非常严重,不仅使生产商自身经营受损,还影响厂商关系,更可怕的是有可能令生产商全面失控,失去市场。

(2)唯利是图。渠道网络成员随意向生产商伸手,不断加码各种费用和要求,例如赊销、上架费以及各种名目的赞助费等,让生产商苦不堪言,大大增加了生产商的营销成本及经营风险。

(3)不注重长期战略性伙伴关系的建立。有些中间商过于看重返利、广告投入等眼前利润,而不注重品牌、客户关系、顾客满意等战略性问题,合作难以持久。而生产商也不愿意看到渠道网络成员流失,这不仅给生产商造成经济损失,还会造成生产商商业机密泄露问题。

(4)信用度恶化,货款拖欠问题严重。信用度恶化是目前渠道网络较突出的问题。不少商家不遵守合约,经常性地拖欠货款,占用、挪用货款,有的甚至卷款而逃,给生产商造成了极大风险。

(5)素质偏低。素质低包括文化素质、管理素质、管理创新能力等,缺乏对人、财、物的合理规划,对厂家的依赖性大,缺乏敬业精神。

(6)对广告的依赖性较大。由于对市场的竞争、品牌、整合营销认识停留在较浅的层面上,所以对广告的依赖性相当大,完全寄希望于广告的拉动。在区域市场,经销商常常不进行市场调查,不根据目标人群定位来制定相关的营销战略和系统操作计划,产品销量一下滑就开始抱怨厂家。

(7)大户的问题日趋严重,厂商关系难以协调。大户即所谓销售量较大的少数几户中间商,生产商不敢轻易得罪大户,许多政策不得不向大户倾斜,因为大户如果不配合,市场问题就得不到很好解决。

(8)渠道网络复杂、混乱。混乱的网络渠道不仅导致营销资源的浪费,而且造成生产商市场活动的盲目性,难以形成信息流、物流、财务流等的良性循环。很多生产商的分销渠道网络良莠不齐,这也造成营销管理上困难重重。

(二)过程的需要

"需要是创新之母"。过程的需要作为一种特殊需要也为创新提供了重大的机会。

无论在一个产业、一项业务、一项服务中都存在着这类"过程"需要。过程需要并不以单个事件为起点,而是以所做的工作开始,对早已存在的过程完善化。它可以针对过程中的某一薄弱环节加以更换,也可以用新的知识对现行的旧过程重新加以设计。

在20世纪早期,可口可乐公司通过向一些地区性企业授予装瓶和销售的独家经营权,以及按照固定价格供应浓缩液的承诺,建立了一个全国性的装瓶商网络。到了20世纪20年代,在可口可乐的特许经营系统中已有1 200家装瓶商。可口可乐的这种分销模式使可口可乐公司、装瓶商、消费者都满意,可口可乐成为头号大公司。

到了20世纪70年代,可口可乐公司发现其市场份额的领先地位开始下降。通过调查,可口可乐发现市场发生了变化。可口可乐原来的分销模式主要是通过装瓶商向小型零售店供应,而新的更大更强的客户——连锁商店的需求则无法满足。原来,连锁商店要求大批量进货、统一定价和价格优惠。然而,可口可乐的装瓶商规模小、分布极为分散,相互独立运作,这种分销渠道模式极不适应新市场的过程变化需要。与可口可乐模式不同,百事可乐则专门成立一个大型公司管理和控制所有的装瓶商,百事可乐在与连锁商店洽谈时拥有更大的定价灵活性,使其产品定价低于可口可乐的定价,并且有效地协调了装瓶商们与连锁商店的关系,为此,百事可乐与可口可乐的市场占有率差距不断缩小。20世纪80年代后,可口可乐公司开始对传统分销模式进行调整。

第一,为了强化对装瓶商的控制,可口可乐购买重要装瓶商的股权。通过回购特许权,购买控股权,并辅之以资金和管理资源上的支持,使一部分装瓶商能够主动地对连锁商店等重要客户开展业务。

第二,建立可口可乐装瓶商控股公司,降低资产密集度。可口可乐的收购战略也存在重大缺点,即提高了资产密集度。于是,可口可乐公司成立了控股公司,对大型装瓶商进行控股。之后,可口可乐公司将控股公司51%的股份公开上市,一方面可口可乐公司仍持有49%的股权,对装瓶商控股公司拥有控股权;另一方面在财务上不实行合并报表。结果,可口可乐重新站稳了头号大公司的位置。

(三)产业结构、产业规划和市场结构

产业结构、产业规划和市场结构一旦形成似乎较为稳定,但有时它们又是十分脆弱的,解体起来十分迅速。当产业结构、产业规划和市场结构发生变化时,分销渠道内的企业如果继续因循守旧,就会遭遇困难,甚至被市场淘汰。同时,产业结构、产业规划和市场结构的变化也为分销渠道创新提供了重要的机会。

20世纪80年代,家乐福、麦德龙等一批外资大卖场率先进入中国以后,以其"实惠"的形象与动作迅速打动了中国消费者的心。进入中国以后,家乐福也带来了一批新词汇,如进店费、店庆费、一个半月账期等被供货商既痛又爱的词汇堂而皇之地进入了中国分销领域。在这场渠道管理新思想的角力中,大部分供应商在衡量了利润与销售后屈服了。对于中国渠道来说,家乐福是第一批渠道规划、产业规划的改写者,而且还在继续改写中。

20世纪90年代,国美电器、永乐电器等一批家电卖场出现了,其发展速度之迅猛令人瞠目结舌。于是消费者逐渐改变了原先在百货商店购买电器的习惯,"逛逛家电卖场"成了他们的首选。

进入20世纪后,消费者突然发现身边又多了一种新终端——平价大药房,提供更便宜药价的大药房,其营业的火爆场面令人叹为观止。更值得关注的不仅有平价大药房,而且还有平价大药房背后的九州通等一批具有规模的医药代理商。这些九州通们拥有成规模的药品采购经销能力、环境良好的交易大厅以及保存条件完善的医药仓库和物流系统,使大量医院(尤其是民营医院)、平价大药房、城乡医院网络有了更好、更放心、价格更便宜的药品供应。药价的持续下跌,除了政府干预、企业让利,更有九州通们的功劳。

四、"互联网＋"计划

20世纪90年代初,飞速发展的互联网促使网络技术应用大幅增长,全球范围掀起应用互联网热。各大公司纷纷上网提供信息服务和拓展业务范围,积极改组企业内部结构和发展新的分销方式。

2015年两会的政府工作报告提出了"互联网＋"的国家战略和行动计划,之后国务院发布了24号文《关于大力发展电子商务加快培育经济新动力的意见》,提出八大方面措施力推电子商务。国务院24号文对电子商务的推动和扶持力度前所未有。

(一)"互联网＋"行动计划的含义

"互联网＋"即"互联网＋各个传统行业",即利用信息技术和互联网平台,让互联网与传统行业进行深度融合,促进各传统实体行业转型升级。

(二)"互联网＋"已有成果

近些年来,我国在"互联网＋"计划方面又有了一些尝试,取得了令人瞩目的成果。如"传统集市＋互联网",就有了淘宝;"传统百货卖场＋互联网"有了京东;"金融业务＋互联网"产生了余额宝、众筹、互联网银行;"互联网＋交通"催生了一批打车和拼车软件等。虽然这些成果还是处在初级阶段,但代表了一种经济增长的新形态。

(三)"互联网＋"主要特征

(1)跨界融合。"＋"就是跨界,就是开放,就是重塑融合。如果不能跨界,不敢跨界,"互联网＋"计划就失去了基础。

(2)创新驱动。中国粗放的资源驱动型增长方式早就难以为继,必须转变到创新驱动发展这条正确的道路上来,这正是互联网的特质。

(3)重塑结构。互联网已打破了原有的社会结构、经济结构、地缘结构、议事规则等。

(四)"互联网+"不仅是工具,还是渠道

互联网是个工具,这个看法大家都是认同的。就如之前的蒸汽时代、电力时代一样,这些工具解放了更多劳动力进而从事更多的工作,给生产和生活带来更大的便捷性。

同时,互联网又是一个企业从事营销及交易的新渠道。比起传统渠道,互联网渠道效率更高,在线支付使得购买商品更加容易,在线选货的种类更多。更重要的是,互联网渠道让企业的市场增加了十几倍,彻底冲破了地域概念。

上述事实表明,分销渠道创新是不可避免的。

第二节 网络分销渠道

一、网络分销渠道的概念

网络分销渠道是借助互联网、电脑通信技术和数字交互式媒体把商品从生产者转移到最终消费者的分销方式,它包括利用网络进行交易、订货、促销、结算、配送等。

二、网络分销渠道的类型

网络分销渠道分为网络直接分销渠道和网络间接分销渠道。网络直接分销渠道是通过网络实现从生产商到消费者的直接联系和沟通;网络间接分销渠道则是通过互联网产生的中间商开展的通道和途径(见图10—1)。

图10—1 网络分销渠道的类型

(一)网络直接分销渠道

网络直接分销渠道是指企业不借助于中间商,直接通过营销网站与消费者进行商品交换的分销渠道。

由于互联网的商业应用，支持分销渠道创新的各种技术条件和手段发生了根本性的变化，形成了新的营销模式，也使网络直接营销渠道发生了特殊的变化。这种变化不仅简化了传统分销渠道中的多层次结构，而且将销售、服务、结算、配送、客户关系管理等职能聚于一体，因此具有很大的优势。具体形式有：

(1) 在线商务渠道形式。利用网站的在线销售，结合相关产业的公司，设点销售系列产品。即在自己的网站页面附上订单，消费者访问产品、下订单付款，公司送货上门。采用这种方式可增加消费者的上网意愿和消费动机，同时也为消费者提供较大的便利，增强了渠道吸引力。

(2) 在线与离线相结合形式。消费者在决定购买后，可直接利用电子邮件进行线上订购，也可通过划拨/电汇付款，由企业通过邮局邮寄或送货上门进行货物交割或提供服务。

(二) 网络间接分销渠道

目前出现许多基于网络提供信息服务中介功能的网络中间商，其主要类型有：

(1) 目录服务。利用 Internet 上的目录化的 Web 站点提供菜单驱动进行搜索。现有三种目录服务：第一种是通用目录(如雅虎)，可以对各种不同站点进行检索，所包含的站点分类按层次组合在一起；第二种是商业目录(如 Internet 商店目录)，提供各种商业 Web 站点的索引，类似于印刷出版的工业指南手册；第三种是专业目录，即提供某个领域或主题建立 Web 站点。目录服务的收入主要来源于为客户提供 Internet 广告服务收入。

(2) 搜索服务。与目录服务不同，搜索站点(如 Lycos、Infoseek)为用户提供基于关键词的检索服务，站点利用大型数据库来分类存储各种站点的介绍和页面内容。

(3) 虚拟商业街。虚拟商业街(virtual malls)是指在一个站点内连接两个或两个以上的商业站点。虚拟商业街与目录服务的区别是，虚拟商业街定位某一地理位置和某一特定类型的生产者和零售商，在虚拟商业街销售各种商品、提供不同服务。站点的主要收入依靠其他商业站点对其的租用，如我国的新浪网页设立的电子商务服务中，就提供网上专卖店店面出租服务。

(4) 虚拟零售店。虚拟零售店不同于商业街，它拥有自己的货币清单，通常直接从生产者进货，然后销售给消费者(如 Amazon 网上书店)。

(5) 虚拟市场和交换网络。虚拟市场提供一个虚拟场所，任何符合条件的产品都可以在虚拟市场站点内进行展示和销售，消费者可以在站点中任意选择和购买，站点主持者收取一定的管理费用，如我国对外贸易与经济合作部主持的网上市场站点——中国商品交易市场，就属于此类型。

三、网络营销常用工具

(一) E-mail 营销工具

E-mail 营销是在用户事先许可的前提下,通过电子邮件方式向目标用户传递有价值信息的一种网络营销手段。

E-mail 营销的优点很多,使用 E-mail 是最节约成本的一种客户沟通方式,并且比传统的直投、电话更有效;E-mail 营销可以培养客户或潜在购买者;E-mail 营销可以让企业与客户之间保持持久的关系等。

(二) 博客营销

博客营销是企业利用第三方博客平台、企业自建博客频道或个人博客网站开展的营销活动。博客作为一种营销信息工具,能自主、灵活、低投入地发布企业信息。

(三) 微博营销

微博,即微型博客的简称,是一种通过关注机制分享简短实时信息的社交网络平台。在微博平台上,每个用户可以是观众,浏览、关注感兴趣的信息,也可以是博主发布信息,将信息分享、传递给粉丝。微博营销由于其速度快、便捷性、成本低、互动性高等特点,它在维系客户、获取用户反馈、推广品牌和产品等方面具有一定价值。

(四) 微信营销

微信是腾讯公司旗下的一款语音产品,支持发送语音短信、视频、图片和文字,可以群聊。

微信营销成为时下热门的营销方式,因为它在点对点精确营销、形式灵活多样、精确度高等方面具有其他营销工具不可比拟的优点。

(五) 搜索引擎营销

搜索引擎营销是根据用户使用搜索引擎的方式,利用用户检索信息的机会尽可能地将营销信息传递给目标用户。

搜索引擎营销追求的是以最小的投入,获取最大的来自引擎的访问量及靠前的排名,并产生商业价值。

四、网络分销渠道特点

与传统渠道相比,网络分销渠道具有以下特点:

(1) 跨时空。网络分销渠道能够不受时间约束和空间限制,企业能在更多的时间和更大的空间中分销产品,以达到尽可能占有市场份额的目的。

(2) 多媒体。参与分销的各主体通过网络可以传输文案、声音、图像等多媒体信息,从而使信息交换可以用多种形式进行,使信息流效果更佳。

(3) 交互式。企业可以通过互联网,向客户展示商品目录;通过链接数据库,提供商品信息的查询;可以和客户进行双向互动式沟通。

(4) 强开拓。互联网具有极强的穿透力,能轻易地突破传统经济时代的地区封锁、交通阻碍、信息限制等。新技术的诱惑力、新产品的展示力、图文并存的多媒体等都将整合成一种综合的信息,快速打通封闭的坚冰,疏通种种渠道,完成市场开拓使命。

(5) 高效性。网络分销渠道可大大减少传统分销渠道的环节,有效降低成本。生产者通过直接分销渠道按需生产,做到零库存管理。同时,网上分销还可以减少依靠上门推销的昂贵销售费用。

第三节 分销渠道的创新趋势

进入 21 世纪后,分销渠道的变革和创新一直成为方方面面关注的焦点。人们通过对各种分销渠道创新案例的分析和研究,发现其创新具有以下趋势。

一、渠道关系:从交易型向伙伴型转变

传统的渠道成员关系是"你"和"我"的交易关系,每一个渠道成员都是一个独立的经营实体,以追求个体利益最大化为目标,甚至不惜牺牲渠道其他成员的利益。伙伴型渠道关系中,"你"和"我"的关系变为"我们"关系,为了提高整条分销渠道的质量和效率,渠道成员以协作、双赢、沟通为基础来加强联系,使分销渠道形成一个有机体系,渠道成员为实现共同目标而努力。伙伴型渠道关系至少产生以下效应:

(一) 协同效应

渠道成员能够从彼此信任的关系中获得更高的利益而不损害双方的利益。瑞士国际商学院的 Nirmala Kwmar 教授的一个实验研究表明,有良好关系的生产商可以获得更多的竞争优势。该研究将中间商分为两类:对生产商信用度高的中间商;对生产商信用度低的中间商。结果发现,中间商对生产商的信用兑现、中间商销售生产商的产品线宽度以及由生产商评估的中间商业绩方面,不同的信任关系有较大差异,见表 10—1。

表 10—1

项 目	低信任	高信任
中间商的承诺兑现	100	112
生产商产品线销售	100	178
中间商业绩	100	111

(二)信息分享效应

毋庸置疑,信息在市场竞争中发挥着越来越重要的作用。美国当代创意权威塔克尔在《未来赢家》一书中指出,企业成功的关键在于接近顾客。真正的接近,是每一分钟都要接近。要做到每一分钟都接近,掌握信息是关键。20世纪80年代以来,由于条形码、POS、EOS、VAW等系统都以对每个消费者的购买行为、消费行为进行精确的量化分析,并以很低的成本获取全面的顾客信息,信息中心的地位已经由生产商转移到零售商。通过零售商的数据库,生产商可以以非常低廉的成本对每个消费者的购买行为、消费行为进行精确的量化分析,这与生产商通过样本调查得来的统计数据在信度、效度及功能上有天壤之别。良好的关系型的、协同的渠道关系,通过相应机制共享信息,则能够接近和了解消费者,从而降低经营决策的非理性程度。生产商能够及时调整促销策略,并把有关产品、促销的信息及时反馈给零售商,这将对零售商的业绩产生积极的促进作用。

从另一个角度讲,生产商如果能够及时获取零售商各种不同规格产品的即时销售、存货数量的信息,就可以预测产品的销售,把库存降低到合理程度并防止缺货现象的发生。

(三)能力分享效应

关系型营销渠道的成员能够彼此借用对方的能力。由于企业能力的培养是一个漫长且需要消耗大量资源的过程,所以企业不可能面面俱到地培养各个方面的能力,而总是将资源和精力集中在其涉及的领域来培育核心能力。关系型营销渠道提供了这么一种可能性,即成员之间可以互相分享和借用对方的能力。

【小资料10—1】

宝洁(P&G)实施关系型营销渠道策略

宝洁公司在每一个地区通常发展少数几个分销商,通过分销商对下级批发商、零售商进行管理。分销商的选择标准主要包括规模、财务状况、商誉、销售额及增长速度、仓储能力、运输能力及客户结构等指标,分销商必须具备一个较完整的、有一定广度和深度的客户网络,网络中必须包括一定数量和一定层次的二级批发商和零售商。被确定为分销商后,宝洁公司将协助其制订销售计划和促销计划,乃至派驻销售经理直接在分销商公司内办公。宝洁和经销商职能分工一览见表10—2。

表 10—2　　　　　　　　宝洁和经销商职能分工一览

渠道主要职能	宝洁	中间商	说　明
商业计划制订	主持	参与	宝洁的销售经理直接进驻各地的主要批发商公司内,他们负责制定销售目标、计划,并评估中间商的业绩
库存管理	主持	参与	宝洁已经投资建立分销商系统,该系统有助于中间商更有效地管理库存
仓储提供		负责	宝洁的产品和促销品全部存储在中间商的仓库内
零售覆盖	参与	主持	宝洁零售覆盖大部分由分销商完成,即由中间商去拓展并管理二级批发商和零售商
实体分配		负责	与宝洁合作的中间商都是当地实力雄厚的批发商,他们不但拥有自己的库存,而且拥有一定的运输能力,可以负责产品运输
信用提供		负责	对于下级批发商和零售商的信用均由中间商提供
促销设计	负责		所有宝洁产品的促销活动都由宝洁自己设计
促销执行	参与	主持	对于促销活动的执行,宝洁只提供指导,具体操作由中间商完成

为加强与分销商沃尔玛的信息沟通,宝洁通过一个复杂的电子数据交换系统与沃尔玛连接,这一联网使宝洁有责任监控沃尔玛的存货管理以及来自众多独立的沃尔玛卖场的各种不同规格产品的即时销量、需求数量,并自动传递订单及整个交易循环使用的发票和电子货币。由于产品卖给最终消费者之后的结算非常迅速,这种信息联动同时为中间商、顾客创造了巨大的价值。

资料来源:吕一林,《市场营销教学案例精选》,复旦大学出版社1998年版。

二、渠道层级:由"金字塔形"向扁平化演变

传统的分销渠道结构呈金字塔形,存在着许多不可克服的缺点:一是生产商难以有效控制分销渠道;二是多层结构有碍于效率的提高,且臃肿的渠道不利于形成价格竞争优势;三是单项式、多层次的分销使得信息不能准确、及时反馈;四是分销政策不能得到有效执行和落实。因而,许多企业正将分销渠道改为扁平化的结构,即分销渠道越来越短、销售网点则越来越多。渠道扁平化作为一个分销模式,简化了分销过程,缩减了分销成本,它对原来的供应链进行优化,剔除供应链中没有增值的环节,使不同的产品有不同的用户和市场,采取不同的渠道策略和渠道构架。

企业将分销渠道扁平化,其目的可以分为三个层次。

(一)第一层次:降低分销成本

分销渠道竞争和分销渠道多元化使得企业的交易成本节节攀升,盈利空间越来越小。分销渠道扁平化的首要目的就是尽快降低企业的分销成本,获取更大的盈利空间。这往往需要企业准确地把分销任务分配给能以较低成本较好完成该任务的渠道,使分销过程中渠道实现科学分工。

另外,渠道冲突在为渠道之间的竞争带来动力的同时,也增加了分销渠道的交易成本。通过科学合理的渠道分工,降低渠道之间因冲突而引起的延误损失、协调成本甚至是违约成本,也是企业渠道整合的短期目的之一。

还有一点需要注意的是,在消费者市场地位日益提升的今天,企业在降低自身交易成本的同时,更需要考虑如何使顾客的交易成本减少。企业的销售价格并不等于顾客的购买成本。顾客购买成本除我们通常所说的货币成本之外,还包括顾客为了购买一件产品或服务所耗费的时间成本、精神成本、体力成本、机会成本等,所以在渠道策略上,企业应该考虑如何在方便、快捷、及时、准确等方面满足顾客的需要,降低顾客的货币成本、时间成本、精神成本和体力成本,使顾客的可感知价值最大化。

(二)第二层次:扩大市场覆盖面和市场份额

分销渠道扁平化的目的就是要在市场上充分发挥渠道整合的作用。从市场战略的角度来看,扩大企业产品的市场覆盖率和提高企业的盈利水平,这两个目标在短期内是矛盾的,因为提高产品的市场覆盖率必然引起成本上升和投入增加(如产品研究投入增加、广告费用上升、折扣增多等),而短期内增加投入所带来的收效并不明显,所以短期内高的市场覆盖率不一定会导致高的盈利率,结果往往是相反的。但从长远来看,这两个目标是一致的,先前的投入在获得市场认可后,导致了更高的重复使用率或更多的购买者,甚至是更多的忠诚顾客,最终实现企业利润的增加。

企业渠道扁平化的目的就是要扩大企业产品的市场覆盖率并提高盈利水平。这个目的可以从两个角度来理解。从绝对数的角度来看,企业要力争扩大市场的覆盖面,在最大范围内以较低的成本将产品信息或产品暴露在目标顾客面前,让更多的潜在顾客变成现实顾客。比如,渠道整合中最简单、最普遍的一种模式是通过直邮的方式向顾客及地区业务伙伴寄去企业的产品目录。需要购买的顾客可以打电话到呼叫中心,向企业下订单。通过直邮和电话渠道的有效结合可以为企业带来潜在客户并达成交易。

从相对数的角度来看,企业应该通过渠道整合扩大自己的市场占有率或市场份额。在扩大市场影响的同时,企业还要注意提高市场活动的效率和效果,在市场竞争中获取更多的市场份额。Oracle 在 1996 年 8 月到 1997 年 1 月期间共向 12 000 个企业散发了宣传小册子,宣传提供免费呼叫业务。低成本的电话代理业务给企业带来了回呼反馈,而区域销售代理的日常性大宗交易则为企业带来了近 65 000 美元的销售额,整个渠道整合模式为 Oracle 带来了 150 宗交易,超过 1 500 万美元的业务交易额,Oracle 一跃成为行业中的佼佼者,进而发展成为全球领先的信息软件供应商和全球第二大独立软件公司。然而,产品的市场占有率是随着其生命周期的变化而变化的,这是企业无法改变的客观事实。有时,企业产品的市场占有率低,并不代表企业的市场推广效率不高,只是因为产品尚处在投入期或已进入衰退期;而有时产品的市场占有率比较高,却并不表示企业市场推广率也相当高,只是源于产品已进入成长期和成熟期,前期的市场推广努力在这个时期得到了市场的回报。由于这种时滞效应,需要企业认清产品处在生命周期的哪一阶段,以便更准确地把握市场占有率和市场推广率之间的辩证关系。

(三)第三层次:培养企业的核心竞争力

通过渠道整合、减少冲突、共同增长,形成企业与渠道之间的和谐、健康、稳定的合作关系;通过提供个性化服务,满足个性化需求,形成企业与客户之间良好、持久的交换关系,是培养企业核心竞争能力的重要环节。

与大工业时代相比,21世纪的市场格局发生了根本性的变化——买方市场出现。这种市场格局对市场竞争产生了极其深远的影响:竞争主要表现为由买方之间的竞争转向卖方之间和买方与卖方之间的竞争。与此同时,卖方之间的激烈竞争使得潜在市场开发难度增大,而且多数已开发的市场处在饱和的状态,所以彼此之间争夺现有客户资源成为竞争的一个重点。而网络经济的快速渗透和经济全球化进程的加剧,更是推进了这种状况的发展。因此,摆在企业面前的一个客观事实是:重视、保持现有顾客成为企业生存和发展的关键。企业的各项工作都应该围绕着如何保持现有顾客这个核心主题而展开。

三、渠道重心:由前端向终端转移

在激烈的市场竞争中,一个对目标市场全方位覆盖、全渠道控制的分销渠道是绝大多数产品取得成功的先决条件。在市场经济发展的早期,商品处于供不应求状态,生产商由于能为社会提供稀缺的商品而在渠道内处于支配地位。但是,市场格局的变化使分销渠道系统重点逐步由前端转向终端,终端逐渐居于举足轻重的地位。由供不应求的卖方市场发展为有效供给大于有效需求的买方市场,消费者成为稀缺资源。

终端是指产品分销渠道的最末端,是产品到达消费者、完成交易的最终端口,是商品面对消费者展示和交易的场所。

通过这一端口和场所,生产商、零售商将产品卖给消费者,完成最终的交易,商品进入实质性消费;通过这一端口,消费者买到自己需要并喜欢的商品。

正因为如此,终端成为竞争最为激烈的具有决定性的环节,各种品牌在这里短兵相接,如何吸引消费者的眼光和影响消费者的购买心理成为终端工作的关键所在。一时间,"终端为王""决胜终端"的说法充斥在相关的书报杂志之中。

分销渠道要完成由前端向终端转移,行之有效的方法是:

(一)转换概念

渠道的竞争越来越表现为终端的竞争。如果一个产品在终端表现不出任何竞争优势,或不具备销售实力,那么无论是什么样的渠道结构,都会在一夜之间迅速瓦解,核心链条的断裂是对渠道的致命打击,这一切都是不重视终端建设造成的恶果。

到目前为止,许多企业还经常持有这样的观点:中间商才是我们的主要客户,中间商的需求是我们渠道建设中的重中之重;而对终端的顾客需求,往往漠不关心,直到发现对中间商激励与满足已无济于事,终端开始出现销售反弹,中间商再也无力销售时,才意识到问题的严重性。但这时往往为时已晚,因为这时不思进取的中间商早已"移情别恋"了。

重视终端建设,无论是自建终端,还是与现有的中间商一起进行终端促进与推广,对于渠道的稳定,都有着不可低估的作用。因为任何一个产品,只有在终端热销时,才能产生真正的利益,才能引起中间商的追捧,而一旦产品在终端销售不强,任凭如何促销,都会于事无补,因为该品牌已不能成为中间商的利润增长点了,还何谈销售和促进。

(二)系统的终端观

终端建设不仅仅是终端的地理位置、陈列生动化等显性因素,更主要的还是一个系统的营销问题。

这其中,品牌定位、品质特色、产品包装、广告传播以及与定位相符的价格体系、渠道的选择、终端建设、促销推广、售后服务、执行能力等是缺一不可的。因为我们的一些企业宁愿在广告、促销、终端买断费上不惜血本地投入,而不愿在产品研发上多下功夫,这些短期行为又怎能通过一次性的终端推广而长期赢得消费者的心呢?

(三)终端生动化

随着产品同质化的倾向加剧,同类产品不同品牌的性能、技术含量、外观等差异化在不断缩小,为了争夺消费者,越来越多的渠道花大力气使终端生动化。生动化终端,一方面要保持分销终端具有活力,吸引人;另一方面,还要从需求的心理出发,充分考虑消费者的消费心理,按消费者的喜好进行终端建设。

四、渠道建设:由战术向战略提升

营销环境是不断变化的,分销渠道的含义也会随着环境的变化而不断注入新的内涵。现代分销渠道已不仅仅是一系列相互依存的产品分销组织,而是一个包含了渠道成员、渠道体制、渠道管理、渠道策略、渠道环境的多方面不同组合的系统多维综合体。因此,应该把分销渠道建设看作企业整个营销战略规划中极为重要的一个环节来进行思考。确立分销渠道的目标是将企业期望产出水平的渠道费用最小化并实现高效循环。经营好渠道必须全面熟悉渠道，真正理解渠道，进一步掌握渠道的运作规律并不断进行创新。只有这样，企业才能真正提高渠道效率，通过渠道建设，实现企业经济效益的提升。

目前，更多的企业不是从企业经营战略的角度来看待渠道建设这一重大课题，而仅仅从短期效益和战术层面处理渠道问题，完全忽视了渠道建设与产品价格、促销、推广和品牌策略的战略协同效应。这种战术导致企业营销渠道建设与其他营销策略相互脱节甚至对立起来，既浪费了企业营销资源，又无法取得整体性、长期性的营销效果。

渠道战略的提出可以增强渠道成员营销系统内各职能部门之间的协作意识，可以为提高渠道运营效率创造条件并减少渠道管理者的盲目性，缓解意外变动的影响。渠道战略的提出对渠道建设策略具有了以下新的要求：

(一)改战术观念为战略规划

战略管理的始祖安德鲁斯认为，战略管理的核心作用是把环境的机会和企业的力量相匹配，同时保护企业的弱点，使之不受环境的威胁。反映到企业的营销渠道建设上，战略的作用主要表现为平衡渠道网络成员的优势和企业自身对渠道的掌控力，利用价格差、品牌策略、推广与促销进行有效预警与解决，进而真正实现企业与渠道成员的优势互补、价值共享，既实现企业品牌价值的提升，又实现渠道价值的提升。为此，企业必须从长远、全局出发制定企业的战略性渠道建设规划。

(二)改静态被动观为动态能动战略观

"动态能动战略观"是指在不断变化的市场环境中，企业必须具有不断更新自我、胜任环境的能力。反映在分销渠道的建设上，动态能动战略观要求企业在进行分销渠道建设时，必须用动态的观点来看待市场环境、竞争态势以及可能出现的机会与问题等，提高自身处理风险问题的应变能力和实施动态渠道策略的管理能力。渠道管理人员应该把注意力集中在企业营销系统的内部管理上来，以提高企业的渠道掌控能力。战略型渠道建设要求渠道管理人员具有主观能动性，他们应该根据实际情况，适当地对渠道建设的若干要点进行调整。

(三)明确分销渠道建设的战略功能

分销渠道除了发挥传统的运营职能，作为企业营销战略的重要组成部分，它具有更为重要的战略功能。

(1)为渠道成员和消费者创造时空便利，提高顾客满意度。分销渠道不仅让生产商、中间商获得了信息交流、资金融通和易于接触消费者的便利性，还为消费者或用户提供了时间、空间、服务、商品类别上的便利性。只有让消费者看得到、买得到，产品的销量才会上去。因此，营销渠道建设的核心应为消费者提供便利，最大限度地满足顾客需求，使其能够获得最方便、最及时的服务，提高顾客满意度。

(2) 扩大企业的市场覆盖面，提高企业的营销效率。通过合理的分销渠道建设以及渠道的宣传和扩散效应，分销渠道可以扩大企业的市场覆盖面，提高企业的市场占有率。渠道合作关系的建立将大大提高企业商品的流通速度，提升企业的营销效率。同时，渠道成员间稳定利益关系的建立可以发挥战略协同效应，共享渠道资源，改善交易秩序，降低交易成本，提高企业的盈利能力。

(3) 提高企业的风险承担能力，形成企业综合竞争优势。分销渠道的形成使渠道成员分别承担各自的风险，既减轻了生产商的压力，也减轻了渠道成员的压力。两者通过分工合作、优势互补，形成利益共同体。同时，企业有更多的精力和财力来提高效益，实现规模经济，提高服务水平，形成综合竞争优势。

(4) 通过渠道服务提升产品价值和品牌知名度。战略分销渠道建设必须向客户提供优质的产品和优良的服务，并从下游客户中开发出更多的资源，不断提升服务在分销渠道价值链上的地位，提升企业产品的价值和品牌知名度。通过分销渠道推动品牌成功发展后又反过来促进分销渠道的进一步提升，从而形成一种良性循环。

分销渠道是企业的重要资产，是其市场制胜的法宝。只有从战略的高度把握分销渠道的功能，才能将企业的渠道作为一个至关重要的战略要素来抓，才能从根本上对分销渠道的设计与管理制定有效的策略，打破传统渠道的弊端。

【小资料 10—2】

中间商数字化转型的必要条件和充分条件分析

党的十九届五中全会强调要坚定不移建设数字中国。上海市委在《"十四五"规划建议》中把推动城市数字化转型写入指导思想，并对数字化发展做出部署。有关方面在解释这一指导思想时指出："城市数字化转型，内涵主要体现在三个方面。其一，这是整体性的转变，涵盖生产、生活、生态方方面面；其二，这是全方位的赋能，让城市更聪明、更智慧；其三，这是革命性重塑，以大数据深度运用为驱动，倒逼城市管理手段、管理模式、管理理念深刻变革。"

显然，作为社会再生产重要环节的中间商，也必须全方位投入这一革命性的变革之中。

一、推进中间商数字化转型的充分条件

一个新生事物要能够产生并且迅速发展起来，在其所处的环境中必须有两个决定性因素同时存在并发挥作用，即充分条件和必要条件。

中间商数字化转型的充分条件指商品流通行业在发展进程中存在某些不协调和不均衡机制,迫切需要数字化转型来保持协调和均衡。当这些充分条件越充分时,越能呼唤中间商加速数字化转型。这些充分条件有:

(一)发展环境面临深刻复杂变化,呼唤改革转型

当前,百年未有之大变局正向纵深发展:经济全球化遭遇逆风和回头浪,新冠肺炎疫情大流行,全球治理体系和经贸规则变动等,使上海受到外部环境深刻变化带来的严峻冲击。

2020年12月11日,中共中央政治局召开会议,提出加快构建以国内大循环为主体、国内国际双循环相互促进的新发展格局。会议要求,要扭住供给侧结构改革,同时注重需求侧改革,打通堵点,补齐短板,贯通生产、分配、流通、消费各环节,形成需求牵引供给、供给创造需求的更高水平动态平衡,提升国民经济体系整体效能。

面对这样复杂多变的外部环境和中央的战略部署,迫切要求中间商充分发挥货畅其流、资源整合、供应链管理、先导生产和消费的职能,在"十四五"期间做出应有的贡献。

(二)传统中间商面临巨大挑战,难担大任

传统商业在移动互联网时代"丢城失寨",疫情期间更是几乎停摆,一方面是缺乏互联网的基因,缺乏与数字技术的深度融合;另一方面是其本身存在的弊病与问题。

1. 专业化"买手"职能丧失,沦为"二房东"

中间商之所以存在,正是因为他能够依靠遍布的销售网点与市场渗透力实现整个流通过程的效率化。同时他所承担的基本职能也是"先买后卖""贱买贵卖",通过频繁的买与卖,商家有了对市场的认知和甄别能力,成了专业化"买手"角色。

然而,越来越多的商业企业却丧失了"买手"职能,成为依靠通道费、租赁费等谋利的"二房东"。例如,相当大比例的百货商场不经营商品,而是把柜台租赁出去,从中收取租赁费和联营扣点费。

这种"坐地起价""旱涝保收"式的经营模式将商业企业的风险全部转嫁出去了,商业企业自身没有了商品经营的风险,也就没有了改革转型的压力和动力。不仅如此,一些商业企业凭借自身的货架资源,向租赁者收取名目繁多的费用,或者扣押本应支付给租赁者的货款,不仅激化了双方的矛盾,也阻碍了自身进一步的发展。

2. 传统商业生存空间越来越窄

随着城市改造工作的推进,出于政府强化监管等原因,或恢复原有建筑风貌,或改变脏乱差状况,或商业业态调整升级……一批轻纺市场、花鸟市场、建材市场、菜市场、二手货市场、粮油产品市场等被迫关闭或迁往郊区。出自同样的理由,一条又一条商业街被拆迁重建。因此,一大批实体店传统商业的生存空间越来越窄。

3. 固守传统的运营模式

不少传统商业企业不熟悉线上交易的规则,无法有效利用新兴的技术。部分商业企业意识到数字化转型的重要性,但对转型的认识往往浮于表面,想当然地认为只要开设线上平台就实现了数字化转型,导致线上和线下割裂。

以上三方面是传统中间商在移动互联网时代比较突出的问题,正是这些经年累月的弊病,使传统商业企业逐渐丧失了市场竞争力,甚至陷入了严重的经营困境。

二、推进商业数字化转型的必要条件

虽然经济环境中充分条件已经很充分了,但是现代商业数字化转型不一定能顺利推进,在同一环境中还需要存在支撑条件。必要条件可以分为两部分:促进因素和阻碍因素。

(一)促进因素

1. 政府支持政策

近日,国家发展改革委、中央网信办、工信部等部门联合印发了《关于支持新业态新模式健康发展,激活消费市场带动扩大就业的意见》,从线上公共服务和消费模式、生产领域数字化转型、新型就业形态、共享经济新业态4个方面,针对15种数字经济新业态新模式的重点方向,提出了一系列的支持政策。商务部、国家发展改革委、国家卫健委也联名印发了《支持商贸流通企业复工营业的通知》支持中小商贸流通企业数字化转型,引导其上云和向线上拓展,通过互联网开展商品销售并提供服务,大力发展电子商务、无人零售、智能超市等。各地政府也公布了一系列推动企业数字化转型的政策。

2. 具备数字化转型的基础

近几年,各地出台的政务服务"一网通办"和城市运行"一网统管"等举措,已经成为治理数字化的基础。随着"二张网"的不断发展壮大,广大消费者对数字化感知更为明显。

3. 系列中间商数据化转型技术已上市

据了解,华为、腾讯、用友等多家公司已经推出相关的管理软件以及类似的服务。

4. 积累了一定数字化转型的经验和样本

改革开放以来，从1981年开始，几乎每隔十年一个里程碑：1991年苏宁创立，中国零售业进入连锁经营时代；1999年互联网时代来临，中国第一个电商网站8848.com成立，让网购迅速成为上亿消费者的新选择；2010年后智能手机出货量超过PC，移动电商时代开始。淘宝、天猫和京东等有代表性的大企业结合我国经济发展水平以及国内消费者的消费心理和偏好，创造性地开发了适合中国市场的网络零售模式。同时，传统商业企业也在不断创新转型，如物美、永辉、大润发等把线上和线下融合起来，打造全渠道的商业产品。

(二)阻碍因素

长期形成的经营方式、赢利模式、产业结构等，使商业企业管理者的经营理念、知识结构、经营技能等根深蒂固。另外，正如国家信息化和发展部在《中国产业数字化报告2020》中指出的，当前企业数字化转型面临五大困境：自身转型能力不够导致"不会转"；数字化改造成本高造成"不能转"；数字化人才不足致使"不敢转"；企业转型战略不清导致"不善转"；企业多层组织模式不灵引致"不愿转"。

三、几点结论

1. 对于大部分中间商来说，前几年数字化转型还只是选择题，经历了新冠肺炎疫情后，这已是生存的必答题了。

2. 由于数字化转型还存在阻碍因素，转型工作不可能一蹴而就，而应采取"分步推进，分类指导"的方法。

3. 数字化转型要有温度。温度包括以下几方面内容：第一，数字化是一个好工具，但真正落实到商业企业日常运营中仍然存在一定的障碍，有关部门和企业在软件设计、程序安排、人员培训等方面要做更多接地气的探索。第二，数字化转型不能简单消费消费者，要通过数字化技术来认知、链接、服务消费者，围绕消费需求重构产业的研发、生产、分销和营销的组织逻辑，更好地服务消费者，尤其是赋能给老年人。第三，要允许不同类型的商业企业探索不同的新商业模式，线上电商、B2B、社区团购、短视频电商、直播电商等都可试行，"线上+线下"全渠道模式、平台型资源整合模式、KA综合卖场逆向整合模式等可供选择。

4. 切实保护中小中间商业企业利益。在数字化转型进程中，中小中间商业企业由于存在自身抗风险能力偏低、融资困难、人才奇缺、内外部资源匮乏等痛点，要采取特殊政策扶持和指导，提高内生动力和能力，并构建开放型行业赋能平台，提供技术和政策服务。

资料来源：吴宪和，《中间商数字化转型的必要条件和充分条件分析》，《商业企业》，2021年第1期。

五、渠道拓展：由传统向虚拟延伸

网络经济推动了渠道的变革，互联网开辟了一个前所未有的网络空间，在这个虚拟空间中，人们可以进行一系列商务活动。这种新型渠道的突出优势在于其以便捷性和透明度，使供求双方直接在网上进行交易，节省了中间环节的成本，费用低廉，供求信息能够及时获得沟通，对双方都具有较大吸引力。网络分销渠道具有以下功能：

（一）网上订购

电子商务可借助 Web 中的邮件或表单交互传递，实现网上订购。企业可以在产品介绍的页面上提供订购提示信息和订购交互格式框，当客户填完订单以后，通常系统会回复确认来保证订购信息收悉和处理。订购信息可采用加密的方式使客户和商家的商业信息不致泄露。

（二）服务传递

对于已付款的客户，应将其订购的货物尽快传递到他们手中。若有些货物在本地，有些货物在异地，电子邮件和其他电子工具可以在网络中进行物流调配。而适合在网上直接传递的信息产品，如软件、电子读物、信息服务等，则可以直接从电子仓库发送至用户端。

（三）咨询洽谈

电子商务可借助电子邮件、新闻组和实时的讨论组来了解市场和商品信息，洽谈交易实物，如有进一步的需求，还可以用网上白板会议来互动交流有关图形信息。网上咨询洽谈能降低交易成本，而且往往能突破人们面对面洽谈所受到的一些局限，网络能提供多种方便的异地交谈形式，如三地、四地参加的多方会谈。

（四）网上支付

客户和商家之间可采用多种支付方式，保证交易的可靠性，节省费用，加快资金周转。网上支付需要更可靠的信息传输安全性控制，以防止诈骗、窃听、冒用等非法行为。网上支付必须要有电子金融中介的支持，如网络银行、信用卡公司等提供的网上操作的金融服务。

（五）广告宣传

电子商务可链接企业的 Web 服务器，在互联网上发布各类商业信息，利用网页和电子邮件在全球范围内做广告宣传，客户也可借助网上的检索工具迅速找到所需商品的信息。与以往的各类广告方式相比，网上广告的成本最为低廉，给客户的信息量却相当丰富。

（六）意见征询

电子商务能十分方便地采用网页上的"选择""填空"等格式的文件来收集用户对

销售商品或提供服务的反馈意见,使企业的市场运作能够形成一个快速有效的信息回路。客户的反馈意见不仅能提高售后服务水平,更能使企业获得改进产品的宝贵信息,发现新的商业机会。

(七)业务管理

企业业务管理包括人、财、物、时间、信息等多个方面,涉及与相关部门和单位、个人的复杂多角关系,如企业和企业、企业和消费者及企业内部各方面的协调与管理。电子商务技术为提高各项业务管理的效率创造了重要的基础条件。

电子商务推广应用是一个由初级到高级、由简单到复杂的过程,从网上互相交流需求信息、发布产品广告,到网上采购或接受订单、结算支付账款,企业应用电子商务从局部到整体,直到覆盖了所有业务环节。从具体业务领域来看也是由少到多逐步发展完善,如电子贸易的电子订单、电子发票、电子合同、电子签名,电子金融的网上银行、电子现金、电子钱包、电子资金转账,网上证券交易的电子委托、电子回执、网上查询,等等。

【小资料10—3】

阿里巴巴网站

阿里巴巴网站(www.alibaba.com)是中国最大的从事B2B电子商务的企业,是网上商务交流社区、交易市场。2001年,阿里巴巴网站开始被IT界公认为全球最优秀的B2B网站,拥有100万注册会员(企业)。2003年和2004年连续两年入选美国权威财经杂志《福布斯》年度全球最佳B2B网站名单,且名列第一,是中国唯一入选的网站。至此,"阿里巴巴"从简单的网上虚拟社区发展成为世界优秀的商务信息交流平台。

"阿里巴巴"是以网上电子公告板(BBS)起步的,网站上是按行业分类的各个虚拟社区,每个虚拟社区都可供其注册会员自由发布供求信息。其起步阶段实行免费注册会员策略,到1999年底,"阿里巴巴"的注册会员(企业)已达到8万。2000年,"阿里巴巴"加快国内市场的培育,并加紧海外宣传。到2000年底,注册会员数达到46万。2001年"阿里巴巴"开始进行中英文版"诚信通"产品的测试和推广,年底会员数达到100万。从这一刻起,"阿里巴巴"终于发展成为全球第一个拥有100万注册企业的B2B网站。

在"阿里巴巴"开设的"中国供应商"专区,把国内大量的中小出口加工型企业的供货信息免费向全球发布,巨大的信息量、无限的商机吸引了众多国外企业加入社区。国外企业发布的大量供求信息又深深地吸引着国内企业。一个青岛商人,每年从韩国进口一种设备,他坚信设备的产地其实就在中国,但他绞尽脑汁也无法找到中国厂家。后来他偶然发现了"阿里巴巴",就在上面发了一条求购信息,几天之内就同生产该设备的中国厂商联系上了,且该厂家也在青岛。一家生产徽章等小商品的东北企业在"阿里巴巴"上发布信息寻找买家,一年下来,在他的 46 个买家中就有 44 个是通过"阿里巴巴"找到的。靠着良好的网络口碑,"阿里巴巴"在商业圈中声名鹊起。

1999 年至 2000 年,"阿里巴巴"的 CEO 马云到国外宣传阿里巴巴网站。他在 BBC 英国广播公司做现场直播演讲,在全球一著名高等学府演讲,在"世界经济论坛"演讲,在亚洲商业协会演讲。很快,马云和"阿里巴巴"在欧美的知名度越来越大,来自国外的点击率和会员呈现暴增之势。到 2002 年底,"阿里巴巴"的会员以每日增长一两千的速度发展,社区每天可收到 3 500 条商品供求信息,700 多种商品信息按类别和国别分类。

2002 年"阿里巴巴"推出软件——"诚信通",这是企业为自己建立信誉交易平台的一种软件产品,是"阿里巴巴"和全球领先的企业资信调查机构合作的成果。"阿里巴巴"要求所有会员都必须购买,由此迈出全面收费的第一步。每位"诚信通"的用户通过网络展示自己企业获得的荣誉和各种能表明自己信用度的文件,还可以提供能够证明自己资信和实力的 10 位合作伙伴的推荐。"诚信通"使会员成了身份真实的用户,可以让用户在网上彼此进行评价,对别人的评论也将同时出现在自己的信用记录上。"阿里巴巴"以此来规范会员的相互评价行为。后来"阿里巴巴"陆续推出 B2B 即时通信工具——"贸易通"搜索引擎,至此"阿里巴巴"为会员提供即时通信、上网浏览、发布信息、电子邮件以及搜索引擎 5 大互联网应用服务,进一步完善了网站服务体系。

2003 年"阿里巴巴"进入全球电子商务的高端领域,与 GE、沃尔玛等多家世界巨头合作。"阿里巴巴"每天新增 26 000 多条供求商机、170 多万条商机数据库,每月超过 350 万个买卖询盘。"阿里巴巴"的现金收入实现了一天 100 万元。2003 年"阿里巴巴"会员的续签率达到 90%,年末,在"阿里巴巴"注册的国内外中小企业会员达到 300 万,其中 210 万是国内的中小企业。2004 年"阿里巴巴"会员数量达到 246 万。

资料来源:黄卓龄,《从"阿里巴巴"的崛起谈 B2B 虚拟社区的经营发展》,《江苏商论》2006 年第 2 期。

本章小结

创新是生产要素的新组合,它包含采用新产品和新的生产方法、开辟新市场、获得新供给来源、实行新的组织形式等内容,其实质是新的资源配置方式对经济发展的推动。

分销渠道创新是一系列因素综合作用的结果,包括不一致性,过程的需要,产业结构、产业规划和市场结构调整,以知识为基础的创新,以及"互联网+"行动计划推行等。

网络分销渠道分为网络直接分销渠道和网络间接分销渠道,它们都具有跨时空、多媒体、交互式、强开拓、高效性的特征。

分销渠道创新有五大趋势:从交易型向伙伴型转变(渠道关系),由金字塔形向扁平化演变(渠道层次),由前端向终端转移(渠道重心),由战术向战略提升(渠道建设),由传统向虚拟延伸(渠道拓展)。

重要术语

创新   网络分销渠道   网络直接分销渠道   终端   网络间接分销渠道

复习思考题

1. 如何正确理解创新的含义和实质?
2. 分销渠道创新的源泉是什么?请举例说明。
3. 网络分销渠道有什么特征?
4. 分销渠道创新的趋势是什么?

案例分析

奔驰 SMART 的电商营销

2012年,奔驰欲面向中国市场推出"SMART 珍珠灰"限量版300辆。这对于传统的线下渠道是一个不小的挑战。为了取得良好的营销效果,奔驰大胆尝试网上销售渠道,这对于汽车营销是一次颠覆性的挑战。

奔驰选择京东作为销售阵地。2月10日至19日,首先在电视户外网络预热,结合微博为活动造势,之后 SMART 在5个重要目标城市的影院展出,同一时期,SMART 在中国娱乐节目"非诚勿扰"中露面。2月20日,当300辆 SMART 在京东销售时,奔驰采取了每推迟1小时购买价格上涨

36 元的营销策略。

结果,300 辆 SMART 在 89 分钟内销售一空。

思考与讨论

1. 试比较汽车销售的线下和线上渠道的利与弊。
2. 汽车线上分销的条件是什么?

参考文献

1. 菲利普·科特勒:《营销管理》(第4版),格致出版社2015年版。
2. 晁钢令:《市场营销学》(第四版),上海财经大学出版社2014年版。
3. 卢泰宏:《中国营销25年》,华夏出版社2004年版。
4. 杨明刚:《市场营销100个案例与点评》,华东理工大学出版社2001年版。
5. 张广玲、邬金涛:《分销渠道管理》,武汉大学出版社2005年版。
6. 贾永轩:《营销网络设置与管理》,经济科学出版社1998年版。
7. 周莹玉:《营销渠道与客户关系》,中国经济出版社2003年版。
8. 李敬:《渠道营销》,西南财经大学出版社2007年版。
9. 张传忠:《分销渠道管理》,广东高等教育出版社2004年版。